Os.
12

O. Thilo.
F.

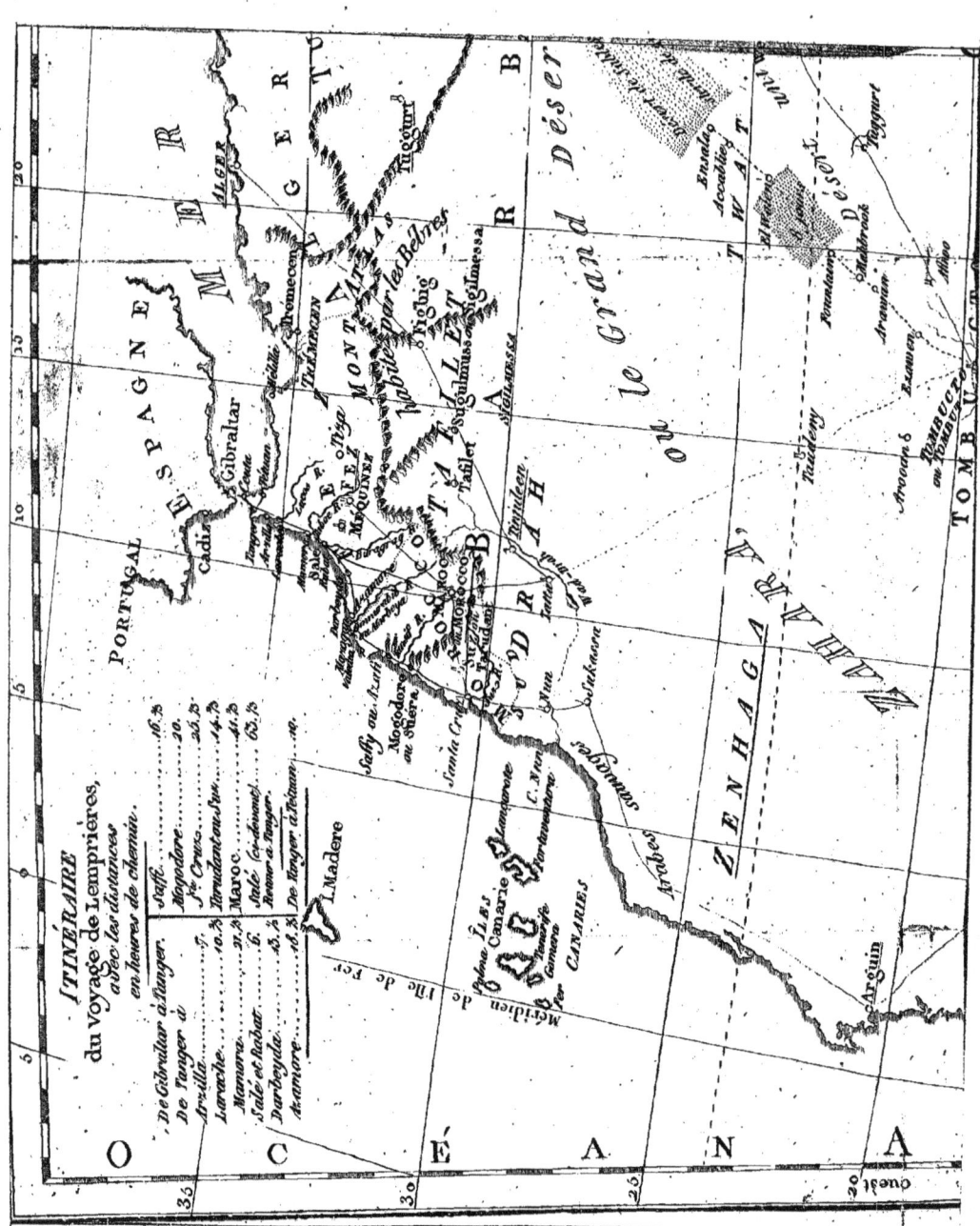

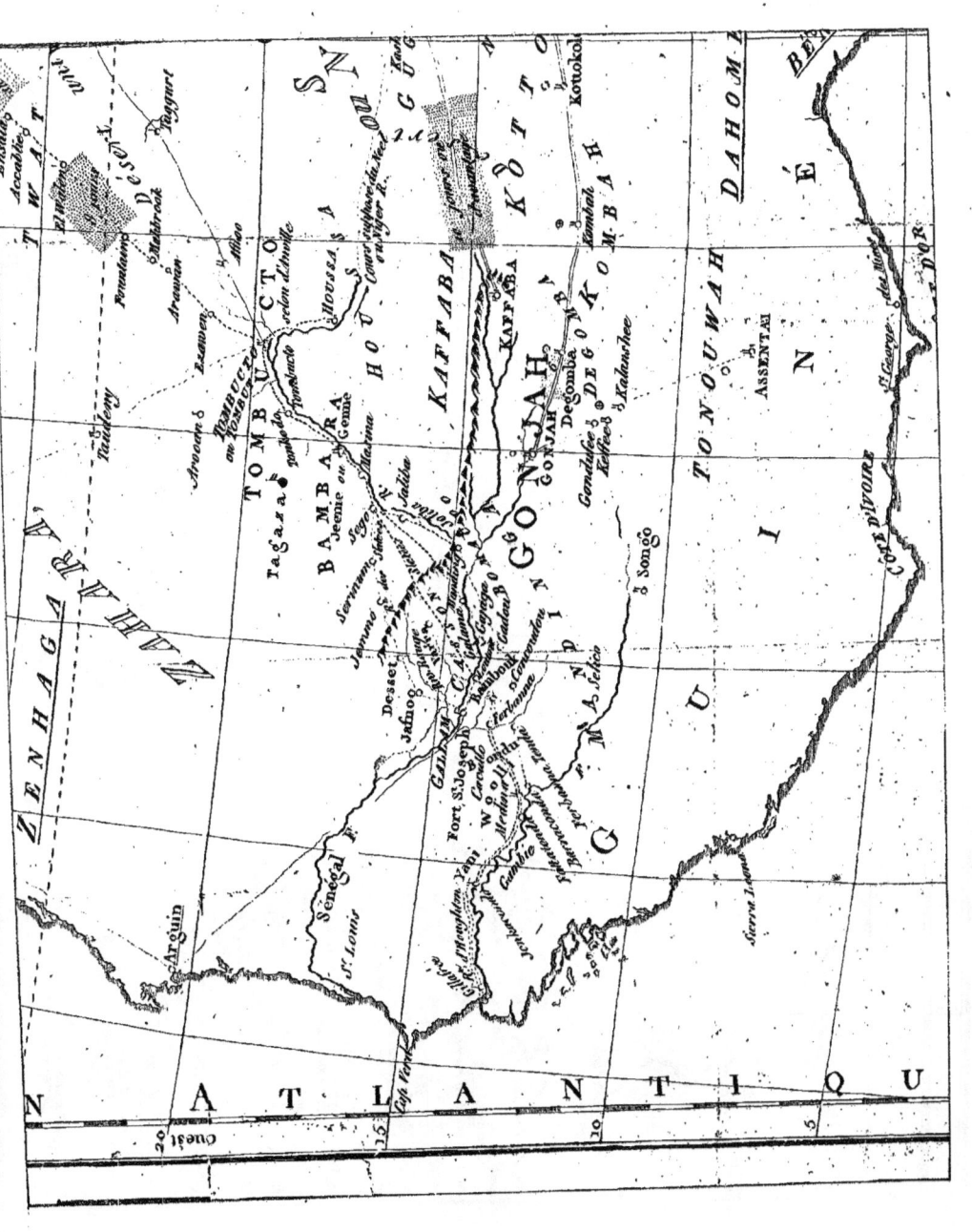

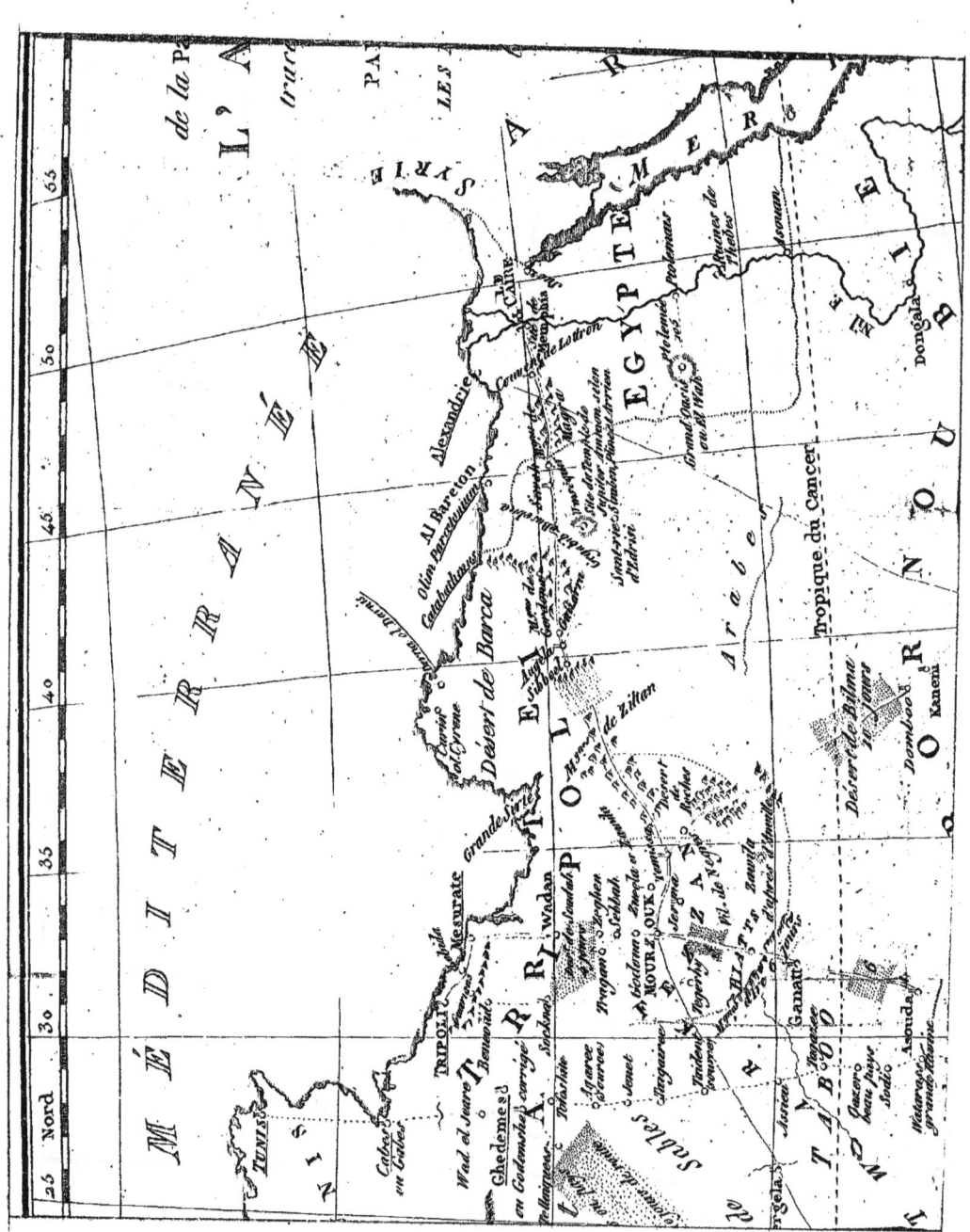

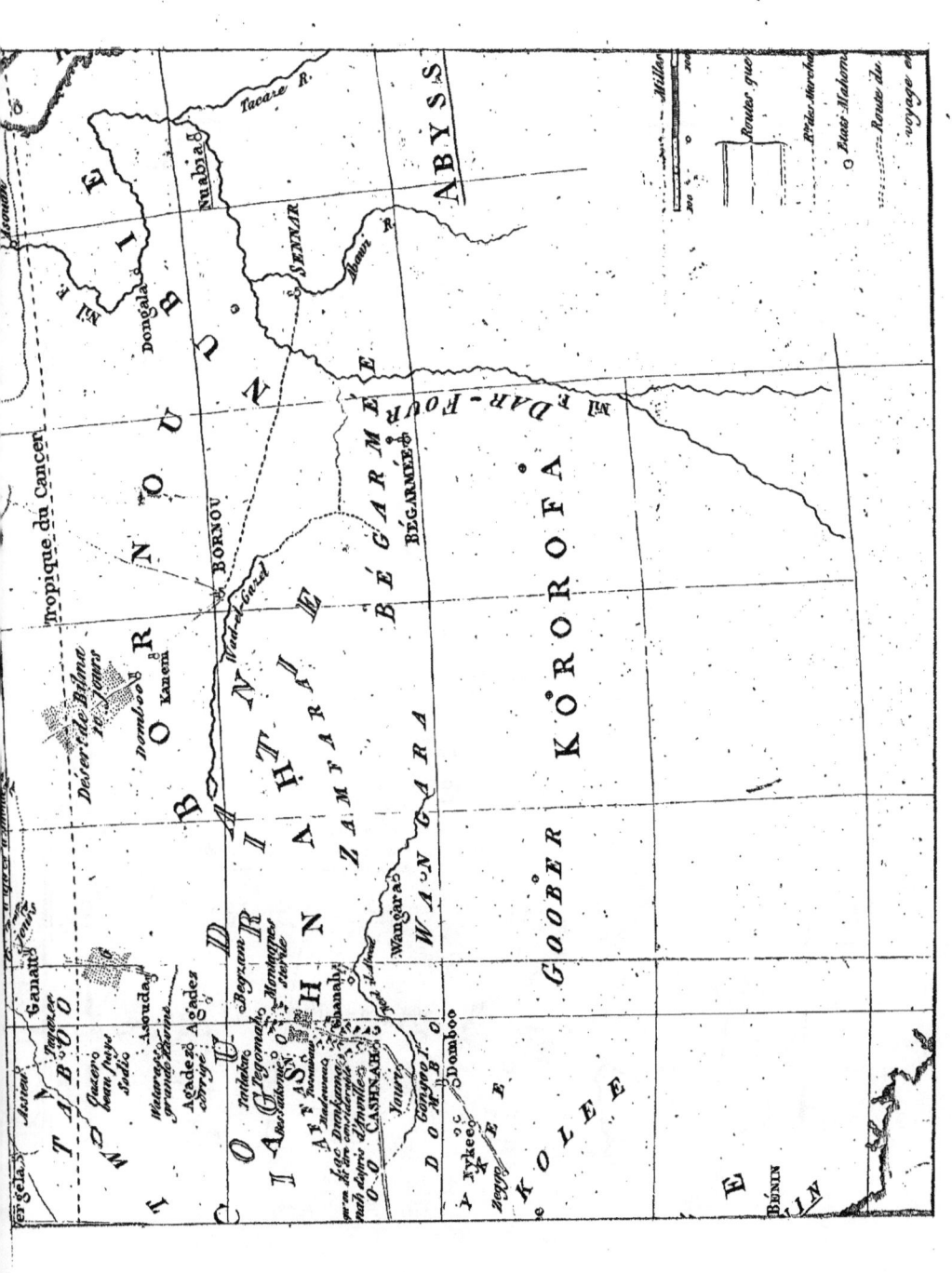

ESQUISSE
de la Partie Septentrionale *de*
L'AFRIQUE
*tracée en 1790 et corrigée
en 1793.*
PAR LE MAJOR RENNELL,
d'après
LES NOTIONS GÉOGRAPHIQUES,
recueillies par
la société d'Afrique.

2.ᵉ Edition,
*dans laquelle,
outre de graves omissions réparées,*
le Voyage de Lemprières à Maroc,
en 1789.
*a été fidèlement tracé,
par L.Brion, ingénieur-géographe.*

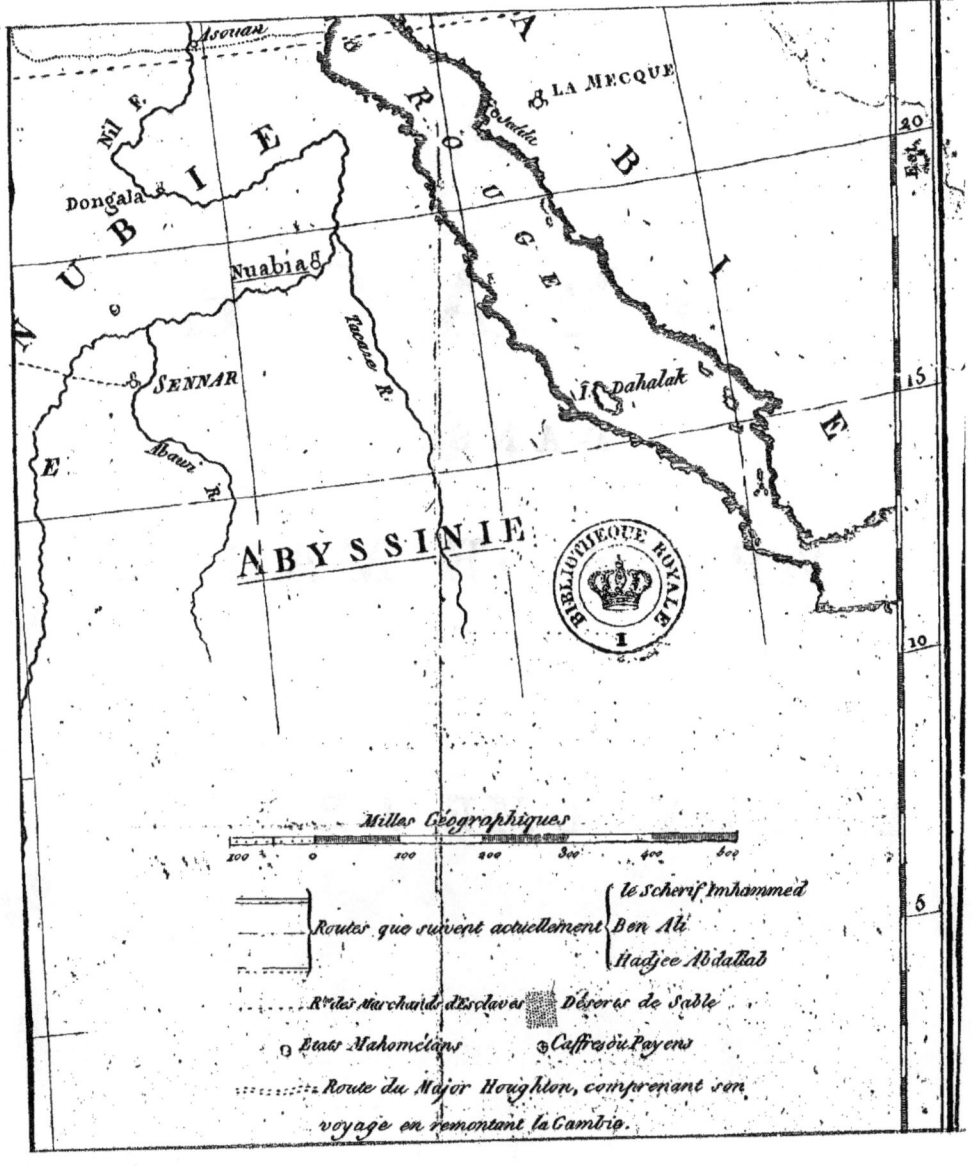

VOYAGE

DANS

L'EMPIRE DE MAROC

ET

LE ROYAUME DE FEZ.

VOYAGE

DANS

L'EMPIRE DE MAROC

ET LE ROYAUME DE FEZ,

FAIT PENDANT LES ANNÉES 1790 et 1791,

Par G. LEMPRIÈRE;

CONTENANT, 1.º Une description exacte de ces deux pays, et particulièrement du mont Atlas;
2.º Un aperçu des productions et du commerce, des revenus et dépenses, des forces de terre et de mer de cet Empire;
3.º Du gouvernement et des lois, de la religion, des mœurs et coutumes, de l'abrutissement et de l'esclavage des Maures, du despotisme et de la cruauté du prince qui les gouverne;
4.º De la décadence des sciences et arts, de l'ignorance des peuples, et sur-tout des médecins arabes;
5.º Enfin, des détails très-curieux sur le *Harem*, ou Sérail de l'Empereur de Maroc, où l'Auteur, en sa qualité de Médecin et Chirurgien européen, a pu seul pénétrer jusqu'à ce jour:

Accompagné d'une Carte géographique de l'Afrique, par le major RENNEL, augmentée d'un itinéraire pour l'intelligence de ce Voyage, par BRION père, Ingénieur-géographe; et orné des vues de Tanger et de Maroc;

TRADUIT DE L'ANGLAIS

Par M. DE SAINTE-SUZANNE.

A PARIS,

Chez { TAVERNIER, Libr., rue du Bacq, N.º 937.
CORDIER et LEGRAS, Imprimeurs-Libraires, rue Galande, N. 50.

AN IX. — 1801.

VOYAGE
DANS
L'EMPIRE DE MAROC
ET
LE ROYAUME DE FEZ.

CHAPITRE PREMIER.

Comment et par quel motif l'Auteur passe en Barbarie : son arrivée à Tanger. Description de cette ville et de ses environs. Sa situation, son commerce. Manière dont les Maures comptent les distances. Départ de l'Auteur pour Arzilla avec un interprète et une escorte. Réception qui lui est faite dans cette ville. Son arrivée à Larache.

Au mois de septembre 1789, M. Matra, consul de sa majesté britannique à Tanger, s'adressa au général Ohara, commandant à Gibraltar, pour le prier d'envoyer un chirurgien expérimenté à Muley Absulem, fils chéri de l'empereur de Maroc, qui étoit menacé de perdre la vue.

L'expression de *Muley* devant être souvent employée dans le cours de cet ouvrage, je dois prévenir le lecteur que c'est un titre honorifique qu'on donne à la famille royale de Maroc, et qui revient à celui de *prince* dans un autre pays.

Muley Absulem, dont les yeux étoient dans le plus triste état, souhaitoit ardemment de consulter quelque médecin européen, croyant qu'il en obtiendroit plus de soulagement que des mauvais Esculapes de l'empire de Maroc. Il avoit promis de récompenser magnifiquement celui qui le guériroit : il devoit être défrayé par-tout, et avoir, pour sa sûreté personnelle, un détachement de soldats maures qui lui serviroient d'escorte pendant le voyage : mais ce qui étoit le plus fait pour déterminer une ame sensible à se rendre au desir du prince, c'étoit la promesse de remettre au médecin qui entreprendroit sa guérison, plusieurs captifs chrétiens qui languissoient dans les fers. On comptoit parmi ces infortunés le capitaine d'un vaisseau anglais, et neuf matelots de cette nation, qui avoient eu le malheur d'échouer sur la côte d'Afrique, dans la partie habitée par des Arabes sauvages.

On verra, par les détails dans lesquels j'aurai occasion d'entrer, le peu de fonds qu'il y avoit à faire sur la parole du prince africain. Je dirai seulement ici qu'étant prévenu avantageusement (ainsi que la plupart des hommes) pour les personnes d'un rang distingué, et sur-tout entraîné par cette avide curiosité si naturelle à la jeunesse, on n'eut pas de peine à me décider à entreprendre un voyage qui me mettoit à même de voir un pays très-peu connu des Européens.

Quoique mes espérances aient été trompées par rapport aux avantages pécuniaires sur lesquels je devois naturellement compter, cependant je ne saurois regretter d'avoir fait un voyage qui m'a procuré plus de connoissance des mœurs et des coutumes de ces contrées barbares, qu'aucun Européen n'en avoit acquise avant moi. Le harem royal, cette enceinte impénétrable, m'a été ouvert, et rien de cet asyle n'a échappé à ma curiosité; il est vrai que je ne me suis tiré que par une espèce de miracle des dangers que j'ai courus : mais le bonheur d'avoir fait sur les lieux des notes qui pourront amuser mes lecteurs, me console de toutes les peines que j'ai essuyées; il ne m'en restera aucun souvenir, s'ils daignent accueillir cet ouvrage avec l'indulgence, et s'ils trouvent quelque plaisir à lire les aventures qui me sont arrivées chez un peuple ignorant et barbare.

Le jour de mon départ étant fixé, et l'équipage d'un homme accoutumé à voyager militairement, ne demandant pas de grands préparatifs, je fus bientôt prêt à partir. Je fis voile de Gibraltar le 14 septembre 1789, à bord d'un petit bâtiment qui me transporta en six heures à Tanger, où M. Matra m'attendoit. La bonne réception qu'il me fit, et les services qu'il m'a rendus pendant mon séjour en Barbarie, lui ont acquis à bien juste titre des droits à ma reconnoissance.

J'appris bientôt que Muley Absulem que je venois traiter, étoit, au moment de mon arrivée, par l'ordre de l'empereur son père, à la tête d'une armée, dans les montagnes qui séparent la ville de Maroc de celle de Tarudant. Cette circonstance m'obligea de rester à Tanger, jusqu'au retour du prince à Tarudant, où il faisoit sa résidence ordinaire.

Personne n'ignore que la ville et le fort de Tanger faisoient autrefois partie des possessions étrangères de la Grande-Bretagne. La ville étoit bien fortifiée, lorsqu'elle appartenoit aux Anglais; mais quand ils l'abandon-

Le palais et une partie de la ville de Maroc.

nèrent sous le règne de Charles II, ils en détruisirent les fortifications. On voit encore des vestiges de cette démolition. Il ne subsiste plus qu'un petit fort en assez bon état, situé à l'extrémité nord de la ville, et une batterie de canon en face de la baie. Cette place étant aussi mal défendue, il est évident qu'elle ne pourroit faire qu'une foible résistance contre l'ennemi qui l'attaqueroit.

La ville occupe un très-petit espace, et n'a rien de remarquable; elle est bâtie sur une éminence fort près de la mer; elle est entourée d'une vieille muraille qui tombe en ruine; ses environs sont couverts de vignobles; on y voit quelques vergers ensemencés en bled. En s'éloignant de la ville, on ne trouve que du sable et des montagnes arides et sans culture. La situation de Tanger n'est rien moins qu'agréable : les maisons y sont en général mal bâties, et annoncent la misère. Leurs toits sont plats. Les murs sont communément blanchis à l'extérieur. Le plancher des appartemens est simplement de terre battue. Les maisons n'ont point de second étage.

Les juifs et les Maures vivent mêlés ensemble à Tanger; ce qui se voit rarement en Barbarie. Cette cordialité entretient plus de confiance entr'eux qu'il n'en existe dans les autres parties de l'empire : aussi les juifs, au lieu de marcher nu-pieds, comme à Maroc, à Tarudant et dans plusieurs autres villes, ne sont assujétis à ce pénible usage que quand ils passent dans une rue où il se trouve une mosquée, ou un de ces édifices appelés sanctuaires, qui sont particulièrement révérés des Maures.

Tous les consuls étrangers (excepté celui de France qui est établi à Salé) font leur résidence à Tanger, quoique les habitans n'y soient pas plus civilisés que dans les autres villes de Maroc. Avant le règne de Sidi-Mahomet, il leur étoit permis de s'établir à Tétuan, qui est bien préférable à Tanger, sur-tout à cause de l'agrément des campagnes qu'on trouve dans les environs. Une aventure de fort peu d'importance fit chasser les chrétiens de cette agréable cité. Un européen qui s'amusoit à tirer des oiseaux dans le voisinage de la ville, eut le malheur de blesser une femme maure qui se trouva par hasard dans la direction de son fusil, et cet accident ayant été rapporté à l'empereur, il jura *par sa barbe* qu'aucun chrétien n'entretroit à l'avenir dans Tétuan ; et, comme ce serment (par la barbe) n'est jamais fait par les Maures que dans des occasions importantes, et que l'empereur ne le violoit jamais, les chrétiens qui faisoient leur demeure à Tétuan, en ont tous été renvoyés.

Le peu d'agrément dont jouissent les consuls dans ces contrées barbares, ne doit pas faire envier leur sort. On a même de la peine à concevoir qu'il se trouve des hommes assez avides de faire fortune pour abandonner leur patrie, et venir ici mener la vie la plus ennuyeuse. Les habitans ne font aucune société avec les consuls, et les traités qu'ils ont signés au nom de leurs souverains, sont souvent insuffisans pour les garantir des insultes auxquelles ils se voyent sans cesse exposés. En butte aux caprices d'un despote qui n'a d'autre loi que sa volonté, il leur ordonne de venir à la cour, et après leur avoir fait faire un voyage cher et pénible, il les renvoye sans qu'ils puissent retirer d'une course aussi fatigante aucun avantage pour leur pays : quelquefois même ils ignorent pourquoi ils ont été ainsi mandés sans nécessité. Les consuls anglais, suédois et danois, ont fait bâtir des maisons de campagne dans les environs de Tanger, où ils vont se consoler des dégoûts qu'on leur fait éprouver ; ils s'y occupent de leurs jardins, de la pêche, et sur-tout de la chasse, qui est fort agréable dans ce pays-là, à cause de l'abondance du gibier. On peut en prendre l'amusement sans que personne y trouve à redire, vu qu'il n'existe aucune loi sur la chasse dans l'empire de Maroc. Enfin, les consuls remplacent, autant qu'ils peuvent, par toutes sortes de plaisirs champêtres, les jouissances de la société.

Sur la côte du côté nord de Tanger, on voit un château à moitié ruiné qu'habite le gouverneur. L'hôtel du trésor-royal sert de magasin pour le radoub des vaisseaux. On construit dans le port des galères pour l'empereur. C'est sans contredit le meilleur qu'il ait dans ses états pour employer avec avantage ces sortes de bâtimens.

La baie est assez vaste, mais elle n'est pas sûre, lorsque le vent d'est souffle avec violence. Le meilleur ancrage est à l'est de la baie, à environ un ou deux milles du rivage, entre la touronde et la maison du consul d'Espagne, qui se voit facilement de la baie.

Dans la partie du sud de la baie, est l'embouchure de la rivière où l'empereur faisoit hiverner ses vaisseaux avant qu'elle fût engorgée par des bancs de sable : il est obligé à présent de les envoyer à Larache. Beaucoup de rivières des états de Maroc qui étoient autrefois navigables et commodes pour mettre les vaisseaux à l'abri du mauvais tems, ont aujourd'hui leur embouchure si encombrée de sable, que dans peu d'années les bateaux pêcheurs pourront seuls y entrer. Il sembleroit qu'un peu plus d'étude de l'état de la marine de cette puissance, sur-tout de l'incommodité de ses hâvres, seroit de quelque importance pour les différens états de l'Europe qui payent un tribut ignominieux à cette ombre de dignité impériale.

On voit sur la rivière de Tanger, les ruines d'un vieux pont qu'on suppose avoir été construit par les Romains. Le milieu en est seulement détruit, et il ne paroît point que ce soit par le laps de tems. Il est plus probable que les Maures l'ont coupé ainsi pour faire entrer leurs vaisseaux dans la rivière. Les côtés qui sont encore debout sont bien conservés. L'épaisseur et la solidité de ce qui en reste, prouvent la bonté des ouvrages des anciens, qui savoient réunir la force à la beauté de leurs édifices.

Comme je me propose de donner une juste idée de l'architecture des Maures en parlant de leurs maisons, je terminerai mon récit concernant Tanger, par observer que cette ville fait, en tems de paix, un petit commerce avec Gibraltar et la côte d'Espagne dont elle est très-voisine, fournissant à ces différens endroits des provisions pour lesquelles elle reçoit en échange des marchandises européennes.

Quinze jours après mon arrivée à Tanger, le consul anglais reçut une lettre du prince maure, qui l'informoit de son retour à Tarudant, en lui marquant un grand desir de me voir. Quelqu'impatience que j'eusse de mon côté de me rendre auprès de lui, il fallut pourtant, avant mon départ, me procurer tout ce qui m'étoit nécessaire pour faire le voyage. Le prince avoit ordonné que j'eusse deux cavaliers pour m'escorter. Le gouverneur de Tanger devoit aussi me fournir une tente, des mulets et un interprète : mais ce ne fut pas sans peine qu'on parvint à trouver un homme qui parlât l'anglais et l'arabe assez bien pour remplir l'office d'interprète; ce ne fut que par hasard et en usant de violence que j'en eus un.

Après avoir cherché inutilement par toute la ville, le gouverneur ordonna que pendant la prière des juifs, on s'informât dans leurs synagogues si quelques gens de cette secte ne parleroient point l'anglais. Un malheureux juif qui vendoit du fruit dans les rues de Gibraltar et qui étoit venu à Tanger avec sa femme et ses enfans pour assister à une fête de religion, n'imaginant point pourquoi on faisoit une pareille demande, répondit ingénument qu'il parloit la langue anglaise aussi bien que l'arabe. On le saisit aussi-tôt, et on le força de m'accompagner.

Un Anglais se forme difficilement l'idée d'un gouvernement dont le pouvoir est assez despotique pour faire marcher à son gré qui lui plaît. Trois ou quatre Maures empoignent la malheureuse victime avec autant d'énergie que s'ils avoient un Hercule à combattre. Ils secouent le patient de telle sorte, qu'il est à moitié mort, lorsqu'ils le livrent à leur supérieur. Telle fut la situation de mon interprète juif, après avoir été arrêté de la manière la plus barbare. Sa femme effrayée de la scène qui venoit de se passer sous ses yeux, courut à la maison du consul, et par ses pleurs, par ses cris, tâcha de le toucher pour qu'il fît relâcher son mari. Les mauvais traitemens qu'on sait que les Maures font aux juifs, lorsqu'ils ne sont point protégés par l'humanité des gouverneurs, étoient bien capables d'alarmer cette femme; mais elle se tranquillisa quand on eut promis au consul qu'on prendroit soin d'elle pendant l'absence de son mari, et qu'elle fut bien assurée qu'il reviendroit sain et sauf après m'avoir conduit à Mogodore, où je devois prendre un autre interprète.

Cette affaire une fois arrangée, le consul me fournit une quantité suffisante de vin et de liqueurs; il me donna pour deux jours de nourriture, un bois de lit fait de trois plians, qui sont des espèces de tabourets faciles à porter; il ajouta à mon équipage quelques ustensiles de cuisine, et un grand sac de cuir pour renfermer mon coucher. La totalité de ma petite caravane consistoit en deux soldats nègres, mon interprète juif, deux mulets pour nous monter, et deux mules que conduisoit à pied un muletier arabe.

Etant parti de Tanger le 30 septembre à trois heures après midi, je ne pus faire ce jour-là que huit milles. J'arrivai à six heures du soir à un petit village nommé Kindalla; j'y passai la nuit. Le pays que j'avois traversé en sortant de Tanger, étoit montueux et stérile : je ne rencontrai que quelques mauvaises chaumières éloignées les unes des autres. Tout le chemin, jusqu'à Larache, ressemble à celui dont je viens de parler. A peine y aperçoit-on quelques méchans hameaux. Les villages de l'empire de Maroc ne sont composés que de cabannes grossièrement fabriquées, soit en terre, soit en pierre;

souvent même elles ne sont que de roseaux ; elles sont couvertes en chaume, et entourées d'une haie vive impénétrable.

Le gouverneur de Tanger avoit mis si peu de soin à exécuter les ordres qu'il avoit reçus pour qu'il ne manquât rien au médecin qui venoit guérir le fils chéri de son maître, qu'en visitant ma tente, je la trouvai si pleine de trous, que je fus obligé, pour me mettre à couvert, de placer mon lit sous une haie : ma tente ne put servir qu'à me garantir d'un côté de l'injure de l'air. Après avoir passé la nuit dans cette fâcheuse situation, je me remis en route à sept heures du matin. A trois milles de là, je traversai la rivière de Marha qui étoit presque à sec. On m'a assuré qu'après les pluies abondantes de l'automne, elle devient très-profonde et même dangereuse. Dans ces contrées, le voyageur est souvent arrêté pour plusieurs jours lorsque les rivières viennent à déborder, les ponts étant fort rares en Barbarie. Les courans de la mer qu'on rencontre, ont moins d'inconvéniens, parce qu'on peut les passer en bateau ou sur des radeaux.

A huit heures du matin, je me trouvai à l'entrée d'une vaste forêt nommée Rabea-clow : en y avançant, la route me conduisit sur des rochers escarpés d'où je pouvois découvrir l'Océan. L'aspect de cette forêt me parut très-sauvage et romantique. Mon imagination préoccupée de ses sites majestueux, m'empêchoit de penser à l'horrible chemin par lequel on me faisoit passer. J'étois obligé d'aller très-lentement et avec beaucoup de précaution. Enfin, à onze heures nous arrivâmes sur le bord d'une autre rivière appelée Machiralachef, qui traverse la forêt; celle-ci est profonde, même dans les tems les plus secs de l'année. Après l'avoir passée, on trouve une belle campagne : j'y fis mon dîner sur le bord d'un joli ruisseau ombragé d'arbres. Suivant l'usage des Maures, je m'assis les jambes croisées pour manger. Comme les préparatifs d'un dîné chaud auroient beaucoup retardé ma marche, j'avois toujours l'attention de faire cuire quelque chose la veille, que je mangeois à la hâte. Ces repas que je faisois de bon appétit, me paroissoient excellens, sur-tout lorsque je pouvois avoir de l'eau claire et potable; mais, par malheur, elle étoit fort rare : j'en trouvois dans beaucoup d'endroits de si bourbeuse et d'un goût si désagréable, que, quoique j'eusse une soif excessive, je ne pouvois en boire qu'avec du vin, et en petite quantité.

Pendant le voyage que j'avois à faire, je ne pouvois renouveler mes provisions que dans les grandes villes. Mon souper ordinaire étoit une tasse de café avec quelques rôties, et je trouvois que cela me rafraîchissoit beaucoup mieux que toute autre espèce de nourriture. Le café faisoit aussi mon déjeûner. J'éprouvois qu'il me donnoit des forces pour supporter la fatigue de la journée.

En me remettant en chemin à deux heures après midi, je ne tardai pas à rencontrer la rivière de l'Orifa, où je fus arrêté long-tems par la hauteur de la marée. Cette rivière est difficile à passer à cause de l'inégalité de son fond et de la quantité de grosses pierres roulantes qui sont dans son lit. Nous ne tardâmes point, mon interprète et moi, à nous apercevoir qu'elle étoit dangereuse; car, quoique nous eussions des gens à pied pour guider nos mules, elles tomboient dans des trous profonds, ce qui nous jetoit sur leurs cous en nous causant les plus vives inquiétudes : cependant nos guides faisoient de leur mieux pour nous rassurer. Hardiesse et dextérité sont peut-être les seuls, ou du moins les premiers avantages des peuples sauvages. Les Maures qui sont à peine civilisés, sont d'une adresse surprenante. Ce fut pour moi un spectacle assez amusant de voir des Maures qui voyageoient à pied, passer lestement une rivière qui m'avoit donné tant d'inquiétude. Ils ôtèrent leurs habits, et après les avoir attachés sur leur tête, ils traversèrent le courant à la nage. Nous atteignîmes le soir Arzilla. Aussi-tôt que les soldats de mon escorte eurent appris à l'alcade ou gouverneur de la ville qui j'étois, il s'empressa de me procurer un logement.

Arzilla est à trente milles, c'est-à-dire, à dix heures de chemin de Tanger : les Maures comptent les distances par heures, et comme il en faut toujours une à leurs mulets pour faire trois milles, la longueur d'un voyage est généralement calculée avec assez d'exactitude par ce moyen.

L'appartement que j'occupai à Arzilla étoit une mauvaise chambre dans le château ; elle n'avoit point de fenêtres, et ne recevoit de jour que par trois petites ouvertures d'environ six pouces quarrés ; elle étoit encore éclairée par la porte qu'on avoit oublié d'y mettre. Le château d'Arzilla est très-considérable, et quoiqu'il soit en ruines, on ne laisse pas d'apercevoir qu'il étoit anciennement une des barrières qui défendoient l'empire. Lorsque Arzilla appartenoit aux Portugais,

tugais, la ville avec son petit port sur l'Océan atlantique, étoit mise au rang des places fortes : mais, par la négligence des princes Maures, les fortifications sont entièrement détruites; les maisons ont un air misérable, et le petit nombre de Maures et de juifs qui l'habitent, paroissent fort pauvres.

Le lecteur pourra se faire une juste idée de la richesse de cette cité, en me voyant réduit à prendre une tasse de café avec mon interprète dans un coin de ma mauvaise chambre, tandis qu'à l'autre bout, mes deux soldats et mon muletier dévoroient du meilleur appétit une grande jatte de cuscasoo : ce mets est très-commun chez les Maures : il se fait avec un peu de froment et de riz écrasés et passés dans une passoire de terre; on y ajoute du beurre et des épices, après quoi on le cuit sur la vapeur des viandes bouillies. Le cuscasoo est regardé comme une excellente nourriture.

Une heure après mon arrivée à Arzilla, le gouverneur, accompagné des plus notables de la ville, me fit une visite, et m'apporta, sans doute par considération pour l'auguste malade que j'allois traiter, un présent en fruits, en œufs et en volailles. Après une conversation d'une demi-heure qui se passa en complimens de part et d'autre, le gouverneur prit congé de moi, et me laissa reposer.

Le bruit s'étant répandu très-promptement qu'un médecin européen étoit arrivé dans la ville, je fus réveillé de bonne heure par une foule de malades qui étoient dans un état déplorable. Plusieurs étoient aveugles, d'autres étoient perclus de rhumatismes; quelques-uns avoient des maladies chroniques invétérées. Ce fut en vain que je tâchai de persuader à ce peuple infortuné et ignorant que la médecine ne pouvoit guérir des maux incurables; rien ne put les faire revenir de la haute idée qu'ils s'étoient faite de mon savoir. Tous ces malheureux imaginoient que les médecins européens guérissoient toute espèce de maladies; ils me donnoient leur pouls à tâter, en me suppliant de leur rendre la santé.

L'importunité continuelle de tant de malades qui me parloient tous à-la-fois, m'embarrassoit beaucoup : je fus obligé, pour écarter la foule, d'ordonner à mes deux gardes de faire la police dans ma chambre. C'étoit un spectacle vraiment douloureux pour moi, de me voir environné de tant d'êtres souffrans qui avoient besoin de secours, et à qui je ne pouvois en procurer. Quoique je ne connusse point de spécifique capable de guérir la plupart de leurs maladies, cependant j'aurois tâché de les soulager, si j'avois eu le tems de leur administrer des remèdes.

Pendant que je répondois à toutes ces consultations, le gouverneur qui s'étoit aperçu du mauvais état de ma tente, donna des ordres pour la réparer; mais ce qu'on y fit la diminua de telle sorte, qu'à peine nous la trouvâmes assez grande pour y coucher, mon interprète et moi.

Je partis le 2 octobre pour aller à Larache, qui n'est qu'à trente-deux milles d'Arzilla; j'y arrivai le même jour à quatre heures après-midi : le chemin que je fis sans presque quitter la mer, ne m'offrit rien de remarquable. Avant d'entrer à Larache, j'eus à passer la rivière de Lucos, qui, dans cet endroit, peut avoir un demi-mille de large : le cours de cette rivière est fort tortueux : son embouchure dans l'Océan est à Larache.

CHAPITRE II.

Situation de Larache; son port. Observations sur les maladies les plus communes dans les états de Maroc. Ignorance des Médecins et des Chirurgiens du pays; leur présomption. Remèdes qu'ils employent le plus ordinairement. L'Auteur quitte Larache pour se rendre à Mamora. Beautés romantiques du pays; sa fertilité. Détails sur les camps arabes. Les mœurs, usages et caractère des Maures qui les habitent; leur hospitalité, leur vie errante, leur dépendance de l'empereur de Maroc. Impôts qu'ils lui payent. Leurs querelles fréquentes avec les tribus voisines. Exactions des Bachas et des subalternes dans la perception des impôts. Culture des terres par les Maures. Manière dont ils font la pêche. Tombeaux des Saints arabes. Respect que les Maures ont pour ces asyles. Charlatanisme et hypocrisie des dévots Musul-

mans. *Arrivée de l'Auteur à Mamora. Son départ pour Salé. L'aqueduc qui porte de l'eau dans cette dernière ville, paroît être un ancien monument romain.*

―――――

A mon arrivée à Larache, on me conduisit chez le gouverneur, qui étoit un fort beau nègre; il me traita avec beaucoup d'égards, et me fit donner un appartement dans le château, qui me parut en bien meilleur état que celui d'Arzilla. Larache étoit anciennement sous la domination espagnole. La ville est d'une moyenne grandeur, et passablement bien bâtie; elle est située à l'embouchure de la rivière de Lucos sur une pente douce. Les circuits agréables de la rivière, les masses de dattiers et de toutes sortes d'arbres plantés irrégulièrement, forment le coup-d'œil le plus pittoresque. La nature qui n'est là ni contrariée, ni défigurée, ne peut manquer de paroître dans toute sa beauté. Quoique la ville ne soit point régulièrement fortifiée, elle est assez bien défendue par un fort et deux batteries de canon. Ses rues sont pavées: la place, entourée de portiques de pierres, est assez belle. De toutes les villes que j'ai vues en Barbarie, c'est celle qui m'a paru la plus propre et la mieux policée ; j'en excepterai pourtant Mogodore. Les vaisseaux ont l'avantage de pouvoir être radoubés à Larache et d'y avoir leurs magasins : mais le port manque de bassins pour la construction des bâtimens. La profondeur de la rivière y fait mettre les vaisseaux de l'empereur à l'abri pendant l'hiver : c'est le seul port de l'empire où ils puissent être en sûreté dans les mauvais tems. Il est probable qu'il aura le même sort que celui de Tanger. Le sable a déjà formé à son entrée un banc qui augmente sensiblement tous les ans.

Un de mes mulets s'étant blessé assez grièvement, je fus obligé de passer un jour à Larache pour m'en procurer un autre. Le bruit de mon arrivée s'étant répandu, en peu d'instans ma chambre se trouva si remplie de malades, qu'on auroit pu la prendre pour une chambre d'hôpital. Les maladies que j'ai remarqué être les plus communes à Maroc, sont l'hydropisie et des inflammations aux yeux, qui causent souvent la perte de la vue; la gale, mêlée d'affections lépreuses, l'hydrocèle et des tumeurs invétérées. J'ai aussi observé quelques fièvres intermittentes et bilieuses, des maux d'estomac occasionnés par de fréquentes indigestions.

L'hydrocèle si ordinaire dans ce pays, semble produite en grande partie par l'ampleur des vêtemens et le relâchement des fibres provenant de l'extrême chaleur du climat (*). L'ophtalmie en est aussi une suite; et ce qui doit la rendre plus commune, c'est la fatigue continuelle que les yeux éprouvent par la réverbération du soleil sur des maisons blanches. On peut ajouter à cette cause leurs habillemens, qui ne sont pas propres à les garantir d'un soleil brûlant. Ils n'ont point la ressource des parasols, dont l'usage est défendu; l'empereur seul a le droit de s'en servir.

L'affection lépreuse semble être héréditaire : plusieurs générations de suite en sont souvent attaquées, ce qui peut faire soupçonner qu'elle a beaucoup de ressemblance à la lèpre des anciens. Les pustules dont le corps est couvert, forment, en quelques endroits, des ulcères qui paroissent se guérir dans certains tems; mais elles ne tardent pas

---

(*) Le lecteur médecin aura moins de peine à apercevoir les causes de cette fréquente maladie. On pourroit croire aussi qu'elle est souvent occasionnée par l'usage immodéré des femmes et les bains chauds que les Maures prennent immédiatement au sortir de leurs débauches. . . . .

à reparoître. Pendant mon séjour à Maroc, je voulus essayer d'attaquer cette maladie avec quelques remèdes qui ne firent qu'en tempérer les douleurs. Le mal reparoissoit aussi-tôt que les malades discontinuoient le traitement que j'avois prescrit. Les tumeurs et l'hydropisie viennent probablement de leur mauvaise nourriture : le peuple n'a pour vivre que du pain grossier, des fruits et des végétaux.

Malgré tout le respect qu'on peut avoir pour les talens des médecins de ce pays, il est impossible de prendre une haute idée de leur savoir. Les Maures et les juifs les croient fort instruits : cependant toute leur science se borne à choisir dans de vieux manuscrits quelques remèdes très-simples qu'ils appliquent sans aucun discernement. Leur méthode ordinaire de traiter toutes les maladies, est de commencer par la saignée ; viennent ensuite les ventouses, les scarifications et les fomentations. Ils font prendre aussi des décoctions de différentes plantes.

Ils ont des chirurgiens assez hardis pour percer l'hydrocèle avec la lancette ; ils osent même enlever la cataracte. Je n'ai pas eu occasion de leur voir faire cette opération pendant mon séjour en Barbarie ; mais j'ai rencontré un de leurs chirurgiens qui m'a dit l'avoir exécutée avec succès. L'instrument dont il s'étoit servi n'étoit autre chose qu'un bout de fil de laiton de cuivre, dont on avoit rendu la pointe fort aiguë.

Les médicamens les plus en usage chez les Maures, sont les topiques; ils les préfèrent aux remèdes intérieurs, quoiqu'ils ne puissent avoir aucun effet sur les humeurs qui causent la plupart de leurs maladies. Il ne seroit pas aisé de leur faire comprendre comment une médecine, qui va d'abord dans l'estomac, peut guérir la tête ou toute autre partie du corps. Je leur dois pourtant la justice de dire qu'ils montroient beaucoup de docilité à prendre les remèdes que je leur conseillois, lorsque je pouvois leur persuader qu'ils en obtiendroient quelque adoucissement à leurs maux. Quoique les mahométans aient une grande confiance en la médecine, ils n'en ont pas moins recours aux enchantemens et aux amulettes; mais ce qui est encore plus contradictoire, c'est leur croyance à la prédestination, et l'empressement qu'ils mettent à recourir à la médecine pour la moindre incommodité.

Parmi le grand nombre de malades qui me consultèrent à Larache, il n'y en eut qu'un qui me donna quelque témoignage de reconnoissance : tous les autres, bien loin de me remercier de mes soins, avoient l'air de me faire grace, en s'adressant à moi. Le seul Maure qui ne m'a point payé d'ingratitude, étoit un vieillard au-dessus du commun : il fut si touché de mes attentions pour un être qu'il chérissoit beaucoup, que, pour m'en récompenser, il m'envoya à l'instant des volailles et des fruits. Il me vint voir avant mon départ, et m'assura qu'il n'oublieroit jamais le service que j'avois rendu à son ami. Il insista pour que je lui promisse qu'à mon retour je ne prendrois point d'autre maison que la sienne. Cet exemple de générosité est si rare chez les Maures, que je n'ai pas cru devoir le passer sous silence.

Le 4 octobre, à six heures du matin, je quittai Larache ; à dix heures je passai la rivière de *Clough*. J'aperçus dans l'après-midi les ruines d'un château qui avoit été bâti anciennement par un Maure de grande distinction, nommé Darcoresy, qui fut condamné par l'empereur à perdre la tête et à avoir son château rasé. Beaucoup d'autres châteaux et de simples habitations, que j'ai vus démolis dans cet empire, m'ont appris que la demeure des sujets d'un despote avoit moins à craindre les ravages du tems, que le courroux d'un maître absolu.

J'ai déjà parlé des vues agréables de Larache : celles qu'on trouve en allant de cette ville à Mamora, ne font pas moins de plaisir. Les arbres, dont les espèces sont très-variées, et qui bordent le chemin, sont plantés avec tant de symétrie, qu'ils ont plutôt l'air de faire l'ornement d'un parc, que de croître dans un pays presque inculte.

Je traversai plusieurs plaines que la main de l'homme n'avoit jamais travaillées, mais qui offroient l'aspect des meilleurs pâturages. Je voyois à très-peu de distance du chemin, des lacs qui avoient plusieurs milles de long; leurs bords étoient occupés par des camps arabes, et leur surface étoit couverte d'une multitude d'oiseaux aquatiques. La beauté du jour ajoutoit un nouveau charme à ces scènes variées de la nature. A quatre heures après-midi j'arrivai sur les bords d'un de ces grands lacs; j'y fis placer ma tente au milieu d'un camp arabe.

Les camps dont il est ici question sont généralement fort éloignés des villes, et à portée des villages. Les tentes en sont très-vastes; on les construit avec des feuilles de palmier et du poil de chameau : elles sont soutenues par de forts bâtons de canne, et fixées sur les côtés avec des chevilles de bois. La forme d'une tente arabe ressemble à un tombeau, ou à la quille d'un vaisseau renversé. Elles sont très-basses, et communément teintes en noir. La tente d'un saïk, ou commandant, est beaucoup plus grande que les autres. Elle est toujours placée dans l'endroit le plus élevé du camp. Le nom que les Arabes donnent à ces camps, est *douhars*. Le nombre des tentes varie suivant la quantité d'individus qui composent une même famille ou une tribu. Il y a de ces *douhars* qui n'en ont que quatre ou cinq, tandis qu'on en compte plus de cent dans un autre. Les camps forment un cercle ou un carré long; mais la forme ronde est plus communément adoptée. Les Arabes laissent paître en liberté leurs bestiaux pendant le jour, et prennent les plus grandes précautions pour les mettre en sûreté pendant la nuit. Leurs tentes n'ont point d'ouverture du côté du nord; ils placent l'entrée au sud, afin de n'avoir point à souffrir des vents froids du nord qui règnent fort souvent dans ces climats.

Les Arabes qui demeurent dans ces camps semblent être d'une race différente de celle des Maures qui sont domiciliés dans les villes.

Ceux-ci sont plus nombreux et mieux civilisés, à cause de l'éducation qu'ils reçoivent, et des avantages qu'ils retirent de leur commerce avec les Européens. Les Arabes qui sont toujours campés sur le bord des lacs, paroissent fort éloignés d'aucune civilisation; ils ne sont attachés qu'à leur famille et à leurs anciens usages. Ce singulier peuple étant toujours réuni en tribu, ne s'allie point avec les tribus étrangères. Un Arabe qui se marie n'épouse jamais de femme que dans la tribu dont il est. Cette coutume est suivie si religieusement, qu'à moins d'être parent à un degré quelconque, on ne peut habiter le même camp.

Le mari, la femme et les enfans logent dans la même tente; ils couchent ordinairement sur des peaux de mouton qui leur servent de lit. Les enfans restent avec le père et la mère jusqu'à ce qu'ils se marient. Alors la famille des nouveaux époux est obligée de leur donner une tente, un moulin à bras pour moudre leur bled, un grand panier, une tasse de bois et deux plats de terre. Ils ont après cela, pour vivre, un certain nombre de chameaux, de vaches, de moutons, de boucs et de chèvres, avec une provision d'orge et de froment proportionnée aux facultés des parens.

Le mariage fait, le jeune ménage acquiert le droit de faire pâturer ses bestiaux dans le voisinage de sa tente, et de labourer les terres qui l'entourent; ce qui le met bientôt dans une honnête aisance.

Il est assez rare de voir plus d'une femme à un Arabe. Le sexe est en général fort laid. Les femmes qui vont à la ville ont grand soin de cacher leur visage, ne voulant pas être vues par les étrangers.

Chaque camp est sous la direction d'un saïk qui est chargé de faire rendre la justice. Il décide du châtiment des coupables; il peut même infliger la peine de mort. C'est l'empereur qui le nomme, et qui choisit ordinairement un riche propriétaire pour occuper cette place. Etant trop éloignés des mosquées où ils puissent avoir l'exercice de leur religion, ils placent au milieu du camp une tente vide pour l'usage du culte; elle sert aussi aux voyageurs qui veulent s'y retirer pour passer la nuit. Ceux qui s'y arrêtent, y trouvent un bon souper qui est payé par la tribu entière.

Tous les enfans s'assemblent dans cette tente au lever du soleil; ils y récitent des prières qu'on a gravées sur une planche en caractères arabes. Cette planche reste toujours suspendue dans la tente. L'éducation des Arabes se borne à savoir lire quelques prières, et à les apprendre par cœur.

L'inconstance de ce peuple presque sauvage, lui a fait donner le nom de peuple errant. Lorsque l'endroit où il s'est fixé devient moins productif, et que ses bestiaux n'y trouvent plus de nourriture, il déménage pour aller s'établir dans un lieu plus fertile. J'ai rencontré un jour une de ces tribus qui changeoit de domicile : leurs tentes, leurs instrumens d'agriculture, leurs femmes et leurs enfans étoient portés par des mulets, des chameaux, des vaches et des taureaux.

Dans l'empire de Maroc, personne n'a de propriété : tout le territoire, près des villes, appartient à l'empereur. Si un Arabe veut changer de situation, il présente sa requête au souverain ou au bacha de sa province, et on lui permet quelquefois d'acquérir un petit domaine ; mais s'il obtient cette faveur, il la paye cher par la redevance annuelle qu'on lui impose.

Je n'ai eu qu'à me louer du bon accueil que j'ai reçu dans les camps arabes. Ces peuplades sont hospitalières. Lorsque j'arrivois dans un de ces camps, chacun s'empressoit à me servir. C'étoit à qui m'aideroit le premier à tendre ma tente. Si l'on s'attroupoit autour de moi, c'étoit seulement par curiosité, et sans aucune mauvaise intention : on paroissoit au contraire avoir fort envie de me rendre service.

L'habillement de ces Arabes n'est autre chose qu'un froc grossier tissu de laine, qu'ils s'attachent autour du corps avec une courroie. Ils appellent *cashove* la partie de leur vêtement qui descend au-dessous des reins. Ils portent aussi un *haick*, qui est une espèce de camisole faite de laine ou de coton. Lorsqu'ils sortent de leurs demeures, ils prennent un grand manteau, qu'ils jettent négligemment sur leurs épaules. Ce manteau peut servir aussi à leur couvrir la tête. Leurs cheveux sont courts, et entièrement enveloppés d'un rézeau; ils ne font point usage de turbans, de bonnets, ni de bas. Il est rare de les voir se servir de sandales, qui est la chaussure ordinaire du pays.

L'habillement des femmes est presque le même que celui des hommes; il ne diffère que parce qu'elles ont l'adresse de former avec leur *cashove* une espèce de sac sur leur dos, qui sert à porter leurs enfans; par ce moyen elles peuvent vaquer à toutes les affaires du ménage, sans se séparer de leur nourrisson. Leurs cheveux sont artistement arrangés, et

couverts

couverts d'un mouchoir, dont elles s'entourent la tête. La grande passion qu'elles ont pour les colifichets d'or ou d'argent, leur fait mettre tout en usage pour s'en procurer : il n'y en a aucune qui ne soit parée d'un collier de perles.

Leurs enfans vont tout-à-fait nuds jusqu'à l'âge de neuf à dix ans ; alors on les habille, et on commence à les former aux travaux de la campagne. La nourriture des Arabes errans n'a aucune différence avec celle des Maures qui habitent les villes. Le *cuscasoo* est le mets favori des uns et des autres. Ils mangent aussi du chameau et du renard ; les chats sont en recommandation dans leurs repas. Ils mangent du pain d'orge cuit sans levain, en forme de gâteaux.

La couleur de leur peau est basanée, tirant sur l'olive. La vie active qu'ils mènent donne à leurs traits plus d'expression que n'en ont ceux des habitans des villes, qui paroissent efféminés. Leurs yeux sont noirs : ils ont généralement les dents blanches et bien rangées.

L'étroite union qui règne dans ces petites sociétés, en fait de mauvais voisins. Chaque tribu hait les autres tribus, et les traite avec mépris. Ces querelles occasionnent souvent des scènes tragiques, qui ne se termineroient jamais sans qu'il y eût du sang répandu, si l'empereur n'interposoit son autorité. Quand il veut rétablir la paix parmi eux, il ne s'informe pas qui a tort ou raison : il parle en maître absolu, et le calme renaît, du moins pour quelques instans. L'empereur fait payer cher sa médiation aux deux partis, car indépendamment d'une punition corporelle, il les condamne à de fortes amendes. On ne sauroit s'empêcher de convenir que c'est un moyen excellent de rendre traitables les gens difficiles à vivre.

Outre le grand produit que l'empereur retire d'une justice aussi lucrative, les Arabes lui payent encore le dixième de leur revenu; quelquefois il exige un impôt extraordinaire de la valeur du quarantième des denrées du pays. Cette taxe est destinée à l'entretien des troupes. Ce malheureux peuple est donc exposé à toutes les vexations que le caprice du despote peut lui suggérer, pour des besoins réels ou imaginaires.

La première imposition (le dixième) est perçue indifféremment en bled, en bétail ou en argent : les autres impôts se payent toujours en bétail ou en bled.

Les moyens que l'empereur emploie pour tirer de l'argent de ses sujets, sont simples et expéditifs. Il fait passer ses ordres au bacha, ou gouverneur de la province, pour lui payer, dans un tems limité, la somme dont il a besoin. Le bacha fait contribuer aussi-tôt les villes et les camps qui sont sous son commandement ; et pour se récompenser de la peine que cela lui donne, il ne manque guères de doubler l'impôt. Son exemple est suivi par une foule de subalternes, qui grapillent chacun de leur côté. Ainsi, au moyen de cette chaîne de despotes, qui va de l'empereur jusqu'au dernier de ses agens, le malheureux peuple paye quatre fois plus qu'il ne devroit payer. L'oppression est quelquefois si violente, que les Arabes osent se refuser aux demandes de l'empereur, qui, pour les mettre à la raison, est obligé de faire marcher des troupes contre ses propres sujets. Quand il en vient à cette extrémité, les soldats ne manquent jamais de donner carrière à leurs brigandages.

Les étrangers qui visitent leurs camps, y sont en sûreté. Si on leur faisoit quelque insulte, ou même s'ils étoient volés pendant la nuit, tous les Arabes de la tribu qui auroit donné l'hospitalité, deviendroient responsables du tort qui leur auroit été fait. En vérité, le voyageur a moins à prendre garde chez ce peuple grossier, que chez les nations les plus civilisées de l'Europe.

Les lacs sont couverts d'oiseaux aquatiques, et remplis d'anguilles. La pêche de celles-ci se fait d'une manière assez curieuse. On s'embarque dans un petit esquif d'environ six pieds de long et deux de large ; ce léger bâtiment est fait de joncs et de roseaux bien liés ensemble. Il n'y a de la place que pour un homme. L'avant de cette barque se termine en pointe recourbée en forme de patin ; elle se manœuvre avec une longue perche. Sa légèreté fait qu'on peut la manœuvrer en tout sens avec beaucoup de promptitude.

Lorsqu'un Arabe veut pêcher des anguilles, il joint ensemble plusieurs bâtons de canne ; après quoi il attache au bout qui doit aller dans l'eau, un morceau de fer pointu et dentelé. Muni de cette espèce de trident, le pêcheur guette les anguilles, et lorsqu'il en voit au fond de l'eau, il les frappe avec tant de prestesse et de dextérité, qu'il les manque rarement.

Quoique les Arabes s'occupent particulièrement à cultiver les terres qui avoisinent leurs camps, cela ne les empêche pas de tirer parti des terrains éloignés des lacs, auxquels ils ne donnent qu'un seul labour par an avec une charrue armée seulement d'un soc de bois. Cette simple culture, faite sans autres engrais que les chaumes brûlés à la fin de l'automne, ne laisse pas de produire de bonnes récoltes d'orge et de froment. Elles sont assez considérables pour fournir non-seulement à la consommation des Arabes, mais encore pour les mettre en état d'en vendre une partie dans les marchés voisins. Près des lacs et dans les marais, les troupeaux de vaches et de moutons trouvent une nourriture abondante. J'en ai vu des quantités prodigieuses qui offroient le plus agréable coup-d'œil.

Ils ont des lieux de rassemblement pour leurs marchés, où ils vont, en peu d'heures de leurs habitations, une fois par semaine. Les Arabes y portent du bled, des fruits et des volailles ; ils y mènent aussi leurs bestiaux pour les vendre à des marchands maures, qui viennent exprès de la ville pour les acheter.

Si l'empereur leur permettoit la libre exportation du bled avec des droits modérés, et si ceux qui feroient ce commerce ne payoient que l'impôt fixé par le koram, qui est d'un dixième sur chaque article, les sujets s'enrichiroient, et le souverain tripleroit son revenu. Le sol est si fertile, qu'un grain de bled en peut produire cent : mais faute d'encouragement pour le débit de cette denrée, dont les Maures pourroient approvisionner les autres nations, ils en sèment à peine ce qu'il leur en faut pour vivre.

Les seuls gardiens de leurs habitations sont des chiens d'une grande taille et d'une espèce très-vigoureuse. Aussi-tôt que ces sentinelles aperçoivent un étranger qui approche de leur camp, elles courent sur lui, et il seroit en danger d'être mis en pièces, si leurs maîtres ne les rappeloient promptement. Ces chiens aboyent pendant toute la nuit ; ce qui est fort utile pour empêcher les bêtes féroces d'approcher : d'un autre côté, leur désagréable aboiement est bien incommode au voyageur qui a besoin de repos.

Le 5 octobre, à six heures du matin, je quittai ces Arabes hospitaliers pour me rendre à Mamora, où j'arrivai le même jour à sept heures du soir. Cette journée n'offrit rien de plus à ma curiosité, que ce que j'avois vu la veille.

En approchant de Mamora, j'aperçus sur les bords d'un lac plusieurs tombeaux de saints arabes : ces tombeaux étoient bâtis en pierres de taille d'environ dix verges quarrées ; ils avoient une coupole assez bien ordonnée, et renfermoient le corps de quelque saint personnage.

Chez toutes les nations on a de la vénération pour les hommes d'une piété exemplaire : mais la loi mahométane commande encore plus particulièrement cette espèce de respect religieux qu'on porte à des dévots fanatiques. Notre croyance, à nous, lui fait donner le nom de superstition. L'unité de Dieu, à laquelle nous sommes fortement attachés, ne nous permet pas de faire participer de chétives créatures aux hommages qui ne sont dus qu'à la divinité : mais les peuples peu éclairés conservent toujours un peu d'idolâtrie.

Lorsqu'un mahométan, réputé saint, vient à mourir, on l'enterre avec la plus grande solemnité ; on lui bâtit une chapelle qui lui sert de sépulture : ce lieu devient plus sacré que les mosquées mêmes.

Si un criminel, quelque coupable qu'il soit, se réfugie dans une de ces chapelles, il y est fort en sûreté. L'empereur, qui ne se fait pas scrupule de violer toutes les lois lorsqu'elles gênent son autorité, respecte le privilége de ces sanctuaires. Un mahométan qui a quelque peine de corps ou d'esprit, vole au sanctuaire le plus voisin de sa demeure, pour demander à Dieu les graces dont il a besoin. Cette pieuse démarche rétablit le calme dans son ame, et il s'en retourne l'esprit beaucoup plus tranquille, ne doutant pas que ses vœux ne soient bientôt exaucés. La confiance de ce peuple est si grande pour les chapelles où reposent les cendres des saints musulmans, qu'il les regarde comme sa dernière ressource dans les cas désespérés.

Il y a deux sortes de saints en Barbarie. Les plus révérés sont ceux qui, par de fréquentes ablutions, de ferventes prières et d'autres actes de dévotion, ont acquis une réputation extraordinaire de piété. Ce masque religieux cache beaucoup d'hypocrites. Cependant on en voit qui prient de bonne foi. Ceux-là prennent soin des malades, assistent les pauvres et consolent les affligés. Une conduite aussi respectable imposera toujours silence à l'esprit philosophique qui voudroit anéantir les préjugés qui dirigent les hommes.

Des idiots et des fous forment la seconde classe de saints. Tous les peuples ont cru que les malheureux qui avoient l'esprit aliéné étoient protégés par les Dieux. Sans cette opinion, les oracles et les prophètes payens n'auroient pas été aussi célèbres. Ces idées se conservent même en Europe, chez les gens peu instruits : elles sont si naturelles à l'homme ignorant, qu'il ne faut pas s'étonner que les Maures voient dans ces pauvres insensés des êtres privilégiés et même inspirés par la Divinité.

La superstition qui règne à Maroc est peut-être, à bien des égards, utile à l'humanité : sans les préjugés qu'elle enfante, les malheureux privés de raison seroient sans protecteurs et sans amis. L'intérêt qu'ils inspirent les fait nourrir et habiller gratuitement. On pourvoit à tous leurs besoins, et souvent on leur fait des présens.

Il y auroit moins de danger pour un Maure de faire une insulte à l'empereur, que de mettre en courroux un de ces faux prophètes. Concluons de tout ceci que les opinions religieuses, quelque bizarres qu'elles soient, ne font pas toujours le malheur des nations.

Indépendamment de l'espèce de licence que les préjugés populaires autorisent, et dont abusent ces hypocrites insensés, ils profitent de la vénération qu'on a pour eux, pour commettre impunément toute sorte de crimes. Il n'y a pas long-tems qu'on voyoit à Maroc un saint, dont l'amusement ordinaire étoit de blesser, même de tuer les personnes qui avoient le malheur de se trouver sur son chemin : cependant, malgré les conséquences funestes de sa frénésie, on le laissoit en liberté. Sa méchanceté étoit telle, que pendant qu'on faisoit les prières, il épioit le moment de pouvoir passer une corde autour du cou de la première personne qu'il pouvoit atteindre, afin de l'étrangler.

Pendant mon séjour à Maroc, j'ai été à portée de me convaincre par moi-même du danger qu'il y avoit de s'approcher de ces saints en démence. J'ai vu que leur plus grand plaisir étoit d'insulter les chrétiens.

Je ne dois pas oublier les marabouts, qui sont les premiers saints de Maroc. Cette classe d'imposteurs prétend être fort habile en magie : elle jouit d'une grande considération parmi les naturels du pays. Les marabouts mènent une vie de fainéans, vendent des sortiléges, et s'enrichissent aux dépens du peuple.

Il y a encore des montagnards ambulans qui se disent les favoris de Mahomet. Aucune bête venimeuse n'oseroit les attaquer. Les plus singuliers de ces gens-ci sont les *sidi-nasir*, ou mangeurs de serpens, qui représentent en public les jours de marché. Le peuple se porte en foule pour leur voir avaler des serpens vivans. J'ai pris ma part de cet horrible spectacle. Je vis un homme qui, en moins de deux heures, avala un serpent en vie de plus de quatre pieds de long. Il dansa tout le tems de ce repas dégoûtant, au son d'une musique vocale et instrumentale, dans un cercle que formoient les spectateurs. Avant d'attaquer son serpent, il fit une courte prière, qui fut répétée par tous les assistans. Il commença à manger l'animal par la queue, et les curieux ne s'en furent que quand il l'eut entièrement dévoré.

Cette longue digression m'a un peu écarté de mon sujet; je m'empresse d'y revenir, pour ne pas fatiguer le lecteur de récits qui ne peuvent amuser que les amateurs de l'histoire des petites-maisons.

J'arrivai de bonne heure, dans la soirée du 5 octobre, à Mamora, qui est à soixante-quatre milles de Larache. Cette ville est située sur une colline, à l'embouchure de la rivière de *Saboc*, qui se jette en cet endroit dans l'Océan atlantique, et forme un hâvre pour les petits bâtimens. Mamora a beaucoup de ressemblance avec les autres villes de l'empire de Maroc, c'est-à-dire qu'elle n'a rien de curieux. Pendant qu'elle appartenoit aux Portugais, elle étoit entourée d'une double enceinte de murailles, dont on voit encore les ruines. Elle avoit dans ce tems-là quelques fortifications, qui sont également détruites. La seule défense qui lui reste à-présent, consiste dans un petit fort sur le bord de la mer.

J'ai déjà parlé des lacs, des belles plantations et des gras pâturages qu'on rencontre sur cette route. Tout cela se trouve réuni à Mamora; ce qui en rend les approches enchanteurs. Ce seroit le pays le plus délicieux de la terre, si on n'y vivoit pas sous un gouvernement oppressif.

Le 6 octobre, à huit heures du matin, je me remis en marche pour aller à Salé, où j'arrivai à deux heures après-midi. Le chemin de Mamora à Salé est très-beau. Il passe entre deux montagnes qui se terminent en pentes douces sur les côtés de la route.

A un quart de mille de Salé, je vis un ancien aqueduc que les gens du pays disent avoir été fait par les Maures; mais je le croirois plutôt des Romains. J'y ai reconnu le goût de leur architecture. Le mur de cet aqueduc, qui est fort élevé, et d'une épaisseur prodigieuse, a environ un demi-mille de long. On y voit trois grandes arches; je passai sous une de ces arches avant d'arriver à Salé. Quoique le tems ait fait sentir sa main destructive à quelques parties de cet aqueduc, cela ne les empêche pas de servir encore à apporter de l'eau excellente à Salé.

CHAPITRE III.

La ville de Salé, jadis si célèbre par ses pirates, est entièrement soumise à l'Empereur de Maroc, dont elle n'étoit que tributaire. Son port se comble progressivement. L'Auteur loge chez le Consul français; il se rend à Rabat, où il est présenté par ce Consul au premier Ministre de l'Empereur. Beauté des femmes de Rabat. Départ de l'Auteur pour Mogodore. Melons et grenades dont le pays est couvert. Saison des pluies. Ruines de Mensooria. Port de Darbegda. Azamore; son port sur l'Océan. Situation de Saffi. Commerce qu'elle faisoit autrefois. L'Auteur arrive à Mogodore. Sa description, son commerce. Aperçu de ce que le pays offre de remarquable depuis Tanger jusqu'à cette ville.

La ville de Salé a été si fameuse autrefois, que plusieurs romanciers en ont parlé dans des contes agréables : mais ce qui l'a rendue plus célèbre, ce sont ces terribles pirates qui partoient de son port pour balayer la mer, et qui n'étoient que trop connus par les noms de pirates de Salé. Ces écumeurs de mer furent long-tems la terreur du commerce de l'Europe. Aussi redoutables par leur audace que par leur barbarie, ils s'étoient rendus maîtres de l'Océan, et avoient quelquefois la témérité d'étendre leur brigandage jusque sur les côtes. N'ayant d'autre but que le pillage, ils entreprenoient les choses les plus hardies pour se procurer un butin considérable. La vie n'étoit point épargnée par ces brigands. S'ils ne tuoient pas toujours ceux qui avoient le malheur de tomber dans leurs mains, ce n'étoit point par un sentiment d'humanité ou de compassion, mais seulement pour en faire les esclaves du luxe et du caprice de quelque Africain.

Quoique la ville de Salé soit grande, elle n'a rien qui puisse satisfaire la curiosité du voyageur. Elle est défendue par une batterie de vingt pièces de canon, qui fait face à la mer. Il y a aussi une assez bonne redoute à l'embouchure de la rivière.

La ville de Rabat est située sur la rive opposée. Ces deux cités étoient réunies anciennement pour commettre toutes sortes de brigandages. On les confondoit généralement ensemble. Dans le tems où les villes de Salé et Rabat se faisoient craindre par leurs pirateries, elles étoient indépendantes; elles payoient seulement un mince tribut à l'empereur, qu'elles vouloient bien reconnoître pour leur souverain. Cet état d'indépendance, dont jouissoient des aventuriers audacieux, n'étoit dû qu'à leur courage extraordinaire. Peu d'hommes se soucient de courir d'aussi grands dangers pour acquérir une pareille liberté, qui ne procure aucun bien réel, et qu'il n'est pas même possible de conserver.

Sidi Mahomet, dernier empereur mort, subjugua ces deux villes, et les réunit à son empire. Ce fut un coup mortel pour ces pirates, quand ils perdirent l'espoir de jouir tranquillement des captures qu'ils faisoient: l'empereur a mis fin à ces horreurs, en les réprimant avec sévérité, et en les renonçant à toute l'Europe.

Depuis que les brigands de Salé sont rentrés dans le devoir, le port s'est comblé de telle sorte, que quand même ils recouvreroient leur ancienne indépendance, il leur seroit impossible de reprendre, avec quelque succès, leur métier de pirates.

J'avois une lettre de recommandation pour M. du Rocher, consul de France établi à

Rabat. En me rendant chez lui, je fus témoin d'une querelle terrible qui s'éleva entre mon interprète et mon muletier, au sujet de mon bagage. La dispute venoit de ce qu'ils n'avoient pas été d'accord sur la manière de transporter mes effets chez le consul français. Des injures ils en vinrent aux coups, ce qui m'obligea d'interposer mon autorité, afin d'empêcher que la scène ne finît d'une manière tragique. Lorsqu'ils furent un peu calmés, je fis punir sévèrement mon muletier par un soldat maure, qui lui appliqua, d'un bras vigoureux, de grands coups d'une courroie qui lui servoit de ceinture. La correction fit bientôt tomber le coupable aux genoux de mon interprète et aux miens, pour nous demander pardon à l'un et à l'autre. L'ayant fait fouetter plutôt pour m'en faire craindre que pour venger le juif, qui avoit peut-être autant de tort que lui, je n'eus pas de peine à lui faire grace ; mais comme j'avois été souvent importuné dans leurs différends avant cette querelle, je ne fus pas fâché d'en profiter pour les rendre plus sages.

M. du Rocher, qui habitoit une jolie maison bâtie aux frais de sa nation, étoit le seul européen qui demeurât à Rabat. Ce consul aimable savoit allier la franche cordialité anglaise

glaise avec cette politesse aisée qui caractérise le Français. Il me pressa avec tant d'instance de passer deux jours avec lui, que, malgré les raisons que j'avois de ne point m'arrêter, je me laissai aller à son invitation.

La ville de Rabat est entourée d'une grande muraille, et défendue par trois forts qu'un renégat anglais a fait construire : ces forts sont garnis de canons qui y ont été apportés de Gibraltar. Les maisons de cette ville sont en général bien bâties. On y trouve quelques habitans riches. Les juifs, qui sont très-nombreux dans cette place, jouissent d'un meilleur sort que ceux de Laroche et de Tanger. Leurs femmes sont beaucoup plus jolies que toutes celles que j'ai vues dans les autres villes de Barbarie.

Pendant le court séjour que j'ai fait à Rabat, je fus présenté dans une maison où il y avoit huit filles ; toutes si jolies, qu'on étoit embarrassé à laquelle donner la préférence : elles avoient des traits réguliers, un teint de lys et de rose, avec des yeux noirs fort expressifs. La parure dont les dames européennes se servent pour augmenter leurs charmes, leur étoit inutile ; l'art n'auroit pu leur donner plus de grâces et de moyens de séduction. Le château de Rabat est très-considérable. Dans l'enceinte de ses murs est un grand bâtiment qui servoit à l'empereur Sidi Mahomet pour sa principale trésorerie. On y voit aussi une belle terrasse d'où l'on peut découvrir la ville de Salé, l'Océan, et une grande étendue de pays.

On dit qu'un ancien château en ruines qui se trouve à Rabat, a été bâti par Jacob Almonzor, un des premiers empereurs de Maroc : il n'en reste que les quatre murailles, dont on a tiré parti pour faire un magasin à poudre et retirer quelques autres munitions de guerre. En dehors du château est une tour quarrée bâtie en belles pierres de taille. Les Maures la nomment la tour de *Hassen*, à cause de son extrême grandeur. Leur admiration pour ce nouvel édifice, qui n'a rien que de fort ordinaire, prouve combien ils ont dégénéré de leur ancienne splendeur, et perdu le goût de la belle architecture.

M. du Rocher me présenta à Sidi Mahomet-Effendi, ou premier ministre de l'empereur, qui passoit par hasard à Rabat le jour que je m'y trouvai ; il alloit à Tanger. L'accueil qu'il me fit fut fort honnête. Lorsqu'il sut que j'étois médecin, il me pria de lui tâter le pouls, et de lui dire ce que je pensois de sa santé. Lorsque je l'eus assuré que je la croyois

Ville et port de Tanger, *du côté de la porte de l'eau*.

très-bonne, il me remercia avec de grandes démonstrations de joie; après quoi il partit pour Tanger.

Je profitai du peu de séjour que je faisois à Rabat pour changer mon mulet estropié. Mes deux soldats nègres s'occupèrent à remettre de l'ordre dans mon équipage. Tout fut prêt pour mon départ après deux jours de repos. M. du Rocher qui m'avoit si bien reçu, mit le comble à ses procédés pour moi, en faisant charger mes mulets d'une ample provision de pain, qui est remarquablement bon à Rabat; il ajouta à cette attention une grande quantité de viandes froides, et beaucoup plus de vin que nous n'eussions dû raisonnablement en porter avec nous. Toutes ces provisions me durèrent trois jours, ce qui donna le tems à mon appétit de reprendre du goût pour les poulets dont j'étois rassasié.

Les momens agréables que je venois de passer à Rabat, quoique bien capables de me faire oublier les premières fatigues de mon voyage, eurent un effet tout contraire. La crainte de retomber dans les mêmes embarras, sans pouvoir compter sur les secours de personne, me rendit plus à plaindre qu'avant de m'être rafraîchi et délassé chez le consul de France.

La perspective d'avoir un pays affreux à traverser, sans avoir un seul compagnon de voyage à qui je pusse communiquer mes idées, et la certitude de marcher pendant toute une journée à la perfide allure de trois milles pas à l'heure, dans une saison où la fraîcheur du matin et celle du soir sont très-mal-saines, à cause de l'excessive chaleur qui vous accable dans le courant du jour ; les réflexions que je ne pus m'empêcher de faire sur tous ces désagrémens, tourmentèrent si fort mon esprit, que je me sentis véritablement affligé au sortir de Rabat.

Je pris le chemin de Darbeyda, qui étoit la première ville par où je devois passer pour me rendre à Mogodore. Le beau tems que j'avois eu jusqu'à ce moment cessa tout-à-coup. Nous arrivions à la saison des pluies, et quand il en tombe une demi-heure dans ce pays-là, on est plus mouillé que si l'on étoit exposé à un orage de tout un jour en Angleterre. Le tems avoit été trop sec au commencement de mon voyage ; il est vrai que j'avois été fort incommodé par la chaleur ; mais comme l'air devenoit très-froid après le coucher du soleil, je respirois à mon aise, et sous un si beau ciel, que cela me faisoit oublier les souffrances de quelques heures. Les melons délicieux et les grenades qu'on trouve en abondance sur le chemin de Rabat à Mogodore, consolent un peu de l'ennui de cette route. J'en mangeois sans cesse pour étancher ma soif. Ces excellens fruits viennent en plein champ. Je payois deux *blanquils* (trois sols anglais) un melon assez gros pour six personnes.

Qui n'admireroit la providence en voyant cette quantité de fruits fondans qu'elle a placés à côté des habitans des climats brûlans ! Le plus grand nombre des pauvres de ce pays vit de ces fruits et d'un peu de pain noir. En sortant de Rabat, la sérénité du ciel sembloit me promettre une continuation de beau tems ; mais il ne dura que pour me laisser passer sans embarras trois ruisseaux que les Maures appellent *Hicrumb*, *Sherrat* et *Bornica*. Ces petits courans deviennent des rivières profondes et rapides après les grandes pluies : il arrive même souvent que, pendant un certain tems de l'année, on ne peut les traverser qu'en bateau ou sur des radeaux, qui sont fort en usage dans l'empire de Maroc, à cause de la rareté des ponts.

A cinq heures du soir nous commençâmes à voir de gros nuages qui nous annonçoient l'orage dont nous fûmes bientôt inondés : il éclata par un vent impétueux, accompagné de tonnerre et d'éclairs. La nuit qui survint nous jeta dans un grand embarras pour trouver un endroit où placer notre tente. Je pressois ma chétive monture de toutes mes forces; mais le fouet et l'éperon ne la faisoient point avancer. Dans cette triste situation, je pris le parti d'arrêter, et d'attendre que la violence de l'orage fût passée pour continuer ma route. J'eus le bonheur d'apercevoir, à quelques pas de moi, deux tentes arabes qui étoient au milieu de la campagne. Quoique cette position ne fût pas fort commode, je me trouvai trop heureux de pouvoir m'y établir jusqu'au lendemain.

La pluie n'ayant cessé qu'au jour, il ne me fut pas possible de me remettre en marche avant dix heures du matin, ayant été obligé de faire sécher ma tente qui étoit toute trempée : elle auroit été trop pesante en cet état pour mes pauvres mulets qui étoient déjà bien chargés de mes autres bagages. Cependant je partis encore assez tôt pour arriver avant midi près des ruines de Mensooria : c'étoit autrefois un vieux château dont il ne subsiste plus que quelques pans de muraille et une vieille tour à moitié détruite. Les soldats de mon escorte m'apprirent qu'un prince

rebelle du sang royal y avoit fait anciennement sa résidence, et qu'il en avoit été chassé
pour cause de rébellion. L'empereur qui régnoit alors fit raser cette forteresse : les environs en sont habités actuellement par quelques nègres qui n'ont que de misérables huttes
pour domicile; ils ont été envoyés dans ce
triste séjour par Sidi Mahomet, dont ils
avoient encouru la disgrace.

Dans un pays où les droits au trône sont
nuls, s'ils ne sont appuyés par l'armée, le
prince qui gouverne regarde les châteaux de
ses sujets plutôt comme des places de sûreté
pour ses ennemis, qu'il ne les croit utiles à
la conservation de son autorité; c'est pourquoi il ne les fait point réparer et les laisse
tomber en ruines. J'ai vu dans toutes les villes
par où j'ai passé, des exemples frappans de
cette politique barbare.

Je m'éloignai bientôt de Mensooria pour
aller à Fadala, où j'arrivai le soir après avoir
traversé à gué la rivière d'Infefic. Les ouvrages commencés à Fadala en différens tems,
et jamais finis, sont un monument éternel de
l'esprit insouciant du dernier empereur. La
ville de Fadala est entourée d'une vieille fortification : on y voit une mosquée; c'est le
seul bâtiment qui ait été achevé : les habitans,

4

pauvres comme ceux de Mensooria, vivent dans de misérables cabanes. A la droite de Fadala, je remarquai une espèce de palais que fit bâtir Sidi Mahomet, qui y couchoit lorsqu'il voyageoit sur cette route.

A six heures du soir, j'entrai dans la triste ville de Darbeyda. Le pont que je passai sur la rivière de ce nom a deux arches ; c'est le seul que j'aie vu en Barbarie d'une construction moderne ; il a été construit sous le règne de Sidi Mahomet. La distance de Rabat à Darbeyda est d'environ quarante milles : tout le pays qu'on parcourt entre ces deux villes est inculte et couvert de rochers.

Darbeyda est un petit port de mer de peu d'importance ; cependant il a une baie où des vaisseaux considérables et chargés peuvent mouiller sans danger, excepté pendant les gros vents du nord-ouest ; alors ils courroient le risque d'être jetés à la côte.

Le gouverneur de Darbeyda, chez qui l'on me conduisit en arrivant, s'empressa de me bien recevoir ; il me donna de la volaille pour mon souper, et me logea passablement pour la nuit.

Le 10 octobre, je partis pour Azámore, qui est à cinquante-six milles de Darbeyda. A la fin de la seconde journée, j'eus à traverser la rivière de Morbeya, avant d'entrer dans la ville. Azamore est située à l'embouchure de cette rivière du côté du sud; elle est si large et si profonde en cet endroit, qu'on ne peut la passer qu'en bateau. Mes mulets et toute ma suite étoient à peine embarqués, qu'il s'éleva une querelle assez vive entre mes soldats nègres et les bateliers. Comme ce n'étoit pas la première fois que cela étoit arrivé, je restai tranquille dans un coin du bateau : mais lorsque j'aperçus un des bateliers qui remettoit mes effets à terre pendant que son camarade tenoit un de mes soldats au collet, je sentis que l'affaire devenoit trop sérieuse pour que je pusse me dispenser de m'en mêler. Ayant demandé ce qui les mettoit dans une si grande fureur, j'appris que la colère de mes soldats venoit de ce que les bateliers vouloient exiger le droit de péage payé par tous les voyageurs, et dont je devois être exempt en voyageant pour le service de l'empereur. Je ne m'arrêtai point à approfondir si la réclamation de mes soldats étoit fondée ; je fis finir la dispute, en me conformant à l'usage : ainsi, après quelques coups de poing reçus et donnés de part et d'autre, les mulets et les bagages rentrèrent dans la barque, et je fus passé à Azamore.

Dans un pays où les sciences sont totalement négligées, et où la verge du despotisme a détruit tout esprit public et fait perdre le goût des beaux arts, il n'est pas surprenant de ne trouver aucun de ces monumens qui font honneur aux nations policées. Le chemin de Darbeyda à Azamore n'offrit à ma vue que des terres stériles et une chaîne perpétuelle de rochers. Quiconque a voyagé dans un pareil pays, conviendra que rien n'est plus fatigant et plus ennuyeux.

Azamore a un port de mer sur l'Océan atlantique à l'embouchure de Morbeya. Quoique cette ville soit assez considérable, on n'y remarque aucun bâtiment public, et je n'ai rien appris de son histoire qui mérite d'être conservé. Sa situation n'est point agréable, et ses habitans paroissent misérables.

Cependant, par complaisance pour un de mes soldats dont les parens demeuroient à Azamore, j'y passai le reste du jour. Je venois à peine de m'établir dans la maison d'un Arabe, que j'eus la visite d'un juif vêtu à l'européenne. Ce juif avoit servi un consul britannique, et parloit l'anglais avec assez de facilité. Il voulut absolument que j'allasse chez lui, me donna à dîner, et me demanda en grace d'user de sa maison comme de la mienne. Après le dîner, il me fit voir les différens quartiers de la ville, et en homme de bon conseil, il m'avertit d'être très-circonspect dans ma conduite envers le prince qui alloit me confier le soin de sa guérison. Il me dit que le caractère des Maures étoit fort inconstant, et qu'ils étoient gouvernés par le caprice du moment. Afin de donner plus de poids à ses conseils, il me fit l'histoire d'un chirurgien européen qui avoit été appelé auprès du prince maure, et qui s'étoit tiré un coup de pistolet dans la tête par suite de l'ingratitude de son illustre malade, qui ne faisoit point les remèdes qu'il lui ordonnoit, et qui le rendit responsable de ses maux, qui, au lieu de diminuer, augmentoient toujours. Ce prince injuste avoit obligé le chirurgien de se donner lui-même la mort en sa présence.

Le 13 octobre, après avoir pris congé de mon juif, je partis à huit heures du matin pour aller à Saffy, où j'arrivai le 15 au soir. Le pays que je traversai ne valoit pas mieux que ceux que j'avois déjà vus; il étoit inculte et rempli de pierres.

En sortant d'Azamore, j'avois aperçu la ville de Mazagan sur la droite du chemin. C'est une place que le dernier empereur Sidi-

Mahomet a enlevée aux Portugais. Il mit beaucoup d'importance à cette conquête, qui pourtant n'en méritoit guères; car personne n'ignore que les grandes dépenses que cette ville occasionnoit aux Portugais, et l'embarras d'y entretenir une garnison sans en tirer aucun avantage essentiel, les avoient déterminés à l'évacuer avant l'attaque. Cela est si vrai, qu'ils avoient fait embarquer d'avance tout ce qui leur appartenoit, et qui avoit quelque valeur: mais l'empereur qui vouloit donner à ses sujets une haute idée de ses talens militaires; ne commença pas moins un siége en règle, malgré les dispositions où étoient les habitans d'ouvrir leurs portes. Il fit construire un grand bâtiment (qu'on voit encore du chemin) pour mettre à couvert toutes les munitions de guerre, et le siége fut poussé avec toute l'habileté dont sa majesté maure étoit capable. Les Portugais ne se défendirent que pour se donner le tems d'emporter le reste de leurs effets, après quoi ils abandonnèrent la ville.

Le jour de mon arrivée à Saffy, je passai près des ruines de *Muley Ocom-Monsor*, appelées à présent *Dyn Medina Rabacra*. C'étoit autrefois une ville considérable. Elle avoit été bâtie par un des empereurs de Maroc.

A la place qu'occupoit cette cité, on ne trouve plus que des jardins et quelques cabanes habitées par des soldats nègres invalides. Ces décombres sont encore entourées d'un rempart fort épais.

Saffy, situé au bas d'une montagne escarpée, a un port de mer. La ville est petite, et n'est remarquable que par un palais d'une assez belle ordonnance, qui est quelquefois habité par les fils de l'empereur; elle est défendue par un fort qu'on a placé près de la ville du côté du nord. Ses environs sont hérissés de montagnes et couverts de bois. Saffy faisoit un grand commerce avec l'Europe avant que l'empereur Sidi Mahomet eût forcé les négocians européens de s'établir à Mogodore. Sa rade est sûre, excepté par les vents d'ouest trop violens; alors les vaisseaux risquent d'être jetés à la côte.

Pendant le peu de séjour que je fis dans cette ville, je logeai dans une maison juive où je vis deux Arabes qui avoient été à Londres, et qui avoient retenu quelques mots d'anglais. Le plus grand plaisir qu'ils crurent me faire, fut de me présenter une chaise et une petite table. Depuis ma sortie de Tanger, je n'avois trouvé nulle part (excepté chez le consul de France à Rabat) de ces meubles, dont l'usage nous est devenu d'une nécessité absolue. Les Maures ne s'en servent jamais.

Le 16 octobre, je quittai Saffy pour me rendre à Mogodore, où je ne pus arriver que le lendemain au soir. La distance entre ces deux villes est d'environ soixante milles.

Presque en sortant de Saffy, je rencontrai une grande montagne fort difficile à monter à cause des rochers escarpés dont elle est remplie. Les précipices qui m'environnoient de toutes parts, étoient bien capables de frapper mon esprit de crainte et de terreur. Cependant nos mulets, accoutumés à ces sortes de chemins, nous portoient, sans faire un faux pas, dans les sentiers les plus raboteux. Si nous eussions monté des chevaux européens, notre vie auroit été fort en danger.

Après avoir passé cette montagne, qui est d'une élévation prodigieuse, j'entrai dans une forêt de chênes nains, longue de six milles. Cette forêt est fermée au sud par la rivière de Tansif, dont le courant augmente considérablement pendant les grandes pluies et lorsque la marée monte. Dans ces deux cas, on la traverse sur des radeaux: je n'eus point cet embarras; l'eau se trouvant assez basse au moment où j'y arrivai, pour pouvoir la passer à gué.

En avançant au midi, je découvris un grand château au milieu de la forêt : mes soldats m'apprirent qu'il avoit été bâti par Muley-Ishmael, immortalisé par la plume d'Addisson. Sidi Mahomet l'a tellement négligé, qu'il tombe en ruines. Le cours du Tansif, ses circuits multipliés, et le château dont je viens de parler, qu'on aperçoit du même coup-d'œil, produisent un tableau un peu sombre, mais singulier et pittoresque.

Les instructions que j'avois reçues de M. Matra, portoient que j'attendrois à Mogodore le retour du messager qu'il avoit envoyé à Tarudant, pour informer le prince de mon arrivée; ainsi je m'y fixai jusqu'à ce qu'il plût à cet illustre malade de m'appeler auprès de lui.

L'accueil obligeant que M. Hutcheson me fit à Mogodore, où il résidoit en qualité de vice-consul d'Angleterre, ses lettres pleines d'intérêt et d'amitié, les conseils qu'il me donna dans des occasions délicates; enfin tous ses bons procédés pour moi, me font un devoir de publier les services qu'il m'a rendus, dont je conserverai une éternelle reconnoissance.

Avant de parler de Mogodore, je crois à propos de faire une courte revue des différens endroits par où j'ai passé depuis mon départ de Tanger.

Les environs de Larache que j'ai vus les premiers, sont remplis de rochers et de montagnes arides. Si on excepte la forêt de Rabeaclow, on trouveroit à peine un arbrisseau de Larache à Salé : mais les yeux sont charmés de rencontrer, à côté d'un sol stérile, des campagnes couvertes de moissons, des lacs en grand nombre, et une superbe verdure. Toutes ces richesses de la nature font regretter qu'une terre aussi productive n'appartienne pas à un peuple plus civilisé. De Salé à Mogodore et à Santa-Crux, ce sont les mêmes rochers, les mêmes montagnes et la même stérilité que dans les environs de Larache.

On ne voit dans les forêts que des espèces de bois qui ne s'élèvent jamais fort haut; tels que le larga, le chêne nain, le palmier, etc. etc. Le pays ne produit point de bois de charpente; les Maures sont obligés de venir en chercher en Europe. C'est peut-être parce qu'il n'y a point à Maroc de bois de construction, que l'empereur a si peu de vaisseaux, et qu'il est obligé d'envoyer ses galères dans les ports étrangers pour les réparer.

La

La végétation n'étant dans toute sa force en Afrique qu'après les grandes pluies, il ne m'a pas été possible, dans la saison où je voyageois, d'observer quelles plantes étoient particulières au pays.

Suivant l'opinion de tous les voyageurs, on ne pénètre point dans l'intérieur de ces contrées barbares, à cause des bêtes féroces dont on appréhende les attaques ; cependant je dois dire, pour rendre justice à la vérité, qu'il y a moins de dangers qu'on ne l'imagine. Dans tout le chemin que j'ai fait pour aller à Mogodore, et même sur le mont Atlas, je n'ai rencontré ni tigres, ni lions, et l'on m'a assuré qu'on en voyoit très-rarement. Ces animaux féroces se tiennent cachés dans les montagnes et hors de la portée des hommes.

Mogodore, ainsi nommée par les Européens, et Suéra par les Maures, est une grande ville bâtie avec régularité ; elle est à trois cents cinquante milles de Tanger, sur le bord de l'Océan atlantique. Les environs en sont tristes et couverts de sable ; elle a été commencée sous le règne de l'empereur Sidi-Mahomet, qui, à son avénement au trône, ordonna à tous les négocians européens qui étoient dans ses états, de s'établir à Mogo-

E

dore. Il tâcha de les y encourager en diminuant de quelque chose les droits du commerce. Les Européens séduits par cette marque de bienveillance, quittèrent leurs premiers établissemens, et en firent de nouveaux à Mogodore; mais les avantages qu'ils comptoient retirer de ce déplacement, ne furent qu'illusoires. L'empereur ne tint aucune de ses promesses. Les taxes augmentèrent au lieu de diminuer : le contre-coup de cette mauvaise politique s'est fait sentir au commerce qui est languissant à Mogodore.

Cependant de meilleures vues de la part du successeur de Sidi-Mahomet, et sur-tout les présens considérables que les négocians européens lui ont faits, ont produit quelques bons effets; mais les taxes sont toujours énormes, et si multipliées sous toutes sortes de formes, qu'il ne me seroit pas possible de dire avec certitude ce qu'on paye dans ce port sur chaque article de commerce.

Le comptoir de Mogodore est composé d'une douzaine de maisons de différens pays. Les négocians ne sont point troublés dans leurs spéculations commerciales. Il est vrai que la tranquillité dont on les laisse jouir leur coûte cher. Ils ont soin de se tenir à une grande distance des Maures. Ils exportent des mulets pour l'Amérique, et envoyent en Europe du cuir de Maroc, toutes sortes de peaux, de la gomme arabique et sandarique, des plumes d'autruches, du cuivre, de la cire, de la laine, des dents d'éléphant, des dattes, des figues, des raisins, des olives, des huiles, de belles nattes et de superbes tapis, etc. etc. Ils échangent ces marchandises pour des bois de construction, de la poudre, des canons, des draps, des toiles, du plomb, du fer en barre, toutes sortes de quincaillerie et de colifichets, comme miroirs, tabatières, montres, petits couteaux, etc. etc., du thé, du sucre, des épices, et autres objets que cet empire ne produit point.

Les Maures ne se bornent pas seulement à commercer avec les Européens, ils trafiquent aussi avec la Guinée, Alger, Tunis, Tripoli, le grand Caire et la Mecque, par le moyen de leurs caravanes, dont j'aurai bientôt occasion de parler.

La ville de Mogodore est bien fortifiée du côté de la mer. Elle n'a, du côté de la terre, que quelques batteries de canon pour se garantir des incursions des Arabes du midi, qui ne sont jamais tranquilles, et qui, avec la connoissance qu'ils ont des richesses renfermées

E 2

dans Mogodore, seroient fort aises de la piller. On n'entre dans cette ville qu'en passant sous de grandes voûtes de pierre, où les portes sont placées; la place du marché est entourée de portiques; elle est régulière et bien bâtie; la douane et les magasins sont de beaux bâtimens sur le port. Outre ces édifices, l'empereur a un palais dans la ville, qu'il occupe rarement: il est d'une architecture moderne, mais trop petit pour un souverain. Les rues de Mogodore sont alignées au cordeau, mais elles sont trop étroites. Les maisons, bien différentes de celles des autres villes de Maroc, sont fort élevées. La baie n'est pas sûre: les vaisseaux y souffrent beaucoup par le vent de nord-ouest, n'étant abrités que par une petite isle qu'on aperçoit à un quart de mille du bord de la mer. Cette baie est défendue par un fort bien garni de canons.

CHAPITRE IV.

Renseignemens importans et curieux que trouve l'Auteur auprès des négocians de Mogodore sur le gouvernement, le commerce et les ressources de l'empire de Maroc. Productions du sol, celles de l'industrie. L'ignorance du Maure et le despotisme du gouvernement en arrêtent les progrès.

Les négocians européens établis à Mogodore, me procurèrent une occasion favorable de bien m'instruire du gouvernement du pays, et d'en connoître toutes les productions. Les instructions que j'ai recueillies sur ces différens objets, m'ont mis en état d'en rendre un compte exact et véridique.

L'empire de Maroc est situé entre le vingt-neuvième et le trente-sixième degré de latitude nord. Il a environ cinq cents cinquante milles de long du nord au sud, et deux cents milles de large. Il est borné au nord par le détroit de Gibraltar et la mer Méditerranée; à l'est, par le royaume de Tremecen et celui de Sugulmuss; au sud, par la rivière de Suz et le pays de Talifet, et à l'ouest par l'Océan atlantique. Cet empire est composé de plusieurs provinces qui, comme beaucoup d'autres parties du globe qu'on a réunies pour faire un seul état, étoient anciennement de petits royaumes séparés.

Le climat, quoique très-chaud pendant les mois de juin, juillet et août dans les provinces méridionales, est en général fort sain, non-seulement pour les naturels du pays, mais encore pour les Européens. La chaleur qui se fait sentir dans le nord est à-peu-près la même que celle d'Espagne et de Portugal : les pluies du printems et de l'automne se ressemblent aussi : elles sont beaucoup moins abondantes dans la partie méridionale. C'est sans doute par cette raison que la chaleur y est insupportable.

La plupart des villes où l'on a permis aux Européens de s'établir, sont situées sur la côte; ce qui est d'un grand avantage pour jouir des brises de mer, qui rafraîchissent l'air. La ville de Mogodore, quoique tout-à-fait au midi, n'est point désagréable à habiter. Le vent du nord-ouest, qui y souffle constamment pendant l'été, en rend la situation pareille aux climats les plus tempérés de l'Europe.

Maroc et Tarudant sont dans l'intérieur du pays : aussi ces deux villes, quoiqu'au même degré de latitude que Mogodore, sont exposées à la chaleur la plus incommode ; cependant elle est un peu tempérée par le voisinage de l'Atlas, dont la cime, couverte de neige toute l'année, ne laisse pas de rafraîchir l'atmosphère.

Le sol de l'empire de Maroc est généralement très-fertile. Avec une culture convenable il produiroit des récoltes aussi abondantes que les terres situées à l'est et à l'ouest de l'Europe. Cependant les bords de la mer et les grandes montagnes, qui sont très-communes dans ce pays-là, produisent peu de choses, parce que le fond en est sablonneux : mais par-tout où il y a de la plaine, comme entre Larache et Mamora, les environs de Maroc et de Tarudant, les récoltes sont excellentes. Je pourrois assurer, d'après les meilleures autorités, qu'à Tafilet et dans la plupart des parties intérieures de l'empire, la fertilité du sol passe tout ce qu'on peut imaginer.

Telle est encore l'ignorance des Maures en agriculture, qu'ils se contentent, pour fumer leurs terres, de brûler les chaumes dans les champs avant les pluies d'automne; après quoi ils labourent à six pouces de profondeur. Cette culture, toute médiocre qu'elle est, suffit à leurs terres pour leur faire rapporter de bonnes récoltes en froment, orge, pois, fèves, chanvre et lin. Elles produisent aussi abondamment des oranges, des citrons, des limons et toutes sortes de fruits, qui viennent dans les provinces méridionales d'Espagne et de Portugal.

Les fermiers arabes conservent leurs grains dans des *matamores*, qui sont de grands trous faits dans la terre, et recouverts de paille. Ils ont l'attention de choisir, à cet effet, un lieu élevé, qui ait la forme d'un pain de sucre. Sans cette précaution, l'eau pourroit pénétrer dans ces fosses, et gâter le bled. On a vu de ces *matamores* gardés cinq à six ans, sans que le bled en souffrît aucune altération considérable.

Le peu d'encouragement accordé à l'industrie des fermiers, est cause que les fruits n'acquièrent point ce degré de saveur et de bonté qu'on leur a donnés en Europe. Si le goût de l'agriculture et du commerce étoit provoqué dans ces contrées par de meilleures lois, l'habitant ne tarderoit pas à s'enrichir, et les coffres de l'empereur se ressentiroient bientôt de son opulence.

L'empire de Maroc, par son heureuse situation et la fertilité de son sol, pourroit être d'une grande importance politique et commerciale, n'ayant d'autre inconvénient que ses mauvais ports; et encore ai-je été informé qu'il y avoit à Valedia un bassin formé par la nature, capable de contenir un grand nombre de vaisseaux. D'ailleurs, il n'est pas douteux qu'on parviendroit, avec un peu de travail, à réparer les ports que la négligence a mis hors d'état de servir.

En traversant un si beau pays, on est vraiment affligé de voir tant de terres incultes qui ne demandent que des hommes laborieux pour produire des trésors inépuisables. Malgré les terrains en friche, l'abondance du bled est assez considérable pour en exporter beaucoup dans les provinces méridionales de l'Espagne. On a de la peine à concevoir comment le souverain de cet état se soumet à faire des présens à l'empereur de Maroc, pour qu'il permette à ses sujets d'apporter du bled dans ses ports, ainsi que beaucoup d'autres provision qui viennent en Espagne par Tanger et Tétuan.

A quoi peut-on attribuer cette étonnante nécessité? est-ce que Maroc seroit plus fertile que l'Espagne, et qu'il auroit du superflu malgré sa mauvaise culture? Ne seroit-ce pas plutôt que la paresse et l'indolence espagnoles sont encore plus fortes que celles des Maures?

Les juifs font du vin dans presque toutes les parties de l'empire ; mais soit que leur raisin soit de mauvaise qualité, ou qu'ils s'y prennent mal pour le faire, toujours est-il certain qu'il est fort médiocre. Ils distillent une espèce d'eau-de-vie de figues et de raisins secs, bien connue dans le pays sous le nom d'*aquadent*. Cette liqueur est désagréable à boire ; mais elle a beaucoup de force. Les juifs en font grand cas, et s'en régalent dans toutes leurs fêtes. Les Maures sont très-disposés à en prendre leur part.

Il croît dans les environs de Méquinez une espèce de tabac, dont la bonté n'est guères inférieure au macoubac.

J'ai observé qu'il y avoit dans les forêts de petits chênes nains qui portoient du gland d'une grosseur remarquable, qui n'avoit pas l'amertume du gland des chênes qui viennent en Europe.

Dans le sud de Maroc j'ai trouvé des palmiers et des dattiers portant des amandes dont les Maures extraient une grande quantité d'huile qu'ils exportent chez l'étranger. J'ai vu aussi une variété infinie d'arbrisseaux et de plantes de toute espèce, qui croissent également en Espagne et en Portugal. Le coton, la cire, le miel, le sel, la gomme arabique et la sandarique, sont toutes productions de ce pays.

Le mont Atlas renferme dans son sein beaucoup de mines de fer, dont les Maures ne profitent point, parce qu'ils ne savent pas la manière de les exploiter. Leur ignorance à cet égard les met dans la nécessité de venir chercher du fer en Europe.

On a découvert des mines de cuivre dans les environs de Tarudant; il passe même pour constant qu'il en existe d'or et d'argent au mont Atlas : mais l'empereur, dit-on, ne veut point permettre d'y toucher. Je suis persuadé que cette assertion n'a aucun fondement. Les Brebes qui habitent ces montagnes, et qui ne sont sujets que de nom du gouvernement de Maroc, auroient tout tenté pour s'emparer de ces trésors, s'ils avoient existé. Cependant il est plus que probable que cette chaine de montagnes renferme des minéraux précieux : mais l'indolence des gens du pays, et l'éloignement où l'on tient les étrangers de cette source de richesses, empêcheront encore long-tems qu'on en tire parti.

Les animaux domestiques de Maroc sont les mêmes que nous voyons en Europe, à l'exception du chameau, dont on fait un grand usage dans cette partie du monde. La fatigue qu'il est en état de soutenir, et le peu de nourriture dont il a besoin, le font grandement estimer. Les chameaux servent à tous les travaux de la campagne et du commerce; ils sont très-multipliés en Barbarie. On m'a assuré que les dromadaires étoient indigènes dans le pays; mais je n'en ai aucune preuve certaine. Ceux que j'ai vus, et qui appartenoient à l'empereur, venoient de la côte de Guinée. La vîtesse du dromadaire est surprenante. Il va avec une telle rapidité, que le cavalier qui le monte seroit en danger de perdre haleine, s'il ne prenoit des précautions pour conserver sa respiration. Il est aussi obligé de se couvrir le visage, à l'exception des yeux, pour éviter la douleur qu'il éprouveroit en fendant l'air aussi rapidement. Dans un beau chemin le dromadaire peut faire cinq cents milles dans quatre jours (*).

Les bœufs et les moutons de Maroc sont petits : leur viande est excellente. Le cuir des uns, et la laine des autres, sont deux objets considérables de commerce. Les moutons à

(*) Environ cent soixante-sept grandes lieues de France, ou d'une heure.

grande queue, qu'on nomme en Angleterre moutons de Barbarie, sont très-rares à Mogodore; ils sont plus communs dans la partie de l'est de l'empire.

Les chevaux, par le peu de soin qu'on a pris à conserver les belles races, ont beaucoup perdu des qualités qui les faisoient rechercher autrefois. Cependant on en trouve encore de très-bons dans le pays : ils sont estimés pour leur vivacité et leur vigueur; malgré cela, on se sert plus communément des mulets, qui, à mon avis, n'égalent pas ceux d'Espagne en taille et en beauté.

La volaille et les pigeons sont extraordinairement abondans dans l'empire de Maroc. Les canards y sont rares. Je n'y ai point vu d'oies, ni de dindons. La perdrix rouge y est très-commune. Dans une certaine saison de l'année on y trouve le frankolin, qui est de l'espèce des perdrix, d'un beau plumage et d'un goût délicieux. Il y vient fort peu de bécasses; mais en revanche les bords des lacs fourmillent de bécassines et de toutes sortes d'oiseaux aquatiques. On voit aussi une variété infinie d'oiseaux chantans.

La famille des cygognes est très-nombreuse, et n'est jamais molestée par les Maures; ils croiroient commettre un crime de les détruire.

La protection qu'on leur accorde les a tout-à-fait apprivoisées ; elles cherchent leur nourriture dans les vieilles murailles des châteaux abandonnés ; elles y trouvent des insectes et des serpens. Les lièvres, les lapins, les gazelles, le porc-épic, les singes et les renards, sont tous animaux naturels à ce pays.

Parmi les bêtes féroces, se trouvent les loups et les sangliers qui sont répandus dans tout l'empire. Les lions, les tigres et les serpens monstrueux ne se voyent que dans les provinces méridionales.

J'ai eu des occasions d'examiner le caméléon, qui est bien le plus singulier petit animal que la nature produise. Si les physiciens n'étoient pas revenus de l'erreur qu'il se nourrit d'air, ils pourroient renoncer à cette opinion, après m'avoir entendu raconter ce que je lui ai vu faire à Mogodore, pour se nourrir. Un habitant de cette ville chez qui j'allois quelquefois, s'étoit amusé à retenir prisonnier un caméléon, qu'il exposoit au soleil pour lui voir dresser ses batteries ; il me fit remarquer qu'il se procuroit une abondante nourriture en dardant les mouches avec sa langue qui étoit fort longue et couverte d'une matière si glutineuse, que, pourvu qu'il touchât sa proie, il ne lui étoit pas possible d'échapper. La conformation du caméléon est très-particulière (sans parler du pouvoir qu'on dit qu'il a de changer de couleur à volonté) : les muscles de ses yeux sont arrangés de manière qu'il peut voir en même tems des deux côtés opposés : les mouvemens de ce petit animal sont très-lents ; il n'a de vivacité que pour faire la chasse aux mouches.

Le climat de Maroc est très-beau, mais il est sujet à des sécheresses bien fâcheuses, parce qu'elles produisent des essaims innombrables de sauterelles. Tout le monde sait que la végétation n'a point d'ennemis plus dangereux et plus destructifs. En 1778 ces insectes parurent en si grand nombre, que l'air en étoit obscurci ; cette calamité fut si générale en 1780, qu'elle occasionna une disette affreuse : on voyoit des malheureux mourir de faim dans les rues, d'autres creusoient la terre pour y chercher des racines ; enfin, il y en avoit qui fouilloient dans la fiente de ces insectes dévastateurs, pour en retirer les grains de bled qu'ils avoient dévorés trop avidement pour qu'ils pussent être digérés.

Dans cette détresse publique, l'empereur ouvrit ses greniers, et fit distribuer du bled et de l'argent à ses sujets : tous ceux qui avoient quelques provisions, furent obligés de suivre son exemple. Ces faits sont si récens, et le peuple en conserve un si douloureux souvenir, qu'il ne manque pas de les raconter aux étrangers qui voyagent en Barbarie.

Beaucoup de manufacturiers de l'empire s'attachent particulièrement à fabriquer des *haïck*, espèce de longue robe tissue de laine et de coton, ou même de soie, au lieu de laine. Les Maures se servent de leur *haïck* comme d'un manteau pour s'envelopper quand ils sortent. Ce vêtement les habille mal, mais fort commodément. Ce n'est qu'à Fez qu'on fait des mouchoirs en soie et coton d'une espèce particulière. Les tapis de Maroc ne sont guères inférieurs à ceux de Turquie. On y fabrique de belles nattes faites de petit palmier, ou palmier sauvage, de mauvais papier de la poudre à canon de médiocre qualité, et de longs canons de fusil avec du fer de Biscaie. Les Maures ne savent point la manière de fondre les canons; la petite quantité de bons qu'ils peuvent avoir, leur a été donnée par les Européens.

L'art de faire le verre leur est pareillement inconnu; il ne leur seroit pas fort utile, n'ayant presque jamais de fenêtres à leurs maisons.

La manière dont ils font le beurre ne fait

pas

pas plus d'honneur à leur industrie. La crême se met dans une peau de bouc qu'on agite jusqu'à ce qu'elle se change en beurre, et s'attache aux côtés de cette espèce de sac : lorsqu'on veut en manger, on le trouve toujours plein de poils; son goût est insipide.

Leur fromage ne vaut pas mieux : toute la préparation consiste à faire sécher de mauvaises caillebottes. Si leur pain est excellent dans quelques endroits, comme à Tanger et Salé, ailleurs il est détestable. Les Maures, de même que les juifs, tuent les animaux qu'ils mangent. En leur mettant le couteau dans la gorge, ils ne manquent jamais de leur tourner la tête du côté de la Mecque, comme pour en faire l'offrande à leur saint prophète; après avoir laissé couler le sang de l'animal qu'ils ont égorgé, ils le lavent soigneusement, et le divisent en petits morceaux d'une à deux livres.

N'ayant aucune connoissance de l'invention des pompes, et les fontaines étant fort rares, il y a une quantité de gens du peuple occupés à porter de l'eau qu'ils vont chercher dans des réservoirs ou à la rivière la plus prochaine. L'eau se transporte dans des outres de peaux : la nécessité de goudronner ces peaux pour empêcher l'eau de couler, lui donne presque toujours un goût désagréable.

Leurs charrues, les outils de menuisier et de charpentier, leurs métiers de tisserand, même leurs forges, sont encore aussi grossièrement travaillés que dans les premiers tems où l'on en fit usage en Europe. Leurs ouvrages ont assez de solidité, mais ils sont faits sans goût ; c'est le malheur de tous les peuples dans l'enfance de la civilisation, de ne savoir rien perfectionner.

Il est probable que les Maures n'ont point changé depuis leur expulsion de l'Espagne, qui leur fit perdre les arts et les sciences : quand ils en furent chassés, ils jouissoient de tous les avantages d'une nation éclairée, tandis qu'une grande partie de l'Europe étoit encore dans l'ignorance et la barbarie. La foiblesse et la tyrannie de leurs souverains les ont fait tomber insensiblement dans l'extrémité opposée ; tous les sentimens qui élèvent l'âme et qui éveillent le génie, ont disparu ; et ce peuple jadis si considéré, ressemble aujourd'hui à une horde de sauvages.

Les Maures ne se servent point de voitures; ils transportent tout à dos de mulet ou sur leurs chameaux. Leurs bâtimens sont construits sans aucune règle d'architecture ; ils n'ont que le mérite d'être faits avec beaucoup de solidité. La façon de préparer le *tabby* dont ils font usage pour leurs plus beaux édifices, est le seul talent qui leur soit resté en fait de maçonnerie : c'est un mélange de mortier et de petites pierres ; quand on a fait cet amalgame, et que l'air l'a bien séché, il devient un ciment aussi dur que le roc.

Leurs appartemens sont encore plus incommodes (s'il est possible) que ceux de leurs voisins les Espagnols : ce n'est pas qu'on n'y voie des lambris sculptés et travaillés avec autant de soin qu'on pourroit le faire en Europe. Telle est la bizarrerie qu'on remarque chez les nations barbares ; des talens qui étonnent, à côté de l'ignorance et du mauvais goût.

Ils ne pensent point à faire des chemins, négligent même de réparer les anciens ; ils s'en embarrassent si peu, qu'ils les ont laissés dans l'état où ils les trouvèrent lorsqu'ils s'emparèrent du pays. Je ne sais s'il seroit facile de leur faire comprendre qu'en rendant les communications plus faciles, ils voyageroient plus commodément et à moins de frais.

On chercheroit en vain de l'ordre et de l'arrangement dans les jardins ; ce ne sont que de simples vergers clos d'une palissade. On y voit pêle-mêle des herbes sauvages, des vignes, de figuiers, des orangers et des citronniers plantés sans goût ni symétrie; quelquefois même on trouve un champ de bled à côté d'une planche de légumes; ceux-ci sont en très-petite quantité dans leurs jardins, et il est rare qu'on y trouve des fleurs.

Ils ont si peu de ponts sur les rivières, qu'on seroit tenté de croire qu'ils n'entendent rien à la construction des arches; pour suppléer aux ponts qui leur manquent, ils se servent de bateaux, et encore n'en trouve-t-on que dans le voisinage des ports de mer. Le désagrément d'être sans cesse arrêté par le courant des rivières, faute de moyens pour les passer, et les mauvais chemins qu'on rencontre presque par-tout, rendent le voyage de Barbarie aussi triste que dangereux : personne ne sera curieux de l'entreprendre lorsqu'on saura que d'un bout à l'autre de l'empire, on boit de mauvaise eau, et qu'on n'est pas toujours sûr d'en avoir. Comme les rivières ne sont pas considérables, il arrive souvent qu'elles sont à sec pendant l'été.

Il seroit inutile de chercher ailleurs les raisons de la grande dépopulation qu'on remarque dans ce pays. On aura de la peine à croire qu'en revenant de Maroc à Salé, je n'aie pas rencontré une seule habitation, quoiqu'il y ait pour sept jours de chemin : je ne vis que quelques tentes d'arabes répandues çà et là. Tout annonce que l'intérieur du pays n'est pas plus peuplé. Les villes sont en petit nombre proportionnellement à l'étendue de cet empire, et elles sont désertes : Maroc, qui en est la capitale, est pleine de maisons en ruines et abandonnées ; tout se ressent des dévastations et des cruautés horribles de ses rois, qu'on a vu faire massacrer les habitans de villes entières, et livrer toute une province au bras meurtrier des assassins.

Le caractère de Muley Ishmaël, grand-père de Sidi-Mahomet, offre de singulières contradictions ; tandis que d'un côté il exerçoit une affreuse tyrannie envers ses sujets, d'un autre, il tâchoit de réparer le mal qu'il faisoit, en donnant des encouragemens au commerce et à la population. Il établit dans ses états de nombreuses colonies de nègres de Guinée, leur bâtit des villes, et leur assigna des terrains à défricher ; enfin il ne négligea rien pour les faire prospérer dans son empire. Si depuis sa mort le plan qu'il avoit adopté eût été suivi, le pays seroit à présent très-peuplé, et même florissant : les nègres étant plus vigoureux, plus actifs et plus entreprenans que les Maures, ils auroient perfec-

3

tionné leur agriculture, et l'intelligence dont ils sont doués leur eût bientôt appris à tirer bon parti de leur industrie.

On découvrit bientôt dans la conduite de Muley Ishmaël d'autres vues que celles de repeupler ses états qu'il avoit dévastés; son seul but étoit de former une armée d'étrangers pour l'opposer à ses propres sujets, qui travailloient sourdement à le faire tomber de son trône. Il n'ignoroit pas qu'ils manifestoient hautement l'envie de changer de maître; ce n'est pas qu'ils espérassent un meilleur gouvernement; car les sujets des despotes savent bien que quand ils se défont d'un tyran, c'est pour en avoir un autre. Quoi qu'il en soit, Muley Ishmaël fut assez bon politique pour sentir que des esclaves qui dépendroient entièrement de lui, rendroient son trône inébranlable. Ses soldats nègres lui procurèrent le moyen de remplir ses coffres, en lui assurant le pillage de la fortune de ses sujets. Il est constant qu'il ne pensoit qu'à accomplir ses desseins tyranniques, en introduisant des étrangers dans l'empire; mais il n'est pas moins vrai qu'ils y ont fait beaucoup de bien en se mariant entr'eux, et en se mêlant avec les Maures qui prennent des négresses pour concubines; il est fort rare qu'ils veuillent les épouser : enfin, une nouvelle race d'hommes s'est élevée, et est devenue aussi utile à ce pays que ses anciens habitans ; elle a mis l'empire dans un état plus brillant qu'il n'avoit été depuis la révolution qu'il a éprouvée.

Sidi Mahomet, successeur de Muley Ishmaël, montra des idées tout opposées. Son avarice sordide détruisoit dans son cœur tout sentiment de générosité envers les noirs ; il ne les payoit plus comme ils l'avoient été pendant le règne précédent. Le mécontentement général éclata dans l'armée ; les soldats menacèrent de se révolter, et offrirent leurs bras aux princes ses fils, qui furent rebelles à son autorité. Ils témoignèrent à Muley Aly un si grand desir de le placer sur le trône, qu'il ne tint qu'à lui d'en faire descendre son père ; mais ce prince, pénétré de respect pour l'auteur de ses jours, refusa constamment de se mettre à sa place ; les soldats nègres, mécontens du refus qu'il faisoit de leurs services, s'adressèrent à Muley Yazid à qui le trône devoit appartenir un jour ; celui-ci accepta d'abord des offres qui pouvoient le faire régner sur-le-champ ; mais il les rejeta peu de tems après.

Sidi Mahomet, dégoûté des nègres par leur mauvaise conduite, se détermina à se défaire du plus grand nombre ; il licencia presque toute cette armée pour l'envoyer vivre misérablement aux frontières de l'empire ; cette mesure affoiblit considérablement la population des nègres. Il est sûr que les dernières années de cet empereur, sans être cruelles, ont été plus funestes à son pays, par ses exactions continuelles, qu'elles ne l'auroient été, s'il eût abattu des têtes avec l'épée ou le cordon : il n'avoit pas plutôt découvert que quelqu'un de ses sujets avoit une fortune brillante, qu'il l'en dépouilloit, craignant qu'il ne se servît de ses richesses pour aider ses fils rebelles à le détrôner.

La maxime adoptée par ce monarque étoit de tenir, autant qu'il seroit possible, ses sujets au même niveau de médiocrité : ainsi, celui qui avoit un jour un peu plus d'aisance que les autres, n'étoit pas sûr de la posséder le lendemain. La seule ressource qui restoit à l'homme riche pour échapper à l'avarice du tyran, étoit d'afficher la plus grande misère ; mais si, malgré tout le soin qu'il prenoit de cacher sa fortune, elle étoit découverte, il ne la conservoit pas long-tems.

Ce qu'a fait de plus impolitique ce despote, a été de mettre sur le commerce des droits et des taxes énormes qui ont fait tomber toutes les manufactures. Tout ce qu'on rapporte de ce prince, fait voir qu'il a si mal gouverné son pays, qu'il n'a jamais été dans un état de pauvreté pareil à celui de son règne.

Rien n'est plus incertain dans les gouvernemens despotiques, que le rang et la fortune. Le prédécesseur du sultan régnant le faisoit voir à tout instant; il élevoit un simple soldat à la dignité de bacha, le prenoit même pour son confident; et, s'il venoit à lui déplaire, il perdoit dans le moment toute sa faveur, et étoit souvent trop heureux d'en être quitte pour la prison. Ne devroit-on pas s'étonner qu'il se trouve des ambitieux et des gens avides de richesses dans un pays où ces deux passions font courir de si grands dangers? Cependant, tel est le caractère de ce peuple, qu'il a soif de l'or, et une envie démesurée de posséder les premières charges de l'empire; et ce qui est encore plus extraordinaire, c'est la conduite que tiennent ceux qui ont des places éminentes : en vérité, ils semblent faire tout leur possible pour perdre la bonne-foi de leur maître, en abusant de sa confiance et de son autorité.

Les seules personnes dans ce pays qui jouissent de quelque liberté (si l'on peut se servir de cette expression en parlant do Maroc), sont les négocians qui ont le bonheur d'habiter les villes éloignées de la résidence de l'empereur. La propreté des maisons de ces négocians, leurs jardins arrangés avec goût, leurs appartemens ornés de glaces, de porcelaines, etc. etc.; enfin la bonne réception qu'ils font aux étrangers; tout cela annonce qu'on les laisse plus tranquilles, et qu'ils connoissent beaucoup mieux que le reste des habitans, ce qui contribue aux agrémens de la vie.

Si les négocians qui sont éloignés de la capitale sont un peu moins tourmentés que les autres, il ne faut pas croire pour cela qu'ils soient épargnés du côté des taxes; ils ne sont pas même à l'abri du pillage qui s'exerce d'un bout de l'empire à l'autre. Si le bacha ou alcade de leur résidence peut trouver le moindre prétexte de les faire emprisonner, ce qui s'exécute sans beaucoup d'égard pour la justice, ils deviennent suspects au gouvernement, et leurs biens sont confisqués sans autre forme de procès. Ainsi l'empire de Maroc offre par-tout des exemples frappans de sa mauvaise police, et des funestes effets d'un gouvernement arbitraire.

CHAPITRE V.

L'Auteur arrive à Tarudant. Sa première visite à Muley Absulem, fils de l'Empereur de Maroc. Caractère de ce Prince. Sa maladie. Moyen qu'emploie l'Auteur pour le guérir. Détails sur le harem *de Muley Absulem, et sur les femmes qui l'habitent.*

J'ÉTOIS depuis six jours à Mogodore, lorsque le messager qui avoit été m'annoncer au prince, m'apporta ses ordres : il m'enjoignoit de me rendre à Tarudant, où il étoit de retour. Le gouverneur de Mogodore augmenta mon escorte de trois soldats nègres bien armés; il me fit donner une meilleure tente et un bon interprète juif qui parloit l'anglais avec facilité. Le malheureux de sa nation qu'on avoit forcé de m'accompagner, fut renvoyé à sa grande satisfaction.

Je mis trois jours à faire les soixante-seize milles qu'il y a de Mogodore à Santa-Crux. Si le lecteur se rappelle ce que j'ai dit de la difficulté de voyager dans ce pays, il ne trouvera pas que j'aie employé trop de tems à faire ce chemin. Je côtoyai toujours la mer, n'ayant d'autre vue que des montagnes et des rochers. Il est impossible de se faire l'idée d'un chemin plus désagréable : j'étois obligé de monter et de descendre continuellement, ne marchant que sur des pierres roulantes. Dans un endroit la descente devint si rapide et si raboteuse, qu'il n'y eut pas moyen de rester sur nos mulets; je fus obligé de marcher à pied pendant plus de deux milles, et encore étoit-ce avec peine que je pouvois me tenir debout.

Santa-Crux est située sur le penchant d'une colline, à l'extrémité de cette chaîne de montagnes qui sépare en deux l'empire de Maroc, et qu'on nomme le mont Atlas. Cette ville a appartenu aux Portugais; elle fut toujours l'entrepôt le plus considérable des Européens jusqu'au règne de Sidi Mahomet. C'est maintenant une place déserte; il n'y a plus qu'un petit nombre de maisons qui tombent en ruines. Le port m'a paru plus sûr que celui de Mogodore, et comme il est à portée des provinces méridionales de l'empire, je suis étonné qu'on n'ait pas continué de lui donner la préférence pour toutes les spéculations de commerce.

Je quittai Santa-Crux le 26 octobre, et en deux jours, je me rendis à Tarudant, qui en est à quarante-quatre milles : j'eus un très-beau chemin, mais ennuyeux, n'ayant guères que des landes et des bois à traverser.

En arrivant à Tarudant, l'on me conduisit au palais du prince, qui est à un demi-mille de la ville. Ce bâtiment royal, dont mon illustre malade avoit été l'architecte, est fort petit ; mais il a une apparence de beauté, vu extérieurement. Après cela, il manque de goût et de commodités dans l'intérieur, comme toutes les maisons des Maures. Ses défauts sautent aux yeux dès qu'on prend la peine de l'examiner. Ce palais, fait avec du *tably*, est entouré d'une grande muraille. Dans cette enceinte, se trouvent deux jardins fort bien tenus, dessinés par un européen, et confiés aux soins d'un renégat espagnol.

Les appartemens de cette demeure sont fort élevés : les planchers sont tout simplement de terre. Il y a une fontaine dans le milieu de la cour. Pour y entrer, il faut passer sous une petite arcade. Dans la cour à droite sont les remises ; le côté gauche est occupé par les chevaux du prince. Comme le climat est doux, on ne se sert presque jamais d'écuries. Les chevaux restent en plein air attachés à des poteaux avec des longes.

Le lecteur n'a encore rien vu de magnifique dans la description que j'ai ébauchée du palais du prince. Ce qui me reste à en dire ne lui en donnera pas une plus haute idée. Lorsqu'on m'y fit entrer, je fus amené dans une grande salle où beaucoup de personnes étoient assises dans des espèces de niches pratiquées dans la muraille; elles attendoient là que leur tour vînt d'être appelées à l'audience du prince.

Comme j'eusse été fort embarrassé d'accoster des gens dont j'ignorois le langage, au lieu de m'asseoir avec eux, je me promenai en long et en large dans l'appartement, ce qui surprit fort des hommes qui commencent toujours par s'asseoir avant de faire la conversation ou de parler de leurs affaires. Leur étonnement de me voir sans cesse en mouvement étoit si grand, que j'eus lieu de penser qu'ils me prenoient pour un fou.

Après une heure d'attente, l'ordre de m'introduire avec mon interprète arriva. On me fit passer par une galerie fort obscure, qui conduisoit à une vaste cour quarrée et pavée en marquetterie. L'appartement du prince ouvroit sur cette cour. La porte en étoit brisée à moitié, et teinte de différentes couleurs, en forme d'échiquier. L'entrée de sa chambre étoit assez belle, quoique d'un genre fort extraordinaire. C'étoit un grand portique qui tenoit lieu d'une porte, et qui étoit vraiment curieux par la bigarrure de ses couleurs. Ce portique pouvoit, par sa grandeur, servir d'antichambre. La pièce où se tenoit le prince étoit quarrée; le plafond en étoit peint artistement, et le plancher fait de tuiles coloriées et arrangées en marquetterie. Les murs étoient en stuc. Cet appartement auroit été passable, s'il avoit eu des fenêtres; mais les Maures ne pensent pas qu'il soit nécessaire de donner du jour à leurs maisons; c'est en partie ce qui leur ôte l'agrément du coup-d'œil.

Je trouvai le prince Muley-Absulem, les jambes croisées, assis sur un coussin recouvert d'une toile blanche très-fine; il avoit devant lui un long tapis assez étroit qui servoit de siége à ses courtisans. C'étoit le seul meuble de son appartement. Je remis d'abord les lettres du consul anglais qui, suivant la coutume du pays, lui furent présentées dans un mouchoir de soie. Le prince me salua par un signe de tête, en prononçant ces mots : *Bono tibib — bono anglaise.* — C'est un mélange d'arabe et d'espagnol qui signifie — *bon docteur, bon Anglais.* Ensuite un officier de sa garde nous ordonna, à mon interprète et à moi, de nous asseoir sur le plancher à côté du prince. Alors les questions commencèrent; tout le monde vouloit m'en faire. Le prince marqua beaucoup de joie de mon arrivée. Il me fit demander si j'étois venu de mon plein gré, et si les médecins anglais jouissoient en Europe d'une grande réputation. Je répondis à la première question, que j'étois envoyé par le gouverneur de Gibraltar, et à la seconde, que je devois rendre justice à la vérité et à mon pays, en assurant le prince qu'il y avoit en Angleterre les médecins les plus célèbres. Après ce premier préambule, il me fit dire par mon interprète de lui tâter le pouls et d'examiner ses yeux, dont l'un étoit obscurci par une cataracte, et l'autre étoit affecté d'une humeur spasmodique; il voulut savoir dans le moment ce que je pensois de son état, et combien de tems je mettrois à le guérir. A cela, je crus devoir répondre qu'il étoit nécessaire que je connusse mieux son mal, avant de donner mon opinion; j'ajoutai que dans deux ou trois jours j'en serois un meilleur juge. Un des favoris du prince observa, en me voyant sans barbe (je m'étois rasé le matin), que je paroissois bien jeune pour être un bon médecin : un autre remarquant que j'avois de la poudre dans mes cheveux,

prétendit

prétendit que je cherchois à cacher mon âge; enfin un troisième assura que les cheveux qu'on me voyoit à la tête n'étoient pas à moi: mais ce qui parut étonner généralement toute la cour de Muley Absulem, ce fut mon habit étroit, fait à l'européenne. Tout le monde sait que l'habillement des Maures est d'une ampleur extraordinaire; il est, à mon avis, fort incommode pour un pays aussi chaud.

Cette première visite ne fut pas, comme l'on voit, très-intéressante; après la fatigue que j'avois éprouvée, j'aurois été bien aise qu'on m'eût permis de la différer. Je fus obligé de la prolonger jusqu'à ce que j'eusse satisfait à la curiosité de toutes les personnes qui étoient dans l'appartement du prince. Il n'y en eut pas une seule qui ne me fît tâter son pouls, et qui ne me demandât ce que je pensois de sa santé. Après cette multitude de consultations, le prince me fit dire par mon interprète, qu'il m'avoit fait retenir un logement commode, où il me conseilloit d'aller prendre un peu de repos. Je profitai de cet avis salutaire pour me retirer; mais il me pria de revenir de bonne heure le lendemain.

Le logement commode que le prince m'avoit fait préparer n'étoit autre chose qu'une mauvaise chambre dans le faubourg de la

G

Juiverie, qui est à un quart de mille de la ville. La maison où j'allois occuper une chambre bien sale, bien étroite et sans fenêtres, appartenoit au juif le plus considérable de Tarudant. Le jour ne pouvoit pénétrer dans ce réduit obscur que par la porte, qui étoit coupée à moitié; et pour surcroît de désagrément, elle ouvroit sur une cour, où trois familles juives, établies dans la même maison que moi, jetoient toutes leurs ordures.

Je fus si saisi d'horreur, en entrant dans cette demeure, que dans le premier mouvement de la colère, j'eus l'idée de remonter sur mon mulet pour venir porter mes plaintes au palais sur le mauvais gîte qu'on m'avoit assigné; mais faisant réflexion qu'on me l'avoit annoncé comme un des meilleurs de la ville, et que d'ailleurs j'avois dû m'attendre à tous les inconvéniens d'un pareil voyage, je pris le parti de rester, et de m'arranger le moins mal possible. Cependant, au bout de quelques jours, ayant eu occasion de parler au prince sur mon logement, je ne lui cachai point que j'en étois fort mécontent. Il donna sur-le-champ des ordres pour me loger dans ses jardins; mais ils furent exécutés avec tant de lenteur, qu'il n'y eut rien de prêt avant mon départ de Tarudant.

Une fois décidé à demeurer chez mon juif, je m'occupai à rendre ma position supportable. Pour cet effet, je déballai mon lit de voyage, et le plaçant à une des extrémités de la chambre sur les trois plians qui m'avoient servi en chemin, j'eus bientôt de quoi me coucher. Je disposai ensuite mes deux malles pour remplacer les tables et les chaises qui me manquoient; l'usage en étoit inconnu à Tarudant. Mon interprète s'établit à l'autre bout de la chambre. Lorsque tout cela fut fait, je descendis dans ma cuisine, que je trouvai garnie d'une petite poêle de fer, d'un plat et de deux assiettes d'étain, d'un gobelet de corne, de deux couteaux et de deux fourchettes. Je savois que la plupart des Maures prenoient du thé, ainsi mon déjeûner ne m'inquiéta point; mais il n'en fut pas de même de mon dîner. Il falloit trouver quelqu'un en état de le préparer, ce qui me sembloit fort difficile. J'eus le bonheur, trois jours après mon arrivée, de rencontrer un juif qui savoit faire quelques ragoûts espagnols; dans l'embarras où j'étois, je n'eus rien de plus pressé que de le prendre à mon service.

A peine étois-je à Tarudant, que je vis passer les malheureux Anglais dont j'ai parlé, qui avoient fait naufrage sur la côte d'Afrique. Le capitaine du vaisseau, et un jeune homme de ses amis, étoient restés en arrière. Ils alloient tous à Maroc, par ordre de l'empereur. Muley Absulem les avoit rachetés des Arabes sauvages pour remplir les engagemens qu'il avoit pris en faisant demander un chirurgien au général Ohara.

Après avoir passé une assez mauvaise nuit dans mon nouveau logement, je me rendis au palais de Muley Absulem, pour examiner l'état de ses yeux avec plus d'attention que je n'avois fait la veille. Aussi-tôt que je me présentai pour entrer chez lui, on m'ouvrit la porte de son appartement. Il m'attendoit avec une espèce d'inquiétude, par la crainte qu'il avoit que je ne trouvasse son mal incurable. En effet, ayant observé ses yeux, je les trouvai peu susceptibles de guérison. Je me gardai bien de dire tout ce que j'en pensois. J'avouai seulement au prince que je ne me flattois pas de pouvoir le guérir radicalement ; mais je lui donnai l'espérance d'un soulagement considérable, quoiqu'intérieurement je n'osasse y compter. Afin d'avoir le tems d'essayer différens remèdes, je demandai deux mois pour le traitement que je croyois convenable d'employer.

Le prince s'étant soumis à prendre les remèdes que je voulois lui administrer, je les lui fis commencer dès le jour même. La seconde inspection que je venois de faire de ses yeux m'avoit convaincu qu'il avoit sur l'œil droit une cataracte qui le privoit totalament de la vue de ce côté-là. Je n'avois donc à espérer que de sauver l'œil gauche, qui étoit affecté d'un spasme continuel qui menaçoit de se terminer par la goutte sereine. Le mouvement de cet œil étoit si violent, que quelquefois la prunelle se cachoit entièrement du côté du nez. Dans ce triste état, le malade pouvoit à peine apercevoir les gros objets, sans en distinguer aucun.

La vie que le prince menoit depuis long-tems, me donnoit bien d'autres maux à combattre; il étoit épuisé de débauches. Je commençai par le mettre au régime le plus sévère, et comme je me méfiois de son exactitude à faire ce que je lui ordonnerois, je priai l'officier qui me parut avoir le plus sa confiance, de se charger de lui faire suivre l'ordonnance que j'avois rédigée par écrit, et fait traduire en arabe.

Avec les topiques que j'employois extérieurement, j'étois aussi obligé de donner des médecines à mon malade; et afin d'être sûr qu'il les prît telles que je les avois composées, j'avois soin qu'il ne les reçût que de ma main. Il étoit fort docile à boire tout ce que je lui présentois, malgré le mauvais goût des drogues dont je lui faisois faire usage. Cependant il lui étoit impossible de concevoir comment des remèdes pris intérieurement pourroient opérer la guérison de ses yeux. Malgré son incrédulité sur cet article, je le trouvois plus raisonnable que toutes les personnes dont il étoit entouré. Cette tourbe insensée tournoit ma méthode en dérision, et disoit hautement qu'il y avoit de la folie à attaquer un mal extérieur autrement qu'avec des topiques.

Les courtisans qui approchoient le plus Muley Absulem, lui firent entendre que je travaillois à affoiblir son tempérament : la décence ne me permet pas de répéter tout ce qui devoit, suivant eux, en résulter de funeste pour sa santé et ses plaisirs. Je dirai seulement que ces absurdités firent impression sur l'esprit de mon crédule malade, qui ne tarda pas à me faire part de ses inquiétudes. Ce qu'il m'apprit de la méchanceté qui commençoit à s'attacher à moi, me jeta dans un grand embarras. Comment, me disois-je, viendrai-je à bout de faire entendre raison à des gens qui n'en connoissent point le langage?

Enfin, je pris le parti de me servir de mon interprète pour justifier ma conduite, qui, aux yeux de tout être sensé, auroit paru irréprochable. Je fis expliquer au prince que la composition des médecines qu'il prenoit, ne pouvoit dans aucun cas nuire à sa santé. Je m'efforçai de lui faire comprendre que mon honneur et ma fortune étoient intéressés à ce que je ne négligeasse rien pour rétablir sa vue, et que par conséquent bien loin de chercher à lui faire du mal, je devois mettre toute mon application à lui procurer du soulagement. J'ajoutai encore, pour achever de le tranquilliser sur mes intentions, que si le traitement que je lui faisois ne recevoit point l'approbation des gens de l'art, je serois perdu de réputation.

Toutes ces bonnes raisons le calmèrent à la fin, et il parut croire qu'on m'avoit calomnié. Voulant me faire oublier l'humeur qu'il me montroit depuis quelques jours, il m'avoua que la peur seule l'avoit occasionnée. J'obtins qu'il ne discontinueroit point le régime que je lui faisois observer; à condition cependant qu'il le cesseroit si sa santé n'alloit pas mieux : mais ce qui ranima sa confiance, fût la fausseté démontrée des fâcheux pronostics de ses courtisans. Il n'éprouva aucun des accidens qu'ils lui avoient fait appréhender.

Je faisois à mon illustre malade deux visites par jour; j'employois le reste de mon tems à lire quelques volumes que j'avois apportés de Mogodore; et de tems à autre je faisois des courses à cheval dans les environs de la ville.

Ayant été appelé par le cadi, je me rendis à sa maison. Je trouvai un vieillard vénérable âgé de soixante-dix ans, dont la barbe longue et d'une grande blancheur, inspiroit le respect. Après quelques questions que je lui fis faire par mon interprète, je vis bien que son plus grand mal venoit du poids des ans dont il étoit accablé, et comme il savoit lui-même qu'il ne lui falloit qu'un régime doux pour passer tranquillement le reste de ses jours, il me pria de lui en prescrire un. Lorsque j'eus satisfait à sa demande, il me remercia avec beaucoup de grâce et d'honnêteté. Il témoigna une véritable sensibilité, en me parlant du chagrin que je devois éprouver d'être si éloigné de mes parens et de mes amis. Il me plaignit d'avoir été envoyé dans un pays où les mœurs étoient si différentes de celles de ma patrie; enfin il finit par me prier de revenir le voir.

Tant de prévenances et de raison de la part d'un homme qui vivoit au milieu d'un peuple à demi-sauvage, me surprit beaucoup. Il me demandoit un jour quels étoient les émolumens d'un juge en Angleterre ; lui en ayant rendu compte, il s'écria : Comment donc, vos juges sont bien mieux payés que moi ! Savez-vous que l'empereur ne me donne que cinquante ducats par an (environ douze livres sterlings.)

Je n'eus pas autant à me louer des autres malades que je vis à Tarudant. Ils étoient presque tous ingrats et insolens. Ceux qui venoient me consulter tâchoient de me voler: ce qui n'étoit pas fort difficile, vu la manière dont j'étois logé. Les Arabes, les montagnards et la populace de la ville assiégeoient sans cesse ma porte, et ne se contentoient pas des avis que je leur donnois pour leur santé, ils vouloient avoir de l'argent ou des présens. Quelques-uns que je chassai pour leur insolence, me menacèrent de leur poignard : les moins méchans s'en alloient en recevant quelque bagatelle. Quoique j'eusse fort à me plaindre de cette canaille, elle n'excitoit pas moins ma pitié par son extrême misère, et je l'assistois autant qu'il m'étoit possible. Cependant la foule devenant, de jour en jour, plus importune et plus audacieuse, je fus obligé d'en porter mes plaintes à Muley Absulem, qui me donna une sentinelle pour garder ma porte. Alors les malades n'entrèrent plus que l'un après l'autre.

Au bout de quinze jours, le prince, qui avoit été l'unique objet de mon voyage, commença à éprouver un mieux sensible. Son œil gauche sur qui je fondois tout mon espoir, et que j'avois trouvé dans une agitation perpétuelle, paroissoit reprendre un mouvement plus naturel et plus réglé ; il n'étoit plus dans cet état convulsif qui, lors de mon arrivée, lui permettoit à peine de distinguer le jour d'avec la nuit. A l'époque dont je parle, il pouvoit voir une pomme à quinze pas de distance.

Ces premiers symptômes de guérison fermèrent la bouche à la malveillance. Le prince lui-même confessa qu'il s'étoit trop pressé de former des soupçons injurieux sur mon compte, et lorsqu'il vit que mes remèdes continuoient d'avoir les plus heureux effets, sa confiance augmenta au point qu'il voulut que je fusse voir ses femmes, dont quelques-unes avoient besoin des secours de la médecine. Ce seroit peut-être ici le moment de faire la description de cette enceinte impénétrable, qu'on nomme *harem*, si le sérail de l'empereur, que j'ai vu après celui de Muley Absulem, ne devoit pas me fournir l'occasion d'en parler par la suite d'une manière plus étendue.

Aussi-tôt que le prince eut décidé que j'entrerois dans le *harem* de ses femmes, il ordonna qu'on me conduisît avec mon interprète. Le chef des eunuques me reçut à la porte.

Il est à observer que les eunuques chargés spécialement de la garde des femmes, sont sortis d'esclaves nègres. Leur tournure est, en général, grosse et courte ; si quelques-uns deviennent un peu plus grands que les autres, c'est toujours aux dépens d'une bonne conformation : il est rare qu'ils ne soient pas difformes et estropiés. La voix des eunuques a un accent particulier ; elle ressemble un peu à celle des jeunes gens qui sont encore dans l'adolescence. Enfin ces êtres mutilés offrent tout-à-la-fois une image dégoûtante de foiblesse et de monstruosité. L'autorité qu'on leur donne sur un sexe qu'ils tyrannisent, leur fait prendre un air d'importance : ils sont plus fiers et plus insolens qu'on ne sauroit l'imaginer ; j'eusse été moi-même victime de leur méchanceté, si en entrant dans le sérail, je ne me fusse pas mis en garde contre la bassesse de leur caractère.

Etant accompagné du chef de ces monstres amphibies, je passai la porte du *harem* dont la garde leur étoit confiée. Je marchai ensuite assez long-tems sous une voûte obscure qui me conduisit dans la cour, autour de laquelle étoient les appartemens des femmes. En la traversant, j'aperçus une grande quantité de personnes du sexe, et des enfans blancs et noirs. J'appris que dans cette troupe femelle je voyois les concubines du prince, et les esclaves qui les servoient.

La figure d'un Européen surprit grandement toutes ces femmes; elles m'eurent bientôt entouré pour examiner la forme de mes habits, dont elles parurent singulièrement étonnées. Il y en eut qui furent si saisies de ma subite apparition au milieu d'elles, qu'elles en restèrent comme pétrifiées, les yeux fixes et la bouche ouverte. D'autres, plus hardies, éclatèrent de rire en me voyant; et celles à qui ma présence faisoit plaisir, me regardoient avec beaucoup d'attention de la tête aux pieds. Ce qui les surprenoit le plus de mon costume, c'étoient mes boucles, mes boutons et mes bas. Leur étonnement sur cela étoit bien naturel, n'en ayant jamais vu aux hommes et aux femmes de leur pays. A l'égard de mes cheveux, elles ne pouvoient imaginer pourquoi j'en avois conservé une si grande quantité. Quant à la poudre, elles crurent que je m'en servois par une sage précaution, c'est-à-dire, pour me garantir de la vermine.

Les enfans prirent tous la fuite en mourant de peur. Je pourrois assurer que je leur parus aussi curieux et aussi extraordinaire que le seroit un lion ou un tigre apporté des pays étrangers dans une ville d'Angleterre, un jour de marché.

Chaque fois que je suis entré dans le *harem* du prince, j'ai eu l'agrément d'y être entouré par cette foule que je trouvois dans mon chemin, et qui me suivoit, en me pressant, jusqu'à l'appartement où je devois aller.

Les femmes du *harem* étoient presque toutes d'un embonpoint extraordinaire; elles avoient les yeux gros et noirs, la figure ronde et le nez petit. J'y ai vu aussi des blondes au teint pâle, et quelques belles négresses.

Lorsque je fus introduit chez la malade dont l'état inquiétoit si fort Muley Absulem, je trouvai, dans l'appartement où l'on me fit entrer, un grand rideau qui le séparoit en deux. Une jeune esclave apporta un petit tabouret qu'elle plaça proche ce rideau, en m'avertissant que c'étoit pour m'asseoir. Un instant après, sa maîtresse que je ne pouvois voir, me passa son bras, en me priant de lui tâter le pouls. La persuasion où elle étoit que je devois connoître à son pouls la cause des maux qu'elle souffroit, la tint tellement muette, que ce fut en vain que je lui fis demander par mon interprète, si elle avoit mal à la tête, à l'estomac, ou à quelque autre partie du corps. Au lieu de répondre à mes questions, elle se contenta de retirer le bras qu'elle avoit avancé pour me faire juger de son état, et elle me donna l'autre. Cette grande réserve m'impatientoit; premièrement, parce que je ne pouvois deviner le siége de son mal; secondement, parce que ma curiosité n'étoit point satisfaite. Je m'avisai d'un expédient que je crus excellent pour me procurer la vue de cette beauté. Je lui fis dire que je ne pourrois jamais savoir au juste ce qui altéroit sa santé, si je ne voyois pas sa langue, et qu'il falloit absolument qu'elle eût la complaisance de me la montrer. Cette ruse eût échoué, et je serois parti sans rien connoître à l'état de cette scrupuleuse malade, si elle n'eût imaginé un moyen qui la tira de l'embarras où je l'avois mise. Elle fit avec ses ciseaux un trou au rideau qui me la cachoit, et elle y passa sa langue. Si cette manière adroite de faire ce que je lui avois demandé, sans se faire voir, trompa mon attente, du moins elle m'éclaira un peu mieux sur la véritable cause de ses maux, et je pus lui indiquer les remèdes dont elle avoit besoin.

Je vis une autre femme du *harem*, qui étoit attaquée d'humeurs scrophuleuses. Celle-ci me reçut avec les mêmes précautions que la première; cependant, comme elle ne put se dispenser de me découvrir la partie de son cou qui étoit glandée; cela me fit apercevoir un coin de son visage, qui me parut très-beau. Elle m'apprit qu'elle avoit été la sultane favorite de Muley Absulem, et qu'elle n'avoit perdu cette faveur, que par le dégoût que sa cruelle maladie avoit inspiré à son amant. Elle ressentoit un grand chagrin de se trouver confondue avec ses rivales, après avoir joui de toutes les préférences attachées à la place de sultane favorite.

Pendant que j'examinois les glandes qu'elle avoit au cou, elle détachoit plusieurs bijoux qu'elle portoit aux bras pour me les donner, espérant que ces présens, qui étoient d'une valeur considérable, augmenteroient mon zèle pour la guérir. Lorsqu'elle me les présenta, je n'eus pas le courage de les accepter; sentant bien qu'il y avoit peu d'espoir de lui rendre ses premiers agrémens. Je lui promis d'essayer des remèdes, sans cependant répondre de leur efficacité.

Il est douloureux pour un médecin de n'avoir à offrir que des consolations momentanées à des êtres sensibles qui attendent de lui le bonheur et la vie! Je m'aperçus bien que la sultane délaissée n'étoit pas fort satisfaite de ma réponse. Cependant j'avois remis un peu de calme dans son ame, et l'idée avantageuse qu'elle avoit conçue des médecins européens, fortifioit ses espérances. En un mot, elle voulut commencer, dès le jour même, à prendre mes remèdes.

Les fréquentes visites que je faisois aux deux femmes que je traitois dans le *harem*, me mirent à portée de voir toutes celles qui y étoient renfermées. J'en comptai plus de vingt, sans parler des quatre que la loi permet aux vrais croyans. Je fus consulté par beaucoup de ces recluses, qui me prenoient pour un ignorant, lorsque je ne découvrois point leurs maux à la moindre inspection du pouls. Si j'hésitois le moins du monde, elles ne me regardoient plus que comme un empyrique,

qui

qui n'entendoit rien à la médecine. Si je réussissois, par mon foible talent, à les guérir, elles disoient que cela ne seroit que momentané. Voyant que je ferois inutilement des efforts pour faire entendre raison à des femmes qui ne connoissoient point son langage, je pris le parti de me prêter à leurs foiblesses. Cette conduite me valut des éloges que je ne méritois pas plus que les injures que je m'étois attirées en parlant avec franchise.

Les femmes du sérail de Muley Absulem ne me parurent point de la première jeunesse. Je ne crois pas en avoir vu une seule au-dessous de vingt-huit à trente ans. Toutes avoient beaucoup d'embonpoint; aucune ne savoit marcher. Les événemens dont ces aimables prisonnières ont connoissance, ne passant jamais l'enceinte de leur prison, le peu de soin qu'on prend d'ailleurs de cultiver leur esprit, fait qu'elles n'ont aucun usage du monde. Elles ne sortent qu'avec la permission du maître qui les opprime, c'est-à-dire, qu'on ne leur ouvre la porte du harem que pour le suivre quand il change de résidence.

Toutes ces femmes, autant que j'ai pu en juger, sont sans esprit, comme sans éducation. Elles demandèrent à mon interprète si je savois lire et écrire, et elles marquèrent beaucoup d'admiration pour les chrétiens, lorsqu'elles apprirent qu'ils étoient presque tous en état de lire les livres de leur religion. Le peu d'instruction qui existe dans ce pays barbare n'appartient qu'à un petit nombre d'individus, nommés *talbs*, ou interprètes de la loi.

Parmi les femmes enfermées dans le harem de Muley Absulem, il y avoit six jeunes esclaves de quinze ans, qui lui avoient été données par un Maure très-opulent. Une de ces malheureuses victimes étoit fille d'un renégat anglais, une autre étoit Espagnole; quatre seulement étoient nées dans le pays.

Lorsque l'esprit et les talens n'ajoutent rien aux grâces de la nature, c'est la plus jolie qui nous séduit, et qu'on préfère. Les beautés du harem sentoient si bien la nécessité de se rendre agréables, pour pouvoir supplanter leurs rivales, qu'elles étudioient la musique sous un maître, très-médiocre à la vérité, mais qui en savoit assez pour leur donner quelques leçons de chant et de mandoline. Il arrangeoit avec ses écolières une espèce de concert vocal et instrumental qu'on auroit pu prendre pour un vrai charivari. Les instrumens qui s'y faisoient entendre, étoient la mandoline, le tambourin et un violon à deux cordes. Il sortoit de tout cela de tristes accords sans goût et sans harmonie.

La conversation m'a semblé être le principal amusement des femmes du harem : je n'y suis jamais entré que je ne les aie trouvées assises en cercle pour causer. Le soin qu'on prend d'aller au-devant de tous leurs besoins, les empêche de se faire des occupations. Des esclaves juives travaillent à leurs ajustemens, et elles ont à leur service plus de femmes qu'il ne leur en faut pour veiller à la propreté de leurs appartemens, et leur faire à manger. Le nombre des personnes qui leur sont attachées, augmente à proportion de la faveur dont elles jouissent auprès de leur tyran.

En vérité, on ne sauroit penser à l'assujétissement continuel de ces malheureuses créatures, sans être touché de leur triste sort. Privées du grand air et de l'exercice qui est si nécessaire à la santé, n'ayant pour société que leurs compagnes, société à laquelle on voit qu'elles préféreroient souvent la solitude, il n'est guères possible d'avoir une existence plus ennuyeuse. Ce qui est pis encore, est le mépris qu'on a pour elles. Le tyran licencieux, qui semble ne les avoir que pour satisfaire à ses plaisirs, les traite en esclaves de ses caprices et de son incontinence. Il s'en fait obéir avec un respect et une soumission sans bornes. Est-il rien de plus révoltant que de voir un vil mortel se faire rendre une espèce de culte qui n'appartient qu'à la divinité !

Après trois semaines de traitement, Muley Absulem se trouva infiniment mieux : il commençoit à distinguer assez bien les objets pour pouvoir lire les grandes écritures. Bientôt ses yeux lui permirent d'écrire lui-même à l'empereur son père, pour lui faire part du soulagement que mes soins lui avoient procuré. Dans les premiers transports de sa joie, il me promit que si je parvenois à le guérir radicalement, la récompense qu'il me donneroit seroit proportionnée à l'importance du service que je lui aurois rendu. J'étois alors tellement dans ses bonnes grâces, que je pouvois le voir à toute heure, même pendant qu'il étoit avec ses femmes, quoiqu'il n'y eût point d'exemple d'une faveur aussi grande. Il me faisoit tâter leur pouls ; mais il avoit bien attention de me cacher leur visage. Ce qu'il exigea un jour devant moi d'une de ses concubines me parut aussi maussade que barbare. Après avoir fait asseoir cette malheureuse sur le plancher, il la fit tenir par deux de ses compagnes, pendant qu'il lui mettoit dans l'œil du même onguent que j'appliquois tous les jours sur le sien. La douleur violente qu'elle ressentit de cette jolie plaisanterie occasionna au prince peu galant un grand accès de rire. La jeune esclave eut même l'air de partager ce transport de joie, afin de faire voir à son maître que pour l'amuser, non-seulement elle pouvoit devenir insensible à la douleur, mais encore qu'elle étoit charmée de lui avoir procuré un instant de plaisir.

Muley Absulem m'arrêtoit des heures entières pour me faire des questions sur les coutumes des Européens; il étoit sur-tout très-curieux de connoître les lois, le gouvernement des Anglais. S'il ne comprenoit pas bien la première fois les réponses que je lui faisois faire par mon interprète, il me demandoit de les répéter : tout annonçoit en lui un grand desir de s'instruire.

Je vais finir ce chapitre par le portrait de ce prince. Je donnerai aussi mon opinion sur son caractère. Muley Absulem avoit environ trente-cinq ans lorsque je l'ai vu en 1789. Sa taille étoit moyenne; ses traits étoient entièrement défigurés par les accidens qui avoient

3

attaqué ses yeux. L'œil droit étoit couvert d'une cataracte, et le gauche, que la violence des mouvemens spasmodiques tenoit dans une agitation perpétuelle, étoit effrayant. Un teint basané et des dents gâtées acheveront le tableau. Le lecteur voit que Muley Absulem étoit fort laid. Sans doute il plaindra les femmes destinées aux plaisirs d'un homme aussi disgracié de la nature.

L'habillement du prince ne différoit de celui des autres Maures que par un ruban de soie noué sur son turban ; c'étoit, m'a-t-on dit, la marque distinctive de la famille royale. Quand je lui fus présenté, en arrivant à Tarudant, il étoit vêtu d'une robe fort ample de drap écarlate et bordée de fourrure. Les Maures appellent cette grande robe, un *caftan*. On voit quelques personnes à Maroc qui portent des habits aussi riches que ceux des princes et même de l'empereur.

La maison de Muley Absulem étoit composée de soldats en petite quantité, de pages qui ne le quittoient jamais, d'eunuques noirs, et d'un grand nombre d'esclaves.

Quoique sa figure fût désagréable, elle n'annonçoit point cette dureté de caractère qui est si ordinaire aux princes africains. Il ne m'a pas paru avoir la force d'esprit qu'il faudroit posséder pour commander à des peuples barbares. Il préféroit une vie tranquille à l'éclat d'une brillante renommée. S'il s'abandonnoit à ses passions, il falloit qu'il pût s'y livrer sans qu'il lui en coûtât la moindre peine. Je l'avois fait renoncer à l'eau-de-vie dont il buvoit beaucoup avant mon arrivée. Ses goûts les plus chers étoient concentrés dans son amour pour les femmes. Quoiqu'il ne fût pas capable de sentir pour elles un sentiment délicat, il n'est pas moins vrai qu'il les traitoit avec plus de douceur que ne font communément les princes de ces pays barbares. La preuve qu'il ne leur en imposoit point par sa présence, c'est la liberté avec laquelle j'ai remarqué qu'elles faisoient la conversation devant un maître aussi absolu.

En réfléchissant sur la foiblesse du caractère de ce prince, on n'est point étonné que l'empereur n'ait pu le placer sur le trône, malgré l'envie qu'il en avoit; les grands biens qu'il possédoit à la mort de son père, auroient pu lui servir à assurer un parti formidable; mais ils étoient dissipés. D'ailleurs, le peu d'énergie qu'il montroit dans sa vie privée, ne laissoit aucun espoir à ses partisans de lui faire mettre la couronne sur la tête. Tout le monde sait que dans ce pays il faut la conquérir par la force.

On sent tous les avantages d'une succession héréditaire, lorsqu'on pense à tous les maux que produit une monarchie élective. A Maroc il n'existe aucun ordre de succession à la souveraineté; l'empereur a bien le droit de nommer son successeur, mais cette prérogative devient nulle, si le prince qu'il a choisi pour régner après lui n'est pas soutenu par l'armée et appuyé par des amis fidèles : enfin, la souveraineté dans cet empire appartient au plus fort, ce qui est un grand malheur pour les peuples qui l'habitent. On a vu en différens tems ces révolutions sanglantes ébranler et dépeupler l'empire de Maroc. Sidi Mahomet n'ayant point eu de rivaux au trône, jouit d'un règne beaucoup plus pacifique que ses prédécesseurs. Le tems nous apprendra quel sera le sort de Muley Yazid qui lui doit succéder; son droit d'aînesse sera-t-il reconnu par ses frères qui ont tous une égale envie de régner?

CHAPITRE VI.

Description de Tarudant. Son commerce. Mauvais traitemens que l'Auteur a essuyés de la part des Maures. Ordre de l'Empereur qui l'appelle à Maroc.

L'usage établi à Maroc parmi les gens riches, de n'aller jamais à pied dans les villes, me fit donner un cheval qui étoit assurément un des plus mauvais de l'écurie de Muley Absulem; je l'acceptai sans murmurer, quoiqu'au fond je fusse humilié du peu d'égards qu'on avoit pour le médecin du fils chéri de l'empereur. Ma triste monture me servit à parcourir les environs de Tarudant: je n'y ai rien observé de curieux; cependant je crois devoir rendre compte de tout ce que j'ai vu dans mes différentes courses autour de la ville.

Tarudant, qui n'est plus que la capitale d'une province, étoit autrefois, c'est-à-dire, dans le tems où l'empire de Maroc étoit, divisé en petits états, la capitale du royaume. Elle est située dans une vaste plaine presque inculte, à vingt milles au sud du mont Atlas; elle est regardée comme ville frontière des états de Maroc. L'empereur voudroit encore étendre sa domination de ce côté là, en subjuguant les peuples des déserts de Zahara et du territoire de Vled-Denon; mais ils se refusent à reconnoître son autorité. La grande distance où ils sont du siége du gouvernement, en fait, pour ainsi dire, des peuples indépendans; ils n'obéissent qu'à leurs propres chefs : ils conviennent que l'empereur est le chef suprême de la religion, mais ils ne veulent point qu'il se mêle de leur gouvernement intérieur. Ces Arabes sont réunis en petites tribus, vivent de rapines et de brigandages, et comme ils sont toujours campés, ils n'ont point une demeure fixe : on prétend qu'ils vont enlever des noirs jusqu'en Nigritie. La religion mahométane qu'ils professent, n'est chez eux qu'une absurde idolâtrie : il tiennent beaucoup aux ablutions, et comme ils manquent souvent d'eau dans les déserts qu'ils habitent, pour remplir ce précepte de la loi de Mahomet, ils se servent de sable.

J'aurai occasion de parler ailleurs des mauvais traitemens qu'ont à souffrir les marins qui ont le malheur de faire naufrage sur leurs côtes.

La vieille muraille qui entouroit Tarudant est à moitié détruite; les maisons qui n'occupent plus qu'une partie de son enceinte sont de terre; elles ne s'élèvent qu'à la hauteur du rez-de-chaussée; chaque habitant a un jardin à sa maison; par ce moyen elles sont assez éloignées les unes des autres; ce qui donne à cette ville plutôt l'air d'un grand et beau village que d'une cité; ce doit être l'idée de tout étranger qui y entre pour la première fois; en voyant de tous côtés des dattiers et des palmiers plus hauts que les maisons.

Les appartemens sont bas et incommodes; il est vrai qu'ils ne sont guères occupés que par des ouvriers et des artisans. Les gens de distinction ne demeurent point dans la ville; ils habitent le château, et par cette raison, ne sont point regardés comme citoyens de Tarudant. La grande distance qu'il y a d'une maison à l'autre, et le peu de régularité qu'on a observé en les bâtissant, rendent très-difficile de juger combien cette ville contient d'habitans : ce qui paroît certain, c'est qu'à raison de sa grandeur, elle est une des plus peuplées des états de Maroc. On y fabrique de beaux *haïcks* qui font son principal commerce ; il y a aussi beaucoup d'ouvriers employés à travailler le cuivre qu'on tire en abondance d'une mine qui se trouve dans le voisinage.

Deux marchés par semaine fournissent les habitans de tout ce dont ils peuvent avoir besoin. Il y a des formalités à observer, dont on ne peut s'écarter, pour vendre les chameaux et les mulets. Les agens du gouvernement, chargés de recueillir les taxes établies sur la vente de ces animaux, ont seuls le droit de les exposer en vente. Des gens à eux les montent pour les faire voir aux acheteurs; ces écuyers exercés à cette espèce de maquignonnage, tirent tout le parti possible de leurs montures ; si malgré leur habileté on n'en offre point le prix que veut en avoir le vendeur, son cheval ou son mulet lui est rendu sans aucuns frais. Cette coutume prévient beaucoup de supercheries qui arrivent dans nos foires en Europe ; au moyen de cet encan de tous les chevaux et de tous les mulets qui sont à vendre, les personnes qui ont envie d'en acheter et qui n'en connoissent point le prix, peuvent l'apprendre en suivant les enchères.

Je crois avoir déjà dit que la Juiverie est un misérable faubourg à un quart de lieue de la ville ; ses habitans, qui ne sont que de pauvres juifs, sont tyrannisés par les Maures. Le mépris qu'ils ont pour eux va jusqu'à les obliger de n'entrer qu'à pieds nus dans leur ville. Le château qu'habite Muley Absulem est très-considérable à cause de toutes ses dépendances ; il est sur le chemin de Tarudant à Darbeyda ; sa situation, au milieu d'un jardin dessiné par un français, est agréable. Ce château est divisé en trois parties ; la première est occupée par le prince, la seconde par ses femmes, et la troisième sert à toutes les personnes employées au service de sa maison ; beaucoup de ses courtisans y sont aussi logés.

Les yeux de mon malade alloient beaucoup mieux ; pour m'assurer si sa vue étoit assez bonne pour pouvoir distinguer de petits objets, je lui présentai ma montre en lui demandant quelle heure elle marquoit ; il me répondit fort juste à cette question, et, afin que je ne doutasse point qu'il y voyoit très-bien, il me dit que ma montre étoit vieille et d'un goût qui n'étoit plus de mode ; prenant sur cela occasion de m'en offrir une autre, il m'en donna une d'or beaucoup plus élégante que la mienne ; je fus flatté de ce présent, sur-tout de la manière dont il m'avoit été fait. Je conçus dès-lors une idée avantageuse de la générosité de Muley Absulem ; mais la conduite qu'il tint dans la suite avec moi, me força de changer d'opinion sur son compte ; il ne se montra libéral qu'autant que je pouvois lui être utile ; aussi-tôt qu'il crut pouvoir se passer de mes soins, il ne se souvint plus du service que je lui avois rendu : je devois m'attendre à l'ingratitude d'un homme accoutumé à commander à des esclaves ; la reconnoissance n'entra jamais dans le cœur d'un despote !

Pendant mon séjour à Tarudant, le hasard m'y fit rencontrer deux Maures qui avoient voyagé en Europe, l'un en Italie, et l'autre en Angleterre. J'ai reçu de leur part tant de prévenances et d'honnêtetés, que je ne peux passer sous silence tout ce qu'ils ont fait pour moi. Je dirai d'abord que ces deux hommes bienfaisans m'ont fait voir qu'il n'étoit pas toujours nécessaire de vivre chez des peuples civilisés pour avoir le cœur bon et l'ame honnête. A peine eûmes-nous fait connoissance, qu'ils me témoignèrent une franche et cordiale amitié. Les insultes de la canaille auxquelles j'étois sans cesse exposé, les affligeoient comme si j'eusse été leur meilleur ami. En se rappelant les pays de l'Europe qu'ils avoient parcourus, ils me plaignoient sincèrement d'en être sorti pour venir dans une contrée barbare où l'on exerçoit aussi mal les devoirs de l'hospitalité. La plus grande marque de bienveillance qu'ils pouvoient me donner, étoit de me présenter à leurs femmes ; c'est ce qu'ils firent au bout de peu de tems ; enfin ils me traitoient comme si j'eusse été de leur famille.

Un jour que je rentrois chez moi après avoir pansé mon malade, je fus fort surpris, en sortant de la ville, de m'entendre appeler par quelqu'un qui crioit avec force : *Tibid, tibid*, (docteur, docteur). Au bruit de cette voix je tournai la tête, et j'aperçus Muley Omar, un des fils de l'empereur, et frère du côté paternel de Muley Absulem. Ce jeune prince étoit assis modestement au-dessus de la porte par où je devois passer ; il avoit une suite nombreuse. Après que je l'eus salué, il me demanda comment je trouvois le cheval que son frère m'avoit donné : on imagine bien que je ne manquai pas d'en faire l'éloge, quoiqu'il n'en méritât aucun ; mais telle étoit ma triste position, qu'il me falloit toujours louer contre ma façon de voir et de penser. J'avois d'abord été fort surpris de la place que Muley Omar avoit choisie pour respirer le grand air ; je n'eus pas fait cent pas, que mon étonnement cessa. Je vis une troupe de cavaliers, partagés en deux bandes, qui se chargeoient au grand galop, en se tirant des coups de pistolet; alors je reconnus que le prince faisoit exécuter quelques évolutions militaires, et que pour les mieux voir, il s'étoit mis dans un endroit élevé.

Les occupations que je m'étois faites, et qui remplissoient ma journée, m'avoient fait prendre l'habitude de me coucher de bonne heure et de me lever matin. Un soir que j'étois profondément endormi, je fus réveillé en sursaut par un bruit si violent, que je crus qu'on forçoit ma porte; cette idée pouvoit bien se présenter à mon esprit, après tout ce que j'avois oui dire des vols qui se commettoient à Tarudant. La facilité de percer des murs de terre de peu d'épaisseur, enhardit les fripons; ils mettent tant d'adresse à faire un trou pour passer un homme dans la maison qu'ils veulent voler, qu'on n'entend pas le moindre bruit. Celui qui venoit de frapper mon oreille avoit une autre cause; c'étoit une maison qui s'étoit écroulée, et qui avoit englouti, dans sa chûte, deux malheureux juifs. M'étant levé promptement aux cris des voisins, je me transportai sur le lieu de la scène; on y travailloit à retirer de dessous les décombres

les

les deux victimes qu'on croyoit déjà sans vie ; aussi-tôt qu'on les eut dégagées, je les fis apporter dans ma chambre pour leur donner des secours s'il en étoit encore tems. Je trouvai ces deux juifs sans connoissance, mais plutôt de la peur qu'ils avoient eue, que du saut qu'ils avoient fait. Cet événement, qui attira beaucoup de monde dans mon appartement, pensa m'être funeste. J'entendis craquer le plancher de ma chambre de façon à me faire craindre qu'il n'enfonçât comme celui des juifs que je venois de rappeler à la vie. Après avoir échappé à ce danger, j'eus plus d'empressement que jamais d'aller dans le pavillon que le prince me faisoit arranger : je pressai les ouvriers de le mettre en état de me recevoir, mais ce fut en vain ; ils y travaillèrent avec tant de lenteur, qu'il n'étoit pas encore prêt lorsque je fus obligé de quitter Tarudant.

La populace m'insultoit avec d'autant plus de hardiesse, qu'elle étoit sûre de l'impunité ; j'avois beau porter des plaintes contr'elle pour les grossièretés dont elle m'accabloit, il m'étoit impossible d'obtenir aucune justice. Il m'est arrivé de trouver, dans mon chemin, un de ces hommes insolens, qui se croient tout permis, parce qu'ils se sont revêtus de

I

l'habit d'un shérif (*). Il fonça sur moi avec son mulet, dans l'intention de me frapper, ou au moins de me faire peur. Mon cheval effrayé de cette incartade, se câbroit, tandis que je cherchois à me débarrasser d'un aggresseur à qui je ne pouvois faire entendre raison; mes plaintes sur sa brutalité ne faisoient que l'irriter : il me dit que je pouvois aller au diable, que sa qualité de shérif lui donnoit le droit de me battre s'il en avoit envie. Voyant que mon interprète ne pouvoit parvenir à le calmer, je m'avisai de lui faire dire que j'étois le médecin de Muley Absulem, qui, certainement, me vengeroit de ses mauvais traitemens. Lorsqu'il entendit prononcer le nom du prince, le ton fier qu'il avoit pris se changea tout-à-coup en la plus basse soumission; il se jeta à bas de son mulet, se mit à genoux pour me demander pardon de l'insulte qu'il m'avoit faite : il fallut bien consentir à recevoir ses excuses; mais en lui promettant de garder le silence sur ce qui venoit de se passer, je l'avertis d'être plus circonspect à l'avenir, malgré sa qualité de shérif.

―――――――――――――――――――――

(*) Les shérifs se font passer pour être les descendans du prophète Mahomet. Cette fable les fait respecter du peuple, qui a pour eux la plus grande vénération.

Mon interprète lui dit aussi de ma part qu'il n'y avoit rien de plus criminel que de violer l'hospitalité qu'on devoit aux étrangers ; mais cette leçon ne fit sûrement aucune impression sur l'esprit d'un barbare.

Il n'y avoit guères qu'un mois que je traitois Muley Absulem, lorsqu'il m'apprit que son père lui avoit écrit pour lui ordonner de se préparer à faire le pélerinage de la Mecque. En me rendant compte des ordres de l'empereur, il ajouta qu'il me meneroit à Maroc avec lui; qu'ensuite je l'accompagnerois à Fez et à Méquinez, d'où je pourrois retourner avec une escorte qu'il me feroit donner. Ce voyage, continua le prince, vous mettra à même de voir toutes les belles villes de cet empire, et d'en parler à vos frères les chrétiens.

Cependant Muley Absulem ne devoit partir pour son pélerinage, qu'autant que ce grand voyage ne nuiroit point à la guérison de ses yeux; mais ils étoient déjà en si bon état, qu'il pouvoit se flatter que bientôt il n'auroit plus besoin de mes soins. En lui voyant faire des préparatifs de départ, je crus que c'étoit le moment de lui rappeler ses promesses, par rapport aux neuf matelots anglais et au capitaine Dwing, qui étoient encore dans les fers, et dont la délivrance devoit être en partie le prix de mes peines. Desirant surtout de faire rendre la liberté au capitaine Dwing, je m'avisai de dire au prince que cet officier étoit un habile médecin, qui accéléreroit beaucoup sa guérison s'il le faisoit venir auprès de lui, parce qu'alors nous pourrions consulter ensemble, et nous aider de nos conseils. C'en fut assez pour faire mettre le pauvre capitaine en liberté. Il seroit peut-être encore dans l'esclavage, si Muley Absulem n'avoit pas imaginé qu'il étoit de son propre intérêt de l'en faire sortir. En cela, il se trompoit : les circonstances firent que j'eus seul la gloire d'une cure que j'avois si heureusement commencée.

Il n'y avoit aucun Européen à Tarudant avec qui je pusse passer quelques instans de la journée; aussi me paroissoit-elle d'une longueur insupportable. La ville où j'avois été obligé de venir chercher mon illustre malade, étoit située dans la partie la plus désagréable de l'empire de Maroc. J'étois fatigué de consultations et accablé d'injures; comment, avec cela, ne me serois-je pas repenti d'avoir entrepris un pareil voyage? Mon courage n'étoit soutenu que par l'espoir de quitter bientôt un pays aussi barbare.

Quoique j'eusse un grand desir de rejoindre mes compatriotes, je ne fus pas moins fort affecté d'un ordre de l'empereur, de me rendre sur-le-champ à Maroc. Je ne concevois pas pourquoi on me faisoit abandonner Muley Absulem, lorsqu'il me prodiguoit des éloges, et qu'il ne cessoit de vanter mes talens à son père. Je demandai inutilement l'explication de ce mystère; je ne pus obtenir aucun éclaircissement.

Comme c'eût été une chose aussi absurde qu'inutile de refuser d'obéir à l'ordre de l'empereur, et que j'avois d'ailleurs de quoi me rassurer dans la santé du prince, qui étoit infiniment meilleure, je commençai à me faire, du voyage que j'allois entreprendre, une idée fort agréable ; tant il est vrai que notre imagination ne sert souvent qu'à nous tromper ! Combien je fus déçu de mes espérances ! La suite ne l'a que trop bien prouvé…. Une montre d'or, un mauvais cheval et quelques rixdales qu'on me mit de force dans la main, furent l'unique et magnifique récompense dont me gratifia un prince que j'avois traité avec soin, et pour qui j'avois fait un voyage de cinq cents milles (*).

(*) Plus de cent soixante lieues.

CHAPITRE VII.

L'Auteur traverse la chaîne du mont Atlas. Ses observations concernant cette montagne célèbre. Race des Brèbes ou des descendans des anciens habitans du pays. Leur nombre, leur force, leur industrie, leur commerce.

Après avoir prescrit à Muley Absulem le régime que je croyois nécessaire à son état, je quittai Tarudant le 30 novembre, à huit heures du matin. Je partis escorté d'un alcade et de deux cavaliers nègres, qui étoient chargés de porter à l'empereur les présens que son fils lui envoyoit tous les ans. Ils consistoient en trois caisses remplies d'argent, et en six chevaux de prix. J'étois accompagné aussi de mon interprète, d'un juif pour faire ma cuisine, et d'un muletier qui conduisoit mon bagage. J'arrivai de bonne heure au pied du mont Atlas, qui n'est qu'à vingt milles de Tarudant. Ne voulant pas aller plus loin ce jour-là, je fis tendre ma tente à côté de quelques chaumières qui étoient habitées par des Maures très-pauvres. Tout le pays que j'avois traversé depuis ma sortie de Tarudant étoit couvert de bois. Je me remis en marche le lendemain à la pointe du jour. J'avois à monter le mont Atlas par un chemin fort étroit et très-fatigant, à cause de la hauteur prodigieuse de cette montagne, et des rochers dont elle est couverte.

J'eus à peine fait le premier mille, que je me vis environné de précipices. Dans plusieurs endroits, la route, qui n'étoit qu'un sentier tout au plus assez large pour passer un mulet, avoit à droite et à gauche des abîmes que l'œil ne pouvoit contempler sans frémir. J'étois dans le plus grand étonnement que nos mulets fussent assez sûrs de jambe pour ne jamais faire un faux pas dans ces chemins raboteux. Leur adresse est si bien reconnue, que les gens qui les montent ne mettent point pied à terre pour descendre les plus hautes montagnes. Je me trouvai, vers deux heures après midi, au bas de celle qui m'avoit causé tant de frayeur; je m'y établis pour me reposer le reste du jour.

Le soleil ne faisoit que de se lever, lorsque je continuai mon chemin dans ces terribles montagnes, dont je ne pus voir la fin qu'à six heures du soir. Cette journée avoit été si fatigante, qu'aussi-tôt que ma tente fut tendue, je me couchai, et je dormis jusqu'au lendemain sans m'éveiller : mais quel fut mon ravissement en sortant de ma tente, lorsque j'aperçus la belle vallée qui précède les plaines de Maroc ! C'est un coup-d'œil charmant ; j'en fus si enchanté, que je ne pouvois me déterminer à quitter le lieu d'où je pouvois en jouir. J'avois aussi quelque regret d'abandonner ces montagnes imposantes, dont les sites pittoresques offroient à ma curiosité beaucoup d'objets intéressans.

L'Atlas est une chaîne de montagnes fort élevées, et entrecoupées de vallées profondes; il s'étend de l'est à l'ouest de la Barbarie, et est divisé en deux parties : celle de l'ouest est appelée le grand Atlas; on nomme l'autre le petit Atlas. L'élévation de ces montagnes est si grande, sur-tout du côté de la ville de Maroc, que, malgré leur situation au midi d'un pays très-chaud, leur sommet est couvert de neige pendant toute l'année. Lorsque Muley Absulem partit de Tarudant, au mois de janvier, pour venir à Maroc, la neige tomboit avec abondance; cela dura jusqu'à son arrivée, et il vit toutes ces montagnes aussi gelées que si elles eussent appartenu aux contrées les plus glaciales. Le froid est si vif à leur sommet, qu'aucun animal ne peut en supporter la rigueur. On m'a raconté que des *Brèbes*, qui avoient eu l'intrépidité de monter sur la partie la plus élevée de l'Atlas, y avoient trouvé la mort. Ces premiers braves devoient être suivis par d'autres; mais ceux-ci furent effrayés du sort de leurs camarades, et s'enfuirent avec beaucoup de précipitation.

Ayant traversé le mont Atlas au mois de décembre, je n'ai pu faire que très-peu d'observations sur les arbres et les plantes qu'il produit. Il est certain qu'il abonde en productions très-curieuses au printems : dans cette saison, le botaniste pourroit y faire une récolte aussi copieuse que dans aucune autre partie du monde. La médecine s'y enrichiroit aussi de nouvelles connoissances qui pourroient être utiles à l'humanité (*).

Les montagnes de l'Atlas renferment une

(*) Le lecteur botaniste qui regretteroit de ne point trouver une description de la partie végétale du mont Atlas, peut consulter un excellent ouvrage, récemment publié par M. *Desfontaines*, et intitulé : *Flora atlantica*, etc. 2 vol. *in*-4° fig., avec le texte français. (*Note de l'éditeur.*)

quantité de mines de fer; les Maures assurent qu'on y trouveroit des mines d'or; mais cela ne m'a pas paru constaté. Si on en croit les bruits populaires, il y a existé des volcans qui ont vomi des flammes dans différens tems. Il est plus que probable qu'elles cachent des minéraux précieux, qui resteront sans exploitation aussi long-tems que l'empire de Maroc sera habité par un peuple lâche et paresseux.

L'Atlas est rempli de lions, de tigres, de loups, de sangliers et de serpens monstrueux. Tous ces animaux féroces ou malfaisans ne quittent leur repaire que quand la faim les presse. Alors ils descendent dans les vallées pour y chercher leur proie; ce qui n'arrive guères que dans les hivers très-rudes. Ils n'attendent pas toujours le mauvais tems pour jeter l'alarme dans les campagnes. J'ai vu tuer un très-gros tigre au mois de novembre, tout près de Tarudant ; ce n'étoit point le seul exemple de leurs excursions dans la plaine avant l'hiver. Les Arabes qui demeurent assez près des bois pour craindre leur visite, les éloignent de leurs habitations en faisant des feux pendant la nuit. Dans mon passage sur le mont Atlas, je ne vis que des aigles d'une grosseur surprenante. Ils se tenoient dans les endroits les plus élevés, et pour ainsi dire inaccessibles. En regardant ces masses de rochers qui sont suspendues en l'air à une hauteur prodigieuse, l'esprit est épouvanté du fracas qu'elles feroient si elles venoient à tomber.

La forêt d'Orga, qu'on traverse en voyageant sur le mont Atlas, fait grand plaisir à rencontrer, tant à cause de la variété des bois dont elle est plantée, que pour reposer l'œil fatigué de la stérilité du reste du pays. Je ne parle que des montagnes, car les vallées et les plaines offrent un aspect tout différent. C'est là qu'on trouve des jardins remplis d'arbres fruitiers couverts de verdure au mois de décembre. Lorsque j'y suis passé dans la saison la plus rigoureuse de l'année, la température étoit si douce dans ces vallées et ces plaines délicieuses, qu'on y voyoit une multitude de petits oiseaux qui faisoient entendre leur joli ramage sur l'oranger et l'olivier. L'eau la plus limpide qui tomboit en cascades du haut des montagnes, venoit fertiliser la plaine. Mon imagination préoccupée de ces beautés de la nature étoit dans l'enchantement. Je me souvenois à peine dans ce séjour d'un printems perpétuel, qu'il n'y avoit qu'un moment j'étois encore dans des déserts effroyables.

Quelques cabanes bâties près les unes des autres forment ce qu'on appelle les villages de la montagne. Elles sont habitées par une espèce d'hommes différente des Maures et des Arabes. Ces gens-ci se nomment *Brèbes*: ce sont les véritables originaires du pays, qui, dans le tems de sa conquête, s'enfuirent dans les montagnes, où ils ont toujours vécu et conservé leur indépendance. Chaque village est sous la direction d'un *saïk*, comme les camps arabes, avec cette différence que les villages habités par les *Brèbes* choisissent leur chef, et que celui des camps arabes est nommé par l'empereur.

Les *Brèbes* sont très-robustes; ils ont les traits du visage fortement prononcés; ils sont patiens et accoutumés à la fatigue : rarement ils changent de domicile. Ils se rasent le dessus de la tête, ne laissant croître leurs cheveux que par derrière. Ils ne portent ni chemises, ni culottes; ils n'ont pour vêtement qu'une simple camisole de laine sans manches, qu'ils attachent au milieu du corps avec une large ceinture. Les *Brèbes* ne connoissent d'autre amusement que celui de la chasse. L'habitude qu'ils ont de manier un fusil en fait d'excellens tireurs. Pour faire voir leur adresse, ils jettent leur arme en l'air de toutes leurs forces, et la rattrappent, en tombant, avec beaucoup de dextérité. Ils ont une telle affection pour leur fusil, qu'ils ne craignent pas, lorsqu'ils en ont le moyen, de dépenser soixante ou quatre-vingts ducats pour le faire garnir en argent et en ivoire.

Après la chasse, leur principale occupation est de cultiver les vallées et de garder leurs bestiaux. Ils font un commerce considérable de peaux, depuis qu'elles ont acquis de la valeur en Europe.

Les *Brèbes* ont aussi leurs marchés, où ils vont vendre leurs bestiaux et échanger des marchandises. Ils se sont rapprochés de la religion et des coutumes des Maures, mais ils ont conservé leur ancien langage. Cette différence de parler oblige souvent les Maures de se servir d'un interprète pour trafiquer avec eux. Il y a des *Brèbes* qui vivent comme des sauvages : ceux-là ne veulent habiter que des cavernes dans les montagnes. La race des *Brèbes* est si nombreuse, qu'elle inquiète toujours le gouvernement. Ces peuples consentent ou refusent de payer les tributs qu'on leur impose, suivant qu'il leur plaît. Une insurrection qui éclata chez eux, il y a peu d'années, obligea l'empereur d'envoyer une armée pour les soumettre; elle ne put les contraindre au payement des tributs qu'on leur demandoit; tout ce qu'elle put faire, ce fut de les disperser. Une armée ne sauroit agir dans ces montagnes; elle est sans force vis-à-vis de gens accoutumés à monter lestement sur des rochers inaccessibles qui les mettent bientôt hors de la portée des soldats qui voudroient les poursuivre.

Les juifs, qui se fourrent par-tout, ont aussi bâti quelques villages sur le mont Atlas. Ils font de petits ouvrages de mécanique qui sont utiles aux *Brèbes*, et auxquels ceux-ci les obligent de travailler. Je crois que dans aucune partie du monde, les juifs ne sont aussi répandus qu'en Barbarie, quoique nulle part ils ne soient autant opprimés.

Dans ces montagnes sauvages dont j'ai fait la description, la musique n'y étoit pas inconnue. La première nuit que j'y passai, j'entendis le soir un instrument qui, de loin, ressembloit à la corne-muse. Curieux d'en connoître la forme, j'envoyai chercher celui qui en jouoit. Je vis une espèce de flûte à bec d'environ huit pouces de long; elle étoit percée de six trous en dessus, et d'un seul pour le pouce par-dessous. De petites lames de cuivre, placées à distances égales, y servoient d'ornement. Le joueur de cet instrument le tenoit suspendu à son cou avec un cordon : après l'avoir examiné, je trouvai qu'il approchoit du chalumeau dont on dit que les anciens bergers faisoient un si charmant usage.

Je vais finir de parler du mont Atlas, car je sens qu'il faudroit une meilleure plume que la mienne pour décrire d'une manière satisfaisante toutes les émotions qu'on éprouve en passant sur ces masses énormes qui semblent toucher au firmament. Leur hauteur prodigieuse, les précipices qui, par leur profondeur, paroissent autant d'abîmes, tout cela inspire un sentiment de respect et de terreur qu'il est plus aisé de sentir que d'exprimer. En reportant la vue du côté des vallées, on découvre de nombreux troupeaux de moutons, de boucs et de chèvres qui gravissent des montagnes à pic pour y chercher leur nourriture. La stérilité presqu'universelle dont on est environné forme un contraste frappant avec la beauté de la verdure qu'on aperçoit dans les plaines éloignées. Enfin je ne peux m'empêcher de convenir que des vues aussi pittoresques et aussi agréablement variées, me consolèrent de toutes les peines que j'avois eues jusques-là.

CHAPITRE VIII.

Arrivée de l'Auteur à Maroc. Intrigues des Médecins Maures pour le perdre dans l'esprit de l'Empereur. Description de Maroc, du palais impérial, des jardins qui l'entourent. Détails sur les Juifs retirés en Barbarie. Traitemens qu'on leur fait essuyer.

LE 7 décembre, je dis adieu aux montagnes et aux vallées, pour m'avancer dans la grande plaine où la ville de Maroc est située. J'avois encore pour un jour et demi de chemin; ainsi ce ne fut que le 8 décembre, à midi, que j'entrai dans la capitale de l'empire, après un voyage de cent vingt-cinq milles. Je m'établis dans le quartier des juifs, où je trouvai un assez bon logement. Je ne doutois pas que l'empereur, qu'on avoit informé de mon arrivée, ne me fît donner ses ordres pour paroître devant lui, mais j'eus tout le tems de me préparer à cette visite, n'ayant pu avoir audience qu'au bout d'un mois.

mois. Dans l'impatience que j'éprouvois d'une attente aussi longue et aussi ennuyeuse, je me demandois quelles raisons l'empereur avoit pu avoir de me faire partir si précipitamment de Tarudant, pour m'oublier ensuite lorsque je m'étois rendu à ses ordres.

Différens propos qu'on tenoit dans la ville sur mon compte, et qui me revenoient par mon interprète, ne laissoient pas que de m'inquiéter. J'appris que les courtisans de l'empereur m'avoient fait beaucoup plus jeune que je n'étois, et qu'ils avoient su lui persuader qu'à mon âge, je ne pouvois être un bon médecin. Ils donnoient pour preuve de mon ignorance, le traitement que j'avois fait à Muley Absulem. Rien, disoient-ils, ne prouvoit mieux mon incapacité, que les remèdes qu'il avoit pris; car aucun médecin un peu instruit ne se seroit avisé d'ordonner des médecines intérieures pour une maladie des yeux. Il y en eut qui furent jusqu'à m'accuser des projets les plus criminels; ils insinuèrent à l'empereur que j'étois venu avec l'intention d'empoisonner son fils. Cette dernière inculpation, toute absurde qu'elle étoit, méritoit bien que je tâchasse de découvrir mes odieux calomniateurs; je ne pus jamais les connoître; mais j'appris que la véritable

K.

raison de l'ordre que j'avois reçu, tenoit à la politique de l'empereur, qui venoit de se brouiller avec le gouvernement britannique, et qui ne croyoit pas qu'en rompant avec ma cour, il dût me permettre de continuer mes soins à son fils.

Les médecins maures qui étoient au désespoir de mes succès, travailloient sourdement à me perdre de réputation; il n'y avoit point d'infamie qu'ils n'inventassent pour me rendre suspect à l'empereur. Suivant eux, j'avois fait prendre des médecines si violentes à Muley Absulem, qu'elles avoient entièrement détruit sa santé. Tout ce que la méchanceté de ces Esculapes ignorans avoit fait débiter sur mon compte, détermina l'Empereur à faire apporter de Tarudant les ingrédiens que j'employois pour son fils, afin de les faire examiner par son médecin ; et comme il étoit décidé que je n'aurois point d'audience, tant que cet examen ne seroit pas fait, j'eus tout le tems d'attendre.

Les alarmes que j'éprouvois d'une situation aussi critique, n'étoient adoucies que par le plaisir que je trouvois dans mon nouvel établissement. J'étois logé chez des gens honnêtes ; et comme leur maison étoit spacieuse, bien éclairée et dans un quartier retiré, je ne pouvois en avoir une qui fût plus suivant mon goût. Un Genevois, avec qui j'avois fait connoissance, me procura tous les petits meubles dont j'avois besoin, tels que tables, chaises, assiettes, couteaux et gobelets. Cet homme officieux m'offrit ensuite ses services pour me faire la cuisine, ce que je n'eus garde de refuser, sur-tout après avoir appris qu'il avoit été cuisinier chez un Européen.

Les denrées de toute espèce étoient singulièrement abondantes et à bon marché à Maroc. Je payois le bœuf et le mouton environ deux pences anglais (quatre sols de France); une volaille me coûtoit six pences, et un couple de pigeons, le prix modique de trois demi-sols. On voit que je n'avois rien à desirer du côté des comestibles : il n'en étoit pas de même pour les agrémens de la vie ; je manquois absolument de société : la seule que j'eusse, étoit celle de quelques matelots anglais du vaisseau naufragé sur la côte d'Afrique habitée par des Sauvages. Je voyois aussi un officier français et plusieurs marins de sa nation, qui avoient éprouvé le même malheur que mes compatriotes, et qu'on retenoit captifs comme eux jusqu'à l'arrivée de leur rançon. L'officier français étoit aimable, et d'une société fort agréable. Son bâtiment avoit péri en allant de France à la côte de Guinée. Ce funeste accident, joint aux mauvais traitemens des Arabes sauvages qui l'avoient fait prisonnier, et la triste perspective de rester peut-être long-tems dans les fers, avoient fait sur son esprit une impression bien douloureuse et bien profonde.

Cependant l'empereur ne pouvoit être accusé de sévérité vis-à-vis des captifs chrétiens. Il tâchoit d'adoucir leur sort autant que les lois pouvoient le permettre ; il leur faisoit distribuer de l'argent, et leur laissoit la liberté de se promener autour de la ville. Tant d'humanité de la part d'un maître aussi absolu que le souverain de Maroc, pouvoit bien diminuer le chagrin d'une longue captivité. Les malheureux dont la bonté du despote allégeoit les souffrances, étoient certainement moins à plaindre ; mais ils sentoient toujours le poids de leurs chaînes.

Les religieux espagnols, qui ont un petit couvent dans le quartier des juifs, où ils se sont établis pour le rachat des captifs, me firent beaucoup d'offres de service. Ils se regardoient de la même profession que moi, parce qu'ils soignoient les malades, et distribuoient gratuitement des médecines aux pauvres. Malheureusement je n'entendois point l'espagnol ; nous ne pouvions nous parler que par interprète ; ce qui mettoit de grandes entraves à notre commerce.

Combien sont respectables ces dignes religieux, qui se vouent à passer leur vie chez un peuple barbare, où ils sont exposés aux caprices et à l'insolence d'un maître qui les traite comme les derniers de ses sujets ! La seule récompense qu'ils puissent avoir d'un si généreux dévouement, est la satisfaction de venir au secours des malheureux. Ces hommes bienfaisans n'étoient occupés que d'exercices de piété et de bonnes œuvres. Non-seulement ils administroient des remèdes aux pauvres, mais encore ils se chargeoient de leur donner de l'instruction.

En attendant que l'empereur eût pris tous les éclaircissemens qu'il vouloit avoir sur mon compte, et qu'il eût décidé de mon sort, je visitois les différens quartiers de la ville, quoique je payasse cher le plaisir de satisfaire ma curiosité. Je ne pouvois me montrer dans les rues sans être accablé d'injures par toute la canaille, dont il y a beaucoup à Maroc. Cette capitale est à cent vingt-cinq milles au nord de Tarudant, à quatre-vingt-dix à l'est de Mogodore, et à trois cent cinquante au sud de Tanger. Elle est située dans une belle plaine, terminée, du côté du nord, par une chaîne de montagnes de moyenne grandeur. Le mont Atlas se voit au sud et à l'est de la ville à vingt milles de distance. Tous ses environs sont bien cultivés. On y trouve des plantations considérables de palmiers et de toutes sortes d'arbrisseaux. La plaine est arrosée par une quantité de petits ruisseaux qui descendent des montagnes. Un grand jardin que l'empereur fait cultiver avec soin à cinq milles au midi de Maroc, et qui est rempli d'oliviers, est un but de promenade fort agréable.

Quoique la ville de Maroc soit la plus grande des trois capitales de l'empire (les deux autres sont Méquinez et Fez), elle n'a de remarquable que son étendue et le palais impérial. Elle est entourée d'une forte muraille, dont la circonférence peut être de huit milles. Cette enceinte est flanquée de grosses tours quarrées, avec un large fossé. Il n'y a pas dans cette place un seul canon monté sur son affût. Il faut, pour y entrer, passer sous de grandes arcades d'un goût gothique. Les portes sont régulièrement fermées tous les soirs.

La polygamie, qui est permise par la religion de Mahomet, empêche qu'on ne puisse calculer avec exactitude la population de cette cité. Les mosquées, qui sont, après le palais de l'empereur, les seuls bâtimens publics dont on puisse parler, n'ont rien de magnifique. Il n'y en a qu'une bâtie en pierres de taille : celle-ci a une tour fort élevée, qu'on aperçoit à une grande distance de la ville. Les rues de Maroc sont très-étroites, sales et mal alignées. On rencontre à chaque pas des maisons abandonnées et tombant en ruines. Celles de la meilleure apparence sont construites de *tabby*, et placées au milieu des jardins.

L'hôtel de l'effendi, ou premier ministre, étoit un des plus beaux de Maroc; il avoit deux étages, contre l'usage du pays; les appartemens étoient arrangés avec goût; ils ouvroient, au rez-de-chaussée, sur une cour pavée de tuiles bleues et blanches. On voyoit dans cette cour une très-belle fontaine. En montant au premier étage, on trouvoit un grand balcon orné d'une balustrade peinte de plusieurs couleurs. Toutes les chambres avoient une ouverture sur ce balcon. Les bains chauds et froids de cet hôtel réunissoient tout ce que l'on pouvoit souhaiter en commodités et en agrément.

Dans les jardins de l'effendi, il y avoit un

grand pavillon où l'on alloit à couvert en passant par une longue galerie fort étroite, dont la voûte étoit une espèce de marqueterie faite en tuiles de différentes couleurs. Le fond du pavillon étoit tout en glaces. Tous les appartemens de l'hôtel dont je viens de parler avoient des tapis superbes, beaucoup de glaces et des pendules d'un grand prix. Les lambris étoient sculptés et très-bien peints. Enfin, cet hôtel m'a paru fort au-dessus de tous les autres bâtimens moresques. Je crois que c'est le seul qui mérite l'attention du voyageur. Le reste de la ville ne présente que l'idée d'une cité misérable et déserte.

L'elcaisseria est un quartier séparé où l'on vend les belles étoffes et toutes les marchandises précieuses. Les boutiques où on les voit sont pratiquées dans le mur qui fait face à la rue. Un homme assis, et ayant les jambes croisées, atteint, sans se déranger, les choses qu'on lui demande, toutes ses marchandises étant à sa portée. L'acheteur reste debout dans la rue. Ces boutiques, ou plutôt ces niches que l'on retrouve dans toutes les villes de Maroc, suffiroient pour donner une véritable idée de la nonchalance des Maures.

Il y a trois marchés par jour dans différens quartiers, et deux foires par semaine, où se vendent les bestiaux et les chevaux, en observant pour ceux-ci la même règle qu'à Tarudant. Des canaux de bois servent à conduire dans la ville l'eau des fontaines dont les bassins sont remplis.

Le palais de l'empereur est immense et en mauvais état. Ses murs renferment un espace d'environ trois milles de circonférence. On y trouve une mosquée bâtie par Muley Abdallah, père de Sidi Mahomet. Il y a au-dessus de cette mosquée trois grosses boules qu'on dit être d'or massif; mais comme il n'est pas permis de monter à la tour sur laquelle ces boules sont placées, il faut en croire sur parole ceux qui font de pareils contes.

Le palais est presque une ville à lui seul; toutes les personnes qui ont des charges ou des emplois à la cour, y sont logées : l'alcade qui y commande est indépendant du gouverneur de la ville. Hors l'enceinte du palais, entre la ville et le quartier des juifs, on a élevé, au milieu des jardins intérieurs, plusieurs grands pavillons qui servent à loger les frères ou les fils de l'empereur, lorsqu'ils viennent momentanément à Maroc. La couverture de ces pavillons, qui est de tuiles peintes, leur donne, à une certaine distance, un air de beauté qu'ils perdent dès qu'on en approche.

Les juifs, qui sont ici fort nombreux, ont un quartier à part sous la direction d'un alcade nommé par l'empereur pour connoître de tous leurs différends. Les deux portes du quartier des juifs sont régulièrement fermées à neuf heures du soir; alors personne ne peut en sortir ou y entrer jusqu'au lendemain matin.

Les juifs ont un marché particulier pour vendre leurs denrées; et de même qu'à Tarudant, lorsqu'ils sortent de leur quartier pour aller dans celui des Maures, ou pour entrer dans l'enceinte du palais, ils sont obligés de se mettre nu-pieds.

La nation juive paye annuellement à l'empereur un impôt proportionné à sa population. Indépendamment de ce premier tribut, elle est sans cesse assujétie à des taxes arbitraires. Sidi Mahomet voulut paroître traiter plus favorablement ce malheureux peuple, en modérant ses impositions; mais les juifs établis à Maroc, qui avoient été exemptés de certains droits, n'en furent pas plus riches, le despote les ayant forcés d'acheter de lui des marchandises qu'il leur vendoit le quadruple de leur valeur. Par ce moyen, au lieu de se trouver déchargés par la munificence apparente du souverain, ils se virent plus malheureux qu'auparavant.

On rencontre plus ou moins de juifs dans tout l'empire. Ils s'y sont répandus dans le tems où ils furent chassés de l'Espagne et du Portugal. Ne sachant que devenir à l'époque de cette cruelle persécution, ils vinrent se réfugier en Barbarie. Ils ne sont pas tous domiciliés dans les villes; il y en a beaucoup d'établis dans la campagne; et, comme je l'ai déjà observé, on en trouve jusques sur le mont Atlas.

Par-tout ils sont traités comme des êtres d'une classe inférieure à la nôtre. Dans aucune partie du monde on ne les opprime comme en Barbarie. Cependant, sans eux, on n'y verroit ni talens ni industrie; le pays même auroit de la peine à subsister sans leur assistance. Il n'y a qu'eux qui travaillent avec quelque intelligence. Ils ont la direction de toutes les affaires pécuniaires et commerciales. Il ne leur est pourtant pas permis de toucher aux deniers publics. C'est encore à eux qu'on s'adresse pour le change des monnoies (*).

―――――――――――――――――――

(*) Les doublons et les fortes rixdales ont cours à

Malgré tous les services que les juifs rendent aux Maures, ils en sont traités avec plus de dureté qu'ils ne feroient à leurs animaux. J'en ai vu battre au point de me faire craindre qu'ils n'expirassent sous les coups. Les plaintes de ces malheureux étoient inutiles; ils n'obtenoient aucune justice. Il arrivoit de là qu'ils tâchoient de se venger d'une telle oppression, en trompant, autant qu'ils pouvoient, des maîtres aussi barbares. La persécution qu'on exerce envers les juifs de ce pays fait qu'ils sont presque tous sans principes et sans probité.

On a vu un fameux juif, nommé Jacob Attaël, jouer un grand rôle dans l'empire. Ce juif avoit plu à Sidi Mahomet, qui l'avoit fait son secrétaire, et lui avoit donné toute sa confiance. Ce favori ne tarda pas à en abuser; il fit plus de mal à lui seul que tous les suppôts du gouvernement. Il étoit né à Tunis; il possédoit, dit-on, assez bien les

---

Maroc. La monnoie courante est le ducat d'or, l'once, qui peut valoir environ vingt sous de France, et les blanquils, qu'on peut estimer dix liards. Vingt-quatre fluces font un blanquil. Le nom de l'empereur est gravé sur toutes les monnoies en lettres arabes. On lit du côté opposé la date et le lieu où elles ont été frappées.

langues anglaise, française, italienne, espagnole et arabe. Son génie étoit actif et entreprenant; et comme il s'étoit appliqué à étudier le caractère des Maures, particulièrement celui de l'empereur, il n'eut pas beaucoup de peine à prendre sur ce prince un ascendant extraordinaire.

Attaël s'étant aperçu que l'amour de l'argent étoit la passion dominante du monarque qu'il avoit à gouverner, il lui enseigna les moyens de dépouiller les gens riches, et de s'emparer de leur fortune. Toutes les iniquités de ce genre, dont il fut le promoteur, lui gagnèrent l'affection du despote; mais elles révoltèrent les sujets. Il y en eut par milliers qui lui vouèrent une haine implacable. Leur vengeance ne put éclater qu'à la mort de l'empereur. Ce fut alors qu'il paya cher une faveur dont il avoit si cruellement abusé.

Attaël avoit du foible pour les Anglais; il leur accordoit une protection qui a quelquefois nui à ses intérêts. Les Maures lui en savoient si mauvais gré, que, par dérision, ils lui donnoient le nom d'ambassadeur de la Grande-Bretagne.

Dans presque tout l'empire, les juifs vivent séparés des Maures : ils ont le libre exercice de leur religion. On en voit qui abandonnent le judaïsme, pour embrasser la foi de Mahomet, dans l'espoir d'être un peu moins maltraités par les fidèles croyans. Les juifs apostats jouissent de tous les priviléges des nationaux; mais ils sont généralement méprisés.

Les juifs parlent assez bien la langue espagnole dans les ports de mer, sur-tout à Tetuan et à Tanger; mais à Maroc et à Tarudant, ainsi que dans toutes les autres villes de l'intérieur, ils n'entendent que l'arabe et un peu l'hébreu. Leurs coutumes sont les mêmes que celles des Maures; ils ne diffèrent que dans le culte religieux, qu'ils pratiquent avec plus de cérémonies superstitieuses que les juifs européens. Ils se rasent la tête, et portent la barbe longue. Leur habillement est pareil à celui des Maures; il n'est distingué que par la couleur, qui est toujours noire. Ils ont un bonnet noir, même des sandales noires. Au lieu du *haïck* que portent les Maures, ils se couvrent d'une espèce de manteau tissu de laine noire, appelé *alberoce*.

Il leur est défendu de sortir du pays sans en avoir obtenu la permission de l'empereur. On ne leur laisse aucune arme; on leur refuse également la liberté de monter à cheval; ils ne peuvent se servir que de mulets;

Cette distinction humiliante a pris naissance dans l'opinion qu'ont les Maures que le cheval est un animal trop noble pour être monté par des infidèles comme les juifs.

 L'habillement des femmes juives un peu aisées, consiste d'abord dans une chemise de belle toile, dont les manches, qui sont très-larges, vont très-près de terre lorsqu'elles ne sont pas retroussées. Par-dessus cette chemise est un *caftun*, espèce de robe fort ample, fait de drap ou de velours. Le caftun est plissé au bas de la taille, et couvre tout le corps, à l'exception du cou et du sein. Les femmes juives qui habitent Maroc, mettant un peu plus de recherche dans leur toilette que celles des autres villes, font broder le bord de leur caftun en or. Sous cette robe est le *geraldittor*, ou jupe, d'un beau drap vert, qu'on brode souvent en or par le bas. Cette jupe est arrêtée au-dessus des hanches avec une large ceinture de soie et or qui marque la taille. Les bouts de cette ceinture tombent avec grâce par derrière. Les femmes mariées ne sortent jamais qu'enveloppées de leur haïck.

 Les jeunes filles juives tressent leurs cheveux, ou les laissent pendre négligemment sur leurs épaules. Elles placent avec assez de goût et d'élégance des guirlandes de fleurs dans leurs cheveux. La manière dont elles arrangent leur coiffure relève leurs traits, et les distingue des femmes mariées, qui, pour se conformer à la loi judaïque, se couvrent entièrement la tête d'un mouchoir. Aucune femme juive ne fait usage de bas ; elles portent des souliers rouges brodés en or. Leurs oreilles sont percées à deux endroits. La partie la plus élevée est garnie de petites perles ou de pierres précieuses ; au-dessous elles mettent de très-grandes boucles artistement travaillées. Leur cou est paré de colliers de grains, et elles ont à leurs doigts des anneaux d'or ou d'argent. Elles portent des bracelets aux bras et au bas de la jambe. Les plus opulentes ont des chaînes d'or ou d'argent pour leur servir de ceinture.

Les juifs de Maroc célèbrent leur mariage avec beaucoup d'apparat. Quelques jours avant la célébration du mariage, la future se peint le visage avec du rouge et du blanc ; elle se fait aussi aux mains et aux pieds des marques jaunes avec une herbe appelée *henna*. Cette plante, réduite en poudre, et délayée dans un peu d'eau, sert aux Maures à graver sur la peau toutes sortes de figures, en la piquant avec une aiguille. Les marques

marques qu'on fait de cette manière ne s'effacent qu'à la longue et très-difficilement.

Lorsqu'un juif vient à mourir, ses plus proches parentes, ou des femmes payées pour en faire le deuil, s'établissent dans la chambre du défunt jusqu'au jour de l'enterrement, et là elles se lamentent avec les cris du désespoir et de la plus vive douleur, en se déchirant le visage et s'arrachant les cheveux.

Les femmes juives de Maroc sont communément blondes et fort belles. Elles se marient très-jeunes. Quand une fois elles ont changé d'état, elles ne sont plus tenues à ne sortir que voilées; mais dans l'intérieur de leur ménage, elles n'ont guères plus de liberté que les femmes des Maures. Les unes et les autres ne mangent jamais avec leurs maris, qui veulent toujours être regardés comme des maîtres. Les filles à marier ne sortent de la maison que dans des cas extraordinaires. Lorsque cela arrive, les parens ont grand soin de leur tenir le visage couvert d'un voile.

Le goût de l'intrigue et de la galanterie chez les femmes, naît presque toujours de notre jalousie, de nos mauvaises façons pour elles. Une contrainte perpétuelle ne fait que servir d'excuse à leur inconduite. Si elles

L

cessent d'être les gardiennes de leur honneur, elles n'attachent plus d'intérêt à sa conservation, et deviennent bientôt insensibles à la honte qui accompagne l'infidélité.

Les juifs donnent pour raison de leur extrême surveillance, la coquetterie et les artifices dont ils accusent leurs femmes. C'est le même principe qui leur fait garder leurs filles avec tant de soin, dans la crainte qu'elles ne commettent quelque imprudence qui les empêcheroit de se marier.

Le mur qui entoure le palais de l'empereur est si élevé, qu'il faut être dans son enceinte pour apercevoir tous les bâtimens qu'il renferme. On ne peut entrer dans cette vaste clôture, qu'en passant sous des voûtes gothiques faites en pierres de taille. Il faut traverser plusieurs grandes cours pour arriver à la porte du palais. Sidi Mahomet fit faire ces cours immenses pour donner des audiences publiques et exercer ses troupes.

Le palais est composé de plusieurs pavillons quarrés, construits en tabby, et bâtis irrégulièrement : les uns sont joints par une maçonnerie, les autres sont isolés. Ils portent presque tous le nom de quelque ville de l'empire. Le plus considérable se nomme *douhar*. C'est véritablement le palais ou sérail, puisque l'empereur l'occupe avec ses femmes. Ce pavillon a une étendue immense; les autres sont destinés aux personnes du gouvernement chargées de toutes les affaires; ils servent aussi pour des parties de plaisir, et n'ont rien de commun avec le douhar.

Le pavillon que le dernier empereur a nommé Mogodore, à cause de la prédilection qu'il avoit pour cette ville, a un certain air de grandeur et de magnificence. La propreté et l'élégance de ce bâtiment contrastent d'une manière frappante avec le peu de goût et l'irrégularité des autres. On y voit plusieurs beaux appartemens. Il y en a un fort grand, pavé en tuiles bleues et blanches, et arrangées en échiquier. Le plafond, qui est de bois peint, est très-singulièrement sculpté. Les murs de cet appartement sont en stuc; on les a ornés de grands miroirs et de pendules placées avec symétrie dans des chassis de glace. Sidi Mahomet manifestoit son goût pour ce pavillon, en s'y retirant souvent, soit pour ses plaisirs, soit pour y expédier ses affaires.

Les appartemens qu'occupe l'empereur à Maroc ne sont pas mieux meublés que ceux d'un simple particulier. Un beau tapis, des coussins pour s'asseoir par terre, couverts d'une belle toile, une ottomane et deux petites bergères, voilà tout ce que j'ai vu dans l'appartement de l'empereur de plus commode et de plus recherché. Il y a plusieurs jolis jardins dans l'enceinte du palais: ce qui en fait le plus grand agrément, c'est la quantité d'oliviers et d'orangers qui y sont plantés. Ils sont encore embellis par des fontaines qui coulent en divers sens, et qui forment de très-beaux bassins. Les jardins extérieurs n'ont d'autre mérite que d'être fort grands; ils sont remplis d'oliviers; une croix de Saint-André en divise le terrain en quatre parties égales.

Je ne sais pourquoi j'ai placé ici la description du palais de l'empereur; je n'aurois dû la faire qu'après avoir parlé des événemens qui me procurèrent la connoissance entière de cette demeure sacrée des princes maures. Je reviendrai encore sur ce chapitre pour rendre compte du *harem* dans lequel je suis entré plusieurs fois.

CHAPITRE IX.

Après de grandes difficultés, l'Auteur parvient à obtenir une audience de l'Empereur. Questions que lui fait ce Prince. Caractère de Sidi Mahomet. Ses qualités, ses vices. Vénalité de sa cour. Forces militaires de l'Empire; sa marine, ses finances, ses lois civiles et criminelles.

J'AVOIS passé plus d'un mois à Maroc sans que l'empereur eût paru songer à moi. Un si grand oubli de sa part commençoit à m'inquiéter. J'avois fait mon possible pour obtenir la bienveillance des ministres, soit en leur faisant de fréquentes visites, soit en donnant des conseils, comme médecin, à ceux qui en avoient besoin. Ils paroissoient tous fort empressés de me servir. A les entendre, ils m'étoient entièrement dévoués ; mais ce n'étoit qu'impostures; ils me trompoient avec la fausseté qui n'est que trop ordinaire chez les Barbaresques. Un de ces ministres pour qui Muley Absulem m'avoit donné une lettre de recommandation, et dont je traitai un des plus proches parens d'une maladie sérieuse, ne fut ni plus vrai, ni plus obligeant que les autres : cependant Muley Absulem le chargeoit de me faire avoir une prompte audience; et tout le tems qu'il me crut utile à la personne qui l'intéressoit, il me fit les plus belles promesses; mais il n'y pensa plus lorsque son ami fut guéri. Son indifférence devint si grande, qu'à peine il avoit l'air de me reconnoître lorsque j'allois chez lui. Que pouvois-je espérer d'un tel homme, qui d'ailleurs étoit, disoit-on, couvert de crimes? A la vérité, il jouissoit d'une grande faveur, quoique l'empereur connût son méchant caractère, et qu'il lui eût fait infliger une punition déshonorante, celle d'arracher une partie de sa barbe.

Ennuyé du peu de succès de mes démarches vis-à-vis les agens du gouvernement, je me retournai du côté des courtisans les plus connus pour avoir les bonnes grâces de l'empereur. La protection des favoris ne me réussit pas mieux que celle des ministres, que j'avois fatigués de mes sollicitations : il sembloit que je fusse condamné à rester prisonnier à Maroc. Comme je me désolois sur mon triste sort, la providence eut pitié de moi, en me fournissant l'occasion de traiter une femme juive, protégée de l'empereur. Les soins que je donnai à cette malade lui ayant rendu la santé, elle m'en témoigna sa reconnoissance en faisant demander par son mari, qui avoit beaucoup de crédit à la cour, une audience pour moi. Je l'obtins sur-le-champ par cette voie.

Le jour où je devois paroître devant l'empereur, trois soldats nègres, armés de grandes massues, vinrent me chercher à midi pour me conduire au palais. Il leur étoit ordonné de m'amener à l'heure même; leur tête répondoit de leur exactitude. Comme je n'étois point prévenu de la faveur que j'allois recevoir, je priai mes conducteurs de me donner un moment pour me préparer à rendre mes devoirs à leur souverain; mais loin d'y consentir, ils ne me montrèrent que de l'impatience, et me firent entendre qu'il falloit partir à l'instant, sans quoi ils alloient informer leur maître du refus que je faisois de me conformer à ses ordres. Ainsi je me trouvai dans la nécessité de les suivre sans aucun délai. Lorsque je fus arrivé au palais, les soldats me remirent entre les mains du maître des cérémonies, qui me dit d'attendre qu'on m'appelât.

Les trois soldats qu'on m'avoit députés,

4

m'avoient enlevé de chez moi d'une manière si subite et si prompte, qu'en arrivant au palais, j'étois encore tout troublé de ce qui venoit de se passer. Je me trouvois embarrassé de paroître à l'improviste devant un monarque aussi absolu que l'empereur de Maroc. Je fus charmé d'avoir quelques momens pour préparer mes réponses; mais on me donna beaucoup plus de tems que je n'en avois besoin pour remettre de l'ordre dans mes idées, n'ayant été appelé à l'audience qu'à cinq heures du soir.

Lorsque je fus un peu plus calme, je commençai à chercher dans mon esprit quelle espèce d'homme l'empereur pouvoit être : je me demandai quel accueil je devois en attendre, et quelles réponses je ferois aux questions qu'il alloit me faire.

La malignité s'étoit si cruellement exercée contre moi, que, malgré l'évidence des faits qui étoient en ma faveur, je ne pouvois me défendre d'un peu d'inquiétude. Cependant le bien que j'avois fait à Muley Absulem, me lavant pleinement des fausses inculpations dont on avoit cherché à noircir ma réputation, il ne devoit me rester aucune crainte. Après m'être rendu compte à moi-même de la conduite que j'avois tenue depuis mon entrée en Barbarie, je trouvai mille raisons de me rassurer. Enfin, toutes mes alarmes se dissipèrent, et je parus à l'audience de l'empereur avec beaucoup de tranquillité.

L'esclave qui vint me chercher à l'endroit où le maître des cérémonies m'avoit laissé, me fit traverser deux grandes cours. Arrivé à la porte de celle où l'empereur donnoit audience, j'y fus arrêté par le maître des cérémonies, qui, ne me voyant point à la main de présens pour son maître, suivant l'usage accoutumé auquel se conforment tous les étrangers, refusa de me faire entrer.

Je n'ignorois pas qu'on n'approchoit jamais de sa majesté maure sans déposer un présent à ses pieds; mais il me sembloit que ma qualité de médecin du fils chéri de l'empereur, devoit me dispenser de cette règle. Etant bien persuadé que le maître des cérémonies avoit tort de vouloir m'y assujétir, je lui fis dire par mon interprète que s'il persistoit à ne pas vouloir me laisser entrer, j'allois en porter mes plaintes.

Cet introducteur me voyant très-décidé à ne pas me faire rançonner mal-à-propos, et sachant que l'empereur m'attendoit, prit le parti de me conduire, avec mon interprète, du côté où il tenoit son audience. Je fus placé assez près du monarque pour en être aperçu. Aussi-tôt que le maître des cérémonies m'eut montré la place que je devois occuper, il s'avança vers l'empereur, se prosterna, et baisa la terre. En se relevant, il prononça en arabe, du ton le plus respectueux : *Que Dieu sauve le roi!* Après ce protocole d'usage, l'empereur lui ayant ordonné d'approcher, il l'informa que, conformément à ses ordres, il venoit d'amener devant sa personne le docteur anglais; ensuite il se retira, en faisant une très-profonde révérence. Alors je crus que c'étoit le moment de me mettre à portée d'entendre ce que sa majesté alloit me dire : mais dès que j'eus fait quelques pas, et quoique je fusse encore à quatre ou cinq toises de l'empereur, un soldat me tira par mon habit pour m'avertir de ne pas approcher si près.

L'empereur étoit dans une espèce de fauteuil monté sur quatre roues, et attelé d'un mulet qui étoit tenu à droite et à gauche par des Maures. Derrière cette petite voiture, on voyoit deux valets de pied et plusieurs nègres : elle étoit entourée par deux divisions de soldats, qui formoient un demi-cercle. Une partie de cette troupe portoit de grosses massues ; l'autre étoit armée de fusils.

L'empereur, après m'avoir regardé avec attention, mais sans aucun air de sévérité, demanda à mon interprète si j'étois le médecin de son fils Muley Absulem. Lorsque sa majesté eut appris qu'il m'avoit honoré de sa confiance, elle m'adressa la parole. Sa première question fut de me demander si j'étois venu par hasard dans le pays, ou si j'avois été envoyé par le roi d'Angleterre. Comme il étoit de mon intérêt de me donner le plus d'importance qu'il me seroit possible, je fis répondre à l'empereur que je n'étois venu à Maroc que par ordre de mon gouvernement. Il s'informa ensuite où j'avois étudié la médecine, et quel étoit le nom du professeur qui me l'avoit enseignée. Après que j'eus satisfait à ces nouvelles questions, il me demanda s'il étoit vrai que les médecins français avoient plus de talent que ceux de ma patrie : je lui répondis qu'il y avoit en Angleterre de meilleures écoles de médecine qu'en France, ce qui étoit un préjugé en faveur de l'Angleterre. L'empereur me conta alors qu'un mauvais charlatan français qu'il avoit reçu dans ses états, y avoit tué beaucoup plus de malades qu'il n'en avoit guéris;

le mal qu'il me dit de cet empyrique l'amusa un instant. Après quoi, il s'informa par quelle raison j'avois interdit l'usage du thé à son fils : je lui répondis qu'ayant trouvé les nerfs de Muley Absulem dans une grande irritation, j'avois pensé que le thé lui étoit pernicieux. L'empereur reprit que si le thé étoit contraire à la santé, il s'étonnoit que les Anglais en fissent une aussi grande consommation. Je convins que les Anglais en faisoient abus : mais j'ajoutai qu'ils prenoient leur thé plus léger que les Maures, et avec une teinte de crême ou de lait, ce qui en diminuoit le mauvais effet. (Les Maures qui ont contracté l'habitude de cette boisson, n'y mettent presque jamais de lait, et ne l'aiment que de la plus grande force.) Vous avez raison, dit l'empereur, de nous trouver sur cela plus déraisonnables que vos compatriotes. Beaucoup d'habitans de ce pays ont les mains tremblantes, pour avoir fait toute leur vie un usage immodéré du thé. Aussi-tôt que l'empereur eut fini de parler sur cet article, il donna ordre d'apporter une douzaine de bouteilles qui étoient pleines de différentes liqueurs distillées. Il me les fit goûter, pour lui dire celles qui étoient échauffantes ou rafraîchissantes : lorsque j'eus satisfait son desir à cet égard, il me parla de la neige du mont Atlas, ce qui le conduisit à me demander s'il en tomboit une aussi grande quantité en Angleterre. J'assurai sa hautesse qu'on y en voyoit bien davantage, ce qui étoit un effet naturel du climat; l'Angleterre étant beaucoup plus au nord que l'empire de Maroc. L'empereur m'objecta qu'il n'y avoit rien de plus froid dans le monde que le sommet du mont Atlas, où l'on ne pouvoit aller sans s'exposer à perdre la vie. Il me dit ensuite que de l'autre côté des montagnes qui se trouvoient pour lors en face de lui, il y avoit des plaines et un pays très-fertile qui se nommoit Talifet.

L'air de bonté avec lequel l'empereur m'entretenoit, m'inspirant plus de hardiesse, je pris la liberté de lui parler des propos infames qu'on avoit tenus sur mon compte. Je le suppliai de faire connoître mon innocence, par un sévère examen de l'état de Muley Absulem. « Si ses yeux sont guéris, lui dis-
» je, on doit rendre justice à la bonté de
» mes remèdes, et ne pas répandre par-tout,
» comme on le fait, qu'ils ont été funestes à
» un prince qui m'a honoré de sa confiance. »

L'empereur reprit qu'il n'avoit besoin d'aucun éclaircissement à cet égard, son médecin ayant décomposé par son ordre les médecines que je faisois prendre à son fils, et n'y ayant rien trouvé qui pût nuire à sa santé.

Tant de précautions qu'on avoit prises à mon insçu me firent voir combien on m'avoit rendu suspect. En vérité, je ne sais ce qu'on eût fait de moi, si le succès le plus complet n'avoit pas justifié ma conduite auprès de Muley Absulem.

Lorsque l'empereur voulut me renvoyer, il ordonna qu'on me conduisît chez l'honnête juif qui m'avoit procuré cette audience si desirée et si long-tems attendue. Il recommanda qu'on ne me laissât manquer de rien ; apprenant à toutes les personnes dont il étoit entouré que j'étois le médecin qui avoit guéri son fils Muley Absulem, et qu'il avoit la plus haute opinion de mon savoir.

Après une déclaration aussi flatteuse, je me crus entièrement lavé de toutes les sottises qu'on avoit mises sur mon compte, et qui avoient failli me perdre. Je rentrai chez moi, le soir, fort content de ma journée. Je ne m'occupai plus que de l'arrivée de Muley Absulem qui étoit attendu incessamment à Maroc. Je ne doutois pas qu'il n'affermît l'empereur dans les bons sentimens qu'il m'avoit témoignés. Enfin ma situation me sembloit bien changée ; je la trouvois aussi agréable qu'elle m'avoit paru pénible avant d'être admis à l'audience de l'empereur; tant il est vrai que quand on se croit dans l'infortune, il faut bien peu de chose pour faire notre bonheur.

A peine étois-je de retour chez mon hôte, que mon appartement se trouva rempli de gens qui venoient me féliciter de l'honneur que j'avois eu d'être présenté à l'empereur. Cette multitude d'importuns vouloit que je lui fisse des présens, m'assurant que c'étoit un usage auquel se soumettoient tous les Européens. Voyant l'impossibilité de me débarrasser de la cohue qui assiégeoit mon logis, je pris le parti de lui faire quelques libéralités pour la renvoyer.

Lorsque j'ai eu l'honneur de voir Sidi Mahomet, il avoit près de quatre-vingts ans : son visage étoit long, maigre et d'une grande pâleur. Il avoit, comme son fils, un mouvement convulsif dans un œil, qui lui donnoit l'œil sévère. Son premier abord étoit repoussant ; mais son affabilité et la douceur de sa voix détruisoient bientôt cette fâcheuse impression. Il cherchoit à parler aux personnes qui l'approchoient de ce qui pouvoit les intéresser ; il accueilloit avec bonté les gens de mérite, et leur témoignoit une grande envie de s'instruire.

Sidi Mahomet avoit perdu l'usage de ses jambes depuis plusieurs années ; peut-être pour s'être accoutumé de trop bonne heure à ne jamais sortir de son palais qu'à cheval ou en voiture. Ses sourcils et sa barbe étoient de la plus grande blancheur. Son habillement ressembloit beaucoup à celui de ses sujets ; il n'étoit remarquable que par la finesse de l'étoffe. La suite nombreuse qui accompagnoit sa voiture pouvoit seule le faire reconnoître. S'il étoit à cheval, on ne le distinguoit qu'au parasol qu'un esclave tenoit au-dessus de sa tête.

En jetant un coup-d'œil sur le règne de Sidi Mahomet, on est tenté de croire qu'il possédoit un esprit naturel qui en auroit fait un grand monarque, s'il eût reçu une meilleure éducation : mais le peu de soin qu'on en avoit pris, étoit la source des vices qui avoient germé dans son cœur. La superstition et l'avarice lui faisoient exercer les plus insignes cruautés, et son pouvoir absolu l'avoit familiarisé avec ces sentimens d'intolérance qui, dans tous les tems, ont déshonoré les princes maures.

Avare dès sa jeunesse, il s'occupa toute sa
vie

vie d'amasser des trésors : ce fut seulement dans cette vue qu'il parut donner aux négocians européens plus d'encouragement que n'avoient fait ses prédécesseurs. Après les avoir flattés pour les mieux tromper, il se servit des moyens les plus iniques pour avoir leur argent; il leur imposoit des taxes si fortes sur les objets qu'ils vouloient exporter, que souvent ils préféroient de renvoyer leurs vaisseaux en Europe sans chargement.

Dans plusieurs occasions, on a vu Sidi Mahomet faire lui-même le commerce. Il envoyoit chercher en Europe des marchandises, pour les revendre aux juifs de ses états cinq à six fois leur valeur; enfin il n'étoit occupé qu'à attirer dans ses coffres tout l'or de ses sujets. D'un autre côté, la foiblesse de son caractère lui faisoit faire les sacrifices les plus humilians pour avoir la paix. Peut-être lui avoit-on appris que les souverains ne s'enrichissent jamais à faire la guerre, qui est au contraire la ruine de tous les empires.

Quoiqu'il y ait plus d'un reproche à faire à Sidi Mahomet, cependant son règne n'a point fourni autant d'exemples de cruauté que ceux de tous ses prédécesseurs. Ce qui l'a rendu odieux à ses sujets, ce sont les atteintes qu'il n'a cessé de porter à leurs propriétés. Ils étoit entouré de vils flatteurs, qui, pour lui plaire, se prêtoient à tout ce qu'il leur commandoit de plus injuste pour dépouiller les malheureux soupçonnés d'avoir quelqu'argent. La prison paroissoit au despote le moyen le plus expéditif; s'il ne réussissoit pas, celui qui l'avoit employé ne manquoit point de prétextes pour tourmenter la victime de sa cupidité; il la faisoit charger de fers, et multiplioit ses souffrances, jusqu'à ce qu'à force de cruauté et de barbarie, il l'obligeât à lui abandonner tout ce qu'elle possédoit. Ses fils même n'étoient à l'abri de ses infames persécutions, qu'en lui faisant sans cesse des présens; et l'on m'a assuré que malgré leur attention à satisfaire la passion insatiable de leur père pour l'or, Muley Absulem (le seul de ses enfans qu'il aimât) avoit été privé par son ordre d'une grande partie de sa fortune.

Les hommes sans énergie, et qui ont des passions basses, sont naturellement jaloux et soupçonneux. Sidi Mahomet, dès le commencement de son règne, ne se flatta point d'être aimé de son peuple; bientôt il ne put se dissimuler qu'il n'avoit mérité que sa haine. Cette triste connoissance finit par lui donner des appréhensions continuelles d'être empoisonné ou assassiné. Avec une pareille inquiétude, il n'est pas douteux qu'il traînoit une existence misérable. Exemple terrible pour les rois, et témoignage authentique de la vérité du portrait d'un des tyrans de Rome, fait par un de nos meilleurs auteurs !

Sidi Mahomet se tenoit presque toujours renfermé dans son palais, depuis qu'il étoit vieux. Lorsqu'il étoit obligé de paroître en public, il se faisoit accompagner par une garde nombreuse ; mais, malgré son escorte, il n'avoit pas un moment de tranquillité. Six chiens veilloient à sa sûreté pendant la nuit, se fiant plus à leur vigilance qu'à la fidélité de ses soldats. Ce qu'il mangeoit étoit toujours apprêté en sa présence, et quoique personne ne pût être admis à sa table, il donnoit à dîner dans le même appartement à quelqu'un de ses enfans ou de ses ministres, à qui il faisoit goûter les mets qu'on lui servoit avant d'y toucher.

La crainte d'être détrôné par son fils aîné Muley Yazid, mettoit le comble aux cruelles sollicitudes de cet infortuné vieillard. Il appréhendoit que la rigueur qu'il avoit exercée envers son fils, et qui l'avoit engagé à se réfugier près de Tétuan, dans un de ces sanctuaires dont l'asile est sacré, ne le portât à vouloir lui ravir la couronne.

Ce jeune prince, dont la bisaïeule étoit Anglaise, s'étoit acquis l'estime générale par son esprit et sa bonne conduite. Sa fortune, que son père avoit rendue très-modique, ne lui permettoit d'avoir que quatre personnes à son service : mais telle étoit la considération dont il jouissoit, que s'il eût dit un mot, il auroit eu dans l'instant à sa disposition des troupes et de l'argent. Il lui eût même été facile de lever une armée capable de renverser l'ancien gouvernement. Le respect pour son père, et peut-être sa politique, le retinrent toujours dans les bornes du devoir. Il n'eût rien gagné à soulever un peuple qu'il devoit bientôt gouverner, puisque l'empereur étoit vieux, et qu'à sa mort, le droit d'aînesse l'appeloit au trône. Cependant sa conduite sage et modérée ne fut point capable de rassurer son père. J'appris, avant de quitter Maroc, qu'on avoit mis cinq à six mille noirs en campagne pour l'arrêter. L'ordre de le saisir ne fut point exécuté, parce que celui qui en étoit chargé n'osa commander un pareil acte de despotisme à des soldats dont l'obéissance lui étoit suspecte.

Je vais rapporter ici une anecdote qui donnera au lecteur une idée de la présence d'esprit et de la saine raison de Muley Yazid.

Les saints personnages à qui étoit confiée la garde du sanctuaire où ce prince fugitif s'étoit retiré, reçurent l'ordre de l'en chasser, sous peine d'être passés au fil de l'épée, avec tous les habitans du voisinage. Le peuple au désespoir, mais fort effrayé d'une si terrible menace, fit connoître à Muley Yazid la volonté de l'empereur, afin qu'il prît le parti de s'éloigner. Si la crainte faisoit souhaiter qu'il cherchât un autre refuge, d'un autre côté, l'attachement que le peuple avoit pour lui, lui fit indiquer un asile où il pourroit être en sûreté.

Muley Yazid profitant de l'affection que ces gens bornés et superstitieux lui témoignoient, promit de partir si le ciel approuvoit qu'il quittât le saint lieu où la providence l'avoit envoyé. Il monta aussi-tôt à cheval devant une foule nombreuse avec l'air de la plus grande résignation : mais quel fut l'étonnement de tout le peuple, lorsqu'il vit que le cheval du prince ne voulut jamais aller en avant, quoique son maître le pressât vivement, en apparence, du fouet et de l'éperon ! Profitant du saisissement où cette ruse avoit mis les assistans, il s'écria : —Vous voyez clairement que Dieu m'ordonne de rester ici ! ainsi aucune puissance sur la terre ne pourra m'en chasser. Ce discours fit un tel effet sur la multitude, qu'on aima mieux risquer de déplaire à l'empereur, que d'attirer la vengeance céleste. Si Muley Yazid n'avoit pas été un excellent écuyer, et si son cheval n'avoit pas été parfaitement dressé, je ne sais comment il se seroit tiré de l'embarras où il se trouvoit.

Je terminerai mes réflexions sur le caractère de Sidi Mahomet par celle-ci. Je crois que ses plus grands vices avoient pris naissance dans la corruption de ses courtisans et dans son pouvoir absolu. Il n'y avoit point de monarque qui disposât, comme lui, de la vie et des propriétés de ses sujets. Avec une si grande puissance, comment ne se seroit-il pas laissé aveugler et corrompre par ces êtres bas et rampans qui n'approchent les souverains que pour leur gâter le cœur ? Y a-t-il des hommes assez vertueux pour faire un bon usage d'un pouvoir sans bornes ? Qu'est-ce qui oseroit même répondre de soi dans un poste aussi éminent ?

Quand rien ne nous résiste, la sévérité prend bientôt la place de la justice et de la douceur. On finit toujours par punir sans aucun ménagement les fautes les plus légères. Les deux anecdotes suivantes en sont la preuve. La première est la barbarie exercée envers un malheureux juif qui s'étoit permis d'écrire une méchante critique des actions de Sidi Mahomet. Il fut écartelé vif pour cette offense, son corps mis en pièces et donné à dévorer aux chiens. Le second exemple que je vais citer de la rigueur de ce despote n'est guères moins atroce. Se promenant un soir par la ville avec peu de suite, il apprit qu'un Maure, qui vivoit dans l'aisance, venoit de marier son fils, et avoit rassemblé pour cette fête tous ses amis. Sidi Mahomet voulut juger par lui-même de l'opulence de ce particulier; pour exécuter ce dessein sans être reconnu, il se déguisa sur-le-champ, en prenant les habits d'une des personnes qui l'accompagnoient. Ensuite il entra seul dans la maison où la fête se passoit; il trouva tous les convives à table et dans la joie. Le père du jeune homme qui s'étoit marié le matin, voyant paroître un individu qu'il ne connoissoit pas, lui dit de se retirer. Sur le refus que cet étranger fit de sortir, il lui donna un coup de pied en le poussant rudement hors de chez lui.

Cet événement qui ne sembloit être d'aucune conséquence, n'avoit pas même été remarqué de la plupart des convives, et ce fut avec la plus grande surprise que celui qui les avoit bien régalés reçut le lendemain l'ordre de se rendre au palais. Lorsqu'il parut au pied du trône, l'empereur lui demanda s'il se rappeloit toutes les circonstances de ce qui s'étoit passé la veille dans la salle du festin des noces de son fils. Le Maure ayant répondu qu'il s'en souvenoit très-bien : Sachez donc, lui dit-il, que c'est votre empereur que vous avez chassé de chez vous; et pour que vous portiez à jamais la peine d'une si grande insolence, vous perdrez à l'instant ce pied et cette main qui m'ont frappé. En effet, j'ai vu cette malheureuse victime de la tyrannie se traîner dans les rues de Maroc avec un bras et une jambe de moins.

La crainte qui accompagnoit tous les pas de Sidi Mahomet dans sa vieillesse, lui donnoit une telle inquiétude, qu'il ne vouloit pas qu'on l'approchât sans sa permission. Si dans les instans où ses alarmes étoient extrêmes, il ordonnoit à toutes personnes qui l'entouroient de sortir de sa présence, et que quelqu'un n'obéît pas assez vîte, il entroit dans une fureur qui pouvoit être funeste au malheureux qui tomboit sous sa main.

Ses femmes avoient seules conservé de l'ascendant sur son esprit. Il étoit rare qu'elles ne fissent pas réussir les affaires dont elles se mêloient.

La dissimulation et la fausseté sont des vices inhérens à la puissance arbitraire. Un prince destiné à régner sur des esclaves ne peut que recevoir une mauvaise éducation : de-là dérivent tous les maux dont il les accable, et qui en font l'exécration du genre humain.

Sidi Mahomet tâchoit de couvrir ses fautes du voile de la justice et de la religion : il étoit de toutes les confrairies qu'ont imaginé les apôtres du saint prophète, et ne manquoit jamais d'assister aux cérémonies les plus superstitieuses de son culte.

Cette conduite pouvoit en imposer au peuple ; mais les gens éclairés n'étoient pas la dupe de cet extérieur de dévotion. Il ne leur étoit pas possible de croire que la piété de l'empereur fût véritable, lorsqu'ils voyoient qu'il ne se faisoit pas scrupule de violer tous les principes d'honneur et de probité pour arriver à ses fins. Comment auroit-on pris la moindre confiance à sa parole, quand il y manquoit à tout instant ? Les souverains de l'Europe qui ont fait des traités avec ce monarque lui ont vu employer les ruses les plus basses pour tâcher de les tromper.

On a voulu le justifier aux yeux des étrangers, en disant que cette espèce de charlatanerie qu'on lui reproche, étoit nécessaire pour gouverner un peuple d'esclaves ; je ne sais si on a raison ; mais ce qui est constant, c'est que personne n'avoit une plus parfaite connoissance du caractère des Maures et de leurs qualités physiques et morales. Il savoit qu'il est de la politique des despotes de se tenir cachés dans l'enceinte de leur palais. Aussi ne se montroit-il que rarement en public. Par ce moyen, il sut envelopper sa conduite et ses véritables sentimens de ce secret impénétrable qui ne passe jamais les portes du sérail.

Le peu d'insurrections qui se manifestèrent pendant son règne a été la preuve la plus certaine de son talent à gouverner un peuple toujours prêt à se révolter. S'il éclatoit quelqu'étincelle de rebellion dans une province, elle étoit bientôt pillée par les troupes qu'on envoyoit pour la faire rentrer dans l'obéissance. Les chefs des séditieux étoient arrêtés et conduits à Maroc, où ils subissoient des peines capitales. Les plus coupables étoient punis de mort, ou avoient les pieds et les mains coupés. Le reste des insurgés qui n'avoient fait que suivre l'impulsion qu'on leur avoit donnée, en étoit quitte pour la bastonnade. L'empereur avoit bien attention de n'employer que des soldats dont il étoit sûr pour surveiller les mouvemens populaires : enfin ses mesures étoient si bien prises, qu'il n'eut jamais à craindre un soulèvement dangereux pour sa puissance.

Sidi Mahomet usoit vis-à-vis des autres souverains de la même dissimulation qu'il pratiquoit dans ses états pour le maintien de son autorité. S'il promettoit d'acquiescer à des réclamations justes de quelque puissance, il falloit des présens pour lui faire remplir ses engagemens, et encore arrivoit-il souvent, qu'après avoir prodigué l'or pour obtenir son alliance, il trouvoit quelque subterfuge pour ne rien terminer.

Lorsque les rois à qui il faisoit acheter la paix, ne payoient point avec exactitude le tribut qu'il leur extorquoit, il les menaçoit bientôt de leur déclarer la guerre. Si les souverains eussent bien connu la foiblesse de son caractère, ils n'auroient point été effrayés de ses menaces, car, au fond, il trembloit d'exciter le courroux de ses ennemis : mais lorsqu'il les trouvoit disposés à lui tout accorder pour avoir la paix, ses demandes n'avoient plus de bornes; il les multiplioit pour paroître plus redoutable, et donner à ses sujets une haute idée de ses forces et de sa politique.

Il avoit la vanité de vouloir passer pour être fort instruit en toutes choses. Cette manie lui faisoit parler aux négocians européens des manufactures étrangères et du commerce des différentes nations. S'il entretenoit un militaire, sa conversation rouloit sur les fortifications et les manœuvres de guerre, et s'il reconnoissoit qu'il avoit affaire à un marin, il traçoit devant lui le plan de ses côtes et de ses hâvres.

Comme il ne faisoit rien qu'en vue d'exciter l'admiration de ses sujets, et que les étrangers ne manquoient jamais d'applaudir à tout ce qu'il disoit, qu'ils paroissoient même émerveillés de ses talens et de son génie, il se flattoit que les éloges qu'on lui prodiguoit ne feroient qu'accroître la bonne opinion que les Maures avoient de son mérite. Il mettoit toute son attention à avoir une bonne armée de terre; sa marine l'occupoit beaucoup moins. Cependant, si un des souverains lui eût refusé l'entrée de ses ports pour le radoub de ses vaisseaux, il s'en seroit suivi une déclaration de guerre.

Sidi Mahomet affectoit une grande simplicité dans son costume, et ses fils n'osoient paroître devant lui qu'avec l'habillement le plus modeste. Lorsqu'ils venoient à sa cour, il les obligeoit, contre l'usage des Mahométans, d'avoir en sa présence la tête découverte. Les Maures n'ôtent jamais leur turban que pour se coucher : mais le despote avoit aboli cette règle pour ses enfans, qu'il vouloit tenir dans la plus respectueuse soumission. Ils ne manquoient jamais, en entrant chez l'empereur, de se prosterner la face contre terre, et de faire en arabe une exclamation qui veut dire.... *Dieu, sauve le roi*.

Si quelquefois la fierté de l'empereur s'abaissoit à causer familièrement avec ses courtisans, c'étoit seulement pour entendre les flatteries dont leurs discours étoient assaisonnés. Il se délectoit à expliquer quelques passages de l'alcoran, et à en montrer les beautés. Il s'appliquoit sur-tout à inspirer la plus grande intolérance envers les chrétiens, qu'il regardoit comme ses plus cruels ennemis.

Ce mélange de vertus et de vices qu'on remarque chez presque tous les hommes, se trouvoit dans le cœur de Sidi Mahomet. Si son avarice, sa duplicité et sa fausse piété l'ont fait haïr avec raison de tous les honnêtes gens, les bonnes qualités qu'il laissoit quelquefois apercevoir lui ont mérité des éloges. Il étoit sans doute fort éloigné de posséder au même degré les vertus qui distinguent les rois des nations civilisées : mais quand on le compare avec ses prédécesseurs, on est forcé de convenir qu'il doit être mis fort au-dessus des princes qui ont régné avant lui. Il ne fut jamais cruel de gaieté de cœur. Si, dans un excès d'emportement, il rendit des sentences de mort avec trop de précipitation, il en manifesta le plus sincère repentir. On l'a vu toujours en garde contre les mauvais effets de ses passions violentes. Ses conseillers, plus coupables que lui, détruisoient dans son cœur ce premier mouvement qui le portoit à pardonner.

Il vouloit que la justice fût rendue avec impartialité, pourvu qu'il ne s'agît point de son propre intérêt; car alors tout cédoit au sentiment de son avarice. Il trouvoit tout simple de violer ouvertement toutes les lois pour ce qui le regardoit; mais il n'entendoit pas que ses sujets suivissent son exemple.

Malgré son goût pour l'argent, il ne l'épargnoit point dans la détresse publique. Si une disette se faisoit sentir, il donnoit des secours abondans aux malheureux. La prodigieuse quantité de pauvres qui étoient nourris tous les jours à la porte de son palais (ce dont j'ai été témoin), prouve qu'il n'étoit pas destitué de tout sentiment d'humanité. Les Maures auront à se louer des encouragemens qu'il a donnés à leur commerce, qu'on ne vit jamais aussi florissant que pendant son règne.

Ainsi, ce monarque étoit un composé étonnant de libéralité et de parcimonie, d'humanité et d'intolérance, de douceur et de cruauté. En vérité, je crois qu'il n'y a que les despotes qui puissent réunir autant de contradictions dans leur cœur.

Les princes qui gouvernent les peuples civilisés, sont assujétis à de certaines formes qui répriment le penchant qu'ils pourroient avoir à faire le mal. S'ils étoient portés par tempérament, ou par l'influence du climat, à abuser de leur autorité, ce malheur n'existeroit pas long-tems; car les rois en Europe entendent trop bien leurs intérêts pour ne pas sentir qu'ils ne peuvent être heureux que par la bienfaisance et la justice.

Le meilleur de tous les gouvernemens

seroit celui qui n'auroit jamais besoin d'employer la sévérité, et dont le souverain seroit assujéti, comme les sujets, à des lois sages. Quel est l'homme assez parfait pour savoir jouir avec modération d'un pouvoir trop étendu ? Notre esprit est si irrésolu, nos vues sont si courtes, nos passions si violentes et si tyranniques, que le plus accompli des princes doit être effrayé d'une puissance sans bornes. Ne doit-il pas toujours craindre d'en abuser ?

Après avoir fait connoître la conduite de Sidi Mahomet avec les cours étrangères, il n'est pas hors de propos de faire quelques remarques sur leur mauvaise politique à son égard.

D'abord, ce qui étonne le plus, c'est de voir les princes européens éternels tributaires de ce foible despote. Une sujétion aussi honteuse, à laquelle ils se soumettent volontairement, ne peut être attribuée qu'à une grande insouciance de leurs intérêts, ou à une ignorance inexcusable. Ils s'y soustrairoient, sans aucun doute, s'ils prenoient la peine de réfléchir au peu de force de cette puissance, qui n'a ni flotte ni armée qui mérite d'en porter le nom, et dont le peuple est incapable de la moindre énergie.

Que peut-on craindre de l'empereur de Maroc, dont toute la marine se réduit à quelques petites frégates et à des bâtimens à rames, mal équipés et encore plus mal commandés? Le tout pourroit être détruit, dans un seul jour, par deux ou trois bonnes frégates européennes.

L'entrée des ports de Maroc, si l'on en excepte ceux de Tanger et de Larache, est, ainsi que je l'ai déjà observé, toute engorgée de sable. Cet engorgement est si sensible, que bientôt il ne pourra plus y passer que des bateaux pêcheurs ou de très-petits bâtimens.

Aucune des villes de l'empire n'est régulièrement fortifiée : Mogodore est la seule qui soit en état de défense, si toutefois l'on peut appeler ainsi une place où il seroit difficile de trouver une demi-douzaine de canonniers assez instruits pour mettre un canon sur son affût. Cependant cette ombre de puissance fait la loi sur toutes les côtes de Portugal et d'Espagne. On pourroit même dire qu'elle est, en quelque sorte, maîtresse de l'entrée de la Méditerranée.

Si elle ne subsiste, que parce qu'on n'en fait aucun cas, pourquoi acheter son alliance par des présens considérables? C'est d'ailleurs un moyen mal imaginé, de lui prodiguer son or pour se mettre à l'abri de ses pirateries : cela ne fait qu'alimenter sa cupidité, qui est insatiable. Si on lui donnoit aujourd'hui une frégate, demain elle voudroit en avoir deux. Enfin, on peut être sûr que plus on lui accordera, plus elle multipliera ses demandes. N'a-t-on pas reconnu qu'on ne sauroit avoir la paix avec ces peuples barbares, qu'en leur en imposant par la force ? Lorsqu'on leur montre de la fermeté, ils sont prêts à devenir vos amis.

Si, au lieu de chercher l'amitié de Sidi Mahomet, on lui eût franchement déclaré la guerre, et qu'on eût pris deux ou trois villes de son empire, particulièrement Mogodore, qu'il chérissoit comme son ouvrage, on l'auroit bientôt vu accepter toutes les conditions qu'on auroit voulu lui imposer.

Cet empereur se plaisoit encore, dans les dernières années de sa vie, à exercer ses soldats ; il les faisoit tirer au blanc, et ceux qui y mettoient étoient récompensés. Il conservoit aussi, dans sa vieillesse, du goût pour la chasse du faucon ; mais s'il avoit encore quelques momens de plaisir, c'étoit dans la société de ses femmes. Leur gaieté, leur enjouement chassoient du moins, pour quelques instans, les sombres idées qui tourmentoient son esprit.

Son usage étoit de donner audience aux étrangers, et d'expédier une grande partie des affaires publiques étant à cheval ou en voiture, dans une des cours du palais. Au commencement de son règne, il recevoit les étrangers dans une salle destinée aux audiences; ce qui les obligeoit, pour se conformer à la coutume du pays, de paroître sans souliers en sa présence : mais un Européen de mauvaise humeur, ayant refusé de se prêter à une étiquette aussi ridicule, il fut décidé qu'à l'avenir l'empereur donneroit ses audiences en plein air.

Les religieux espagnols résidant à Maroc, ont trouvé le moyen de s'exempter d'ôter leur chaussure devant l'empereur. Ils lui ont tant répété que cette marque de respect ne pouvoit être due qu'à Dieu, qu'il n'a plus osé l'exiger d'eux.

Lorsqu'un Européen, ou même un Maure, veut être admis à l'audience de l'empereur, il doit commencer par faire un présent à un de ses ministres. Ce préliminaire annonce son desir; mais si le premier présent n'est pas trouvé assez considérable, celui qui l'a fait ne reçoit aucune réponse; alors il n'a d'autre parti à prendre que d'en offrir un second plus magnifique, et encore est-il souvent nécessaire d'en user de la sorte avec deux ou trois ministres, pour ne pas être éconduit. On envoie aussi des cadeaux aux sultanes, qu'elles reçoivent avec grand plaisir. Cette voie est la plus sûre et la plus prompte de toutes.

La première formalité remplie, c'est-à-dire après avoir fait vos présens, vous attendez quelquefois long-tems cette audience que vous sollicitez. Si l'empereur vous envoie chercher précipitamment, ce n'est pas toujours pour entendre vos affaires; au contraire, il se fait un plaisir de tromper votre espoir, en vous laissant trois ou quatre heures de suite dans les cours du palais, et finissant par vous faire dire qu'il est fâché d'être obligé de vous renvoyer, sans vous voir. Cette désagréable comédie peut se renouveler plusieurs fois.

La lenteur des expéditions, l'audace de toutes les personnes revêtues de quelque dignité, et la rapacité de toute cette cour, sont poussés au dernier point. Ceux qui ont le malheur d'avoir une affaire à Maroc, doivent s'armer d'une patience à toute épreuve. L'empereur n'accorde jamais rien, même à ses propres enfans, qu'on ne lui ait fait des présens, et encore faut-il qu'ils soient proportionnés à la grace qu'on veut obtenir, sans quoi on peut être assuré d'un refus. Lorsque vous sortez de l'audience, vous êtes suivi par une troupe de gens qui ne vous quittent point qu'ils n'aient vidé votre bourse. Le maître des cérémonies se présente le premier, viennent ensuite les valets et les gardiens de toutes les portes, dont le nombre est infini. Ils ont tous des droits à réclamer, et en vérité on n'a pas le courage de les leur contester, quand on sait qu'ils ne touchent aucun traitement, et qu'ils n'ont point d'autre ressource pour vivre.

Je vais donner ici, pour l'utilité de ceux qui pourroient avoir des affaires à la cour de Maroc, un état que je me suis procuré des sommes qu'il est d'usage, pour les marchands européens, de payer aux ministres de l'empereur et aux gens de sa maison. Les consuls et les ambassadeurs payent plus magnifiquement que les autres étrangers.

A l'Empereur. { Un présent plus ou moins considérable, et proportionné à la demande que l'on fait.

A ses Ministres. { Un présent à-peu-près de même valeur.

Au Maître des cérémonies, qui introduit les étrangers à l'audience. { Quelque chose de moins qu'aux Ministres.

Quoique l'empereur ait accordé la chose qu'on lui demande, il ne faut pas croire pour cela qu'on ait fini. L'expédition est encore plus difficile à obtenir qu'une audience.

Sidi Mahomet faisoit mettre de la lenteur à la conclusion des affaires que les négocians venoient solliciter, et cela par un raffinement de politique. En retenant les étrangers à Maroc, il savoit que c'étoit un moyen d'enrichir ses ministres; et comme il se flattoit que leur argent finiroit par arriver dans ses coffres, il n'étoit pas fâché de donner aux sang-sues de l'état tout le tems de rançonner ces étrangers.

On donne à celui qui a soin d'une des cours du palais, où l'empereur se tient pour ses audiences............	20 onces (*).
A son écuyer..................	20
Au garde de sa lance............	10
Au valet-de-chambre qui fait son thé...	10
A celui qui est chargé de ses fusils....	20
Au porteur de son parasol..........	5
A son sellier..................	10
A son premier cocher............	5
Au valet-de-pied qui lui met ses éperons..	5
	105 onces.

(*) L'once est une pièce d'argent de la valeur à-peu-près de vingt sous de France.

Ci-contre...............	105 onces.
A celui qui prend soin de sa tente.....	10
Au garçon de la chambre qui le chausse..	5
Au valet-de-pied qui lui sert l'eau qu'il boit........................	5
A celui qui veille à la propreté des coussins sur lesquels il s'assied..........	5
A celui qui chasse les mouches de son visage.....................	5
A celui qui est chargé de tenir son sabre en bon état..................	5
A celui qui a soin de sa montre........	5
Aux gardes des portes du palais; — dix portes à payer................	40
A ses jardiniers................	10
A celui qui vous appelle à l'audience....	10
	205 onces.

Les ministres de Sidi Mahomet, connoissant l'indulgence de leur maître pour les exactions qu'ils commettoient envers les négocians étrangers, ne finissoient aucune affaire, à moins qu'ils ne fussent stimulés par de très-gros présens. On a vu plus d'une fois des commerçans européens arrêtés des années entières à Maroc, pour n'avoir point assez payé les agens de ce gouvernement.

Dans l'âge où Sidi Mahomet pouvoit jouir de toutes ses facultés physiques et morales, il s'étoit tellement abandonné à ses plaisirs, qu'il n'avoit pas le courage de s'occuper d'aucune affaire. Ses ministres s'étoient emparés de toute son autorité ; mais dans les dernières années de sa vie, lorsque les forces du corps furent épuisées, et que la vieillesse eut altéré son esprit et son jugement, il voulut gouverner par lui-même. Cette manie devint bientôt aussi ridicule aux yeux des personnes qui l'approchoient, qu'elle étoit fâcheuse pour ses sujets.

Les secrétaires qui écrivoient sous sa dictée, lui voyoient faire de grandes bévues ; mais comme ils n'osoient les lui faire remarquer, il arrivoit à tout instant qu'ils envoyoient des ordres contradictoires ; ce qui occasionnoit une telle confusion dans l'administration, qu'on ne pouvoit plus s'y reconnoître. Si l'empire de Maroc n'a jamais présenté, dans les mains de ses meilleurs rois, qu'un assemblage de contradictions et d'ignorance, qu'étoit-il donc avant le règne de Sidi Mahomet ? En vérité, il devoit avoir à peine quelque apparence de gouvernement !

Les places de ministres et celles qui sont occupées par des officiers de service auprès de la personne de l'empereur, sont si peu connues, que je crois faire plaisir au lecteur d'en faire ici l'énumération.

1.º La place la plus distinguée est celle de premier ministre ou effendi, qui est à la tête de toutes les affaires. Pendant que le gouvernement avoit une marche régulière, toutes les lettres, ainsi que tous les ordres, devoient être signés de sa main avant d'être expédiés.

2.º Un premier secrétaire de la trésorerie, sous la direction de l'effendi, chargé de faire tous les payemens, avec six adjoints et sept juifs sous-secrétaires.

3.º Un écuyer, avec cent vingt sous-ordres pour le service des écuries.

4.º Un grand chambellan et dix-sept adjoints. Lorsque j'étois à Maroc, neuf de ces adjoints étoient des fils de renégats espagnols.

5.º Un grand fauconnier, dont la charge est héréditaire; c'est peut-être la seule dans ce pays. Le grand fauconnier a vingt adjoints.

6.º Un garde du grand sceau.

7.º Deux maîtres-d'hôtel, avec huit adjoints.

8.º Cinq inspecteurs-généraux rendant compte à l'effendi.

9.º Trois maîtres de cérémonies pour les audiences publiques.

10.º Un interprète des langues allemande, hollandaise, anglaise, française, espagnole et latine. Celui que j'ai vu occuper cette place étoit un Allemand renégat.

11.º Un secrétaire chargé des affaires avec les Espagnols et les Italiens.

12.º Deux gardes en chef pour les pierreries et la vaisselle d'argent.

13.º Un grand-maître des bains de l'empereur.

14.º Deux officiers chargés de la garde de l'arsenal.

15.º Deux personnes pour veiller à la garde des effets et des magasins de l'empereur.

16.º Trois inspecteurs pour les mosquées.

17.º Cinq officiers de la bouche.

18.º Deux bibliothécaires.

19.º Deux astrologues.

20.º Quatre écuyers pour les voitures, avec deux adjoints.

21.º Douze enfans d'Européens renégats, sans barbe, pour conduire les petites voitures.

22.º Trois ministres du culte de Mahomet, pour faire les prières : ils ont dix-sept adjoints, tous fils des grands de l'empire.

23.º Trois officiers chargés de porter un parasol sur la tête de l'empereur, lorsqu'il sort du palais : ils ont neuf adjoints.

24.º L'écuyer portant le sabre de l'empereur.

25.º Deux porteurs du bassin dans lequel l'empereur se lave les mains après ses repas.

26.º Deux officiers chargés de garder sa lance.

27.º Un homme pour porter sa montre.

28.º Cinq alcades chargés des fusils dont il se sert à la chasse. Ces alcades ont sous eux quinze aides arquebusiers ou autres pour ce genre de service.

29.º Un officier à qui l'on confie la garde de l'étendard de Mahomet.

30.º Un premier médecin, un premier chirurgien et beaucoup de gens faisant différens métiers utiles à la maison de l'empereur. Le nombre, à ce que j'ai appris, n'en étoit jamais fixé.

On voit que les emplois de la cour de Maroc ne laissent pas d'avoir quelque ressemblance avec ceux des autres états. La place d'effendi, réunie à celle de premier secrétaire de la trésorerie, a bien du rapport avec la dignité de premier ministre, ou de chancelier de l'échiquier, et premier lord de la trésorerie. Les charges de secrétaire d'état, d'écuyer, de grand chambellan, de garde du grand sceau et de grand fauconnier, sont toutes places bien connues dans les cours d'Europe. Beaucoup d'autres ont à-peu-près la même correspondance.

Si la plupart de ces emplois obligent au

même service à la cour de Maroc que dans les cours européennes, les émolumens en sont fort différens. Ceux qui les possèdent auprès de nos monarques, jouissent d'un revenu considérable attaché à leurs places; tandis que les personnes qui en sont revêtues à Maroc, ne reçoivent aucun traitement. Pour leur en tenir lieu, l'empereur leur permet tacitement de faire payer leur crédit aux gens qui en ont besoin. Cela est quelquefois d'un grand produit, quoique le despote, toujours avide de richesses, trouve le moyen d'en avoir sa part.

L'effendi qui étoit en place lorsque je suis allé à Maroc, possédoit les talens et les qualités aimables d'un courtisan européen. Il recevoit les étrangers avec un gracieux sourire, et leur touchoit la main avec l'air le plus affable, les invitant à venir le voir, et les priant de s'adresser à lui toutes les fois qu'il pourroit leur être utile. Sa grande fortune (que l'empereur convoitoit intérieurement), lui donnoit un air d'inquiétude et d'embarras lorsqu'il étoit en sa présence. Cependant il lui faisoit des présens considérables pour tâcher de prévenir une disgrace qui auroit entraîné sa ruine. Les princes avoient la même politique, qui étoit suivie par tous les particuliers riches : tous aimoient mieux faire de grands sacrifices, que de s'exposer à la rapacité d'un souverain qui, pour le moindre mécontentement, se seroit fait un grand plaisir de les dépouiller entièrement.

Lorsque Sidi Mahomet avoit fixé son jour d'audience, les princes résidant à Maroc, ainsi que toutes les personnes en charge, étoient obligés de s'y trouver. A cet effet, ils se rendoient dans la cour des audiences, où le commandant de la garde les rangeoit en demi-cercle, plaçant au premier rang les princes, les ministres et les étrangers. L'empereur arrivoit à cheval, ou dans la petite voiture dont j'ai déjà parlé. Les affaires publiques étoient expédiées les premières; ensuite on présentoit les étrangers. Après quoi l'empereur écoutoit les plaintes (toute personne pouvoit s'adresser directement à lui pour avoir justice), et l'audience finissoit par le châtiment des malfaiteurs. C'est un usage constant à Maroc d'infliger la peine à laquelle les coupables sont condamnés devant l'empereur et toute sa cour. Il n'y a pas long-tems que les empereurs de ces contrées barbares étoient eux-mêmes les exécuteurs des sentences portées contre les criminels.

Finances de Maroc. 1°. Un dixième sur

tous les objets de consommation, et sur toutes les productions du pays. 2°. Un impôt annuel sur les juifs : cet impôt est autorisé par l'alcoran. 3°. Les produits de la douane et les droits d'assise. 4°. Les tributs exorbitans arrachés aux étrangers sujets de cet empire, qui sont également payés par les marchands européens, en forme de don gratuit ou de présens. Ce dernier article est celui qui rapporte le plus à l'empereur.

Aucun systême de finances n'étoit suivi pendant le règne de Sidi Mahomet; et comme il n'avoit d'autre règle que son caprice et la volonté du moment, il eût été difficile de connoître et de fixer l'état de ses revenus. Les droits qu'il mettoit sur de certaines marchandises, varioient à tout instant, et les impôts sur les terres n'étoient pas mieux réglés. Avec une administration aussi peu fixe, on auroit de la peine à asseoir son opinion sur les richesses de ce monarque. Le grand encouragement qu'il donnoit quelquefois au commerce, le peu de dépense de sa maison, les personnes qui avoient des charges à la cour, peu ou point payées ; les tributs forcés ou extraordinaires qu'il retiroit de ses sujets, et la quantité de présens volontaires qu'on lui faisoit, pouvoient faire croire que son trésor étoit immense; mais il paroîtra moins considérable, si l'on songe à tout ce qu'il a dépensé pour faire le siége de Melilla et de Magazan, et si l'on fait attention à sa prodigalité envers le grand-seigneur et les shérifs de la Mecque (*).

Les forces de terre de l'empire de Maroc sont composées en grande partie de soldats nègres, de ces nègres que Muley-Ishmaël fit venir de Guinée; le reste de l'armée se prend parmi les natifs du pays. La totalité forme une armée d'environ 36,000 hommes; les deux tiers de cavalerie. Cette force militaire est susceptible, en tems de guerre, d'une grande augmentation, tous les sujets de l'empereur devant marcher à la première requisition. Six mille hommes sont employés à sa garde, et résident toujours près de sa personne. Les autres troupes sont en garnison dans les différentes villes de l'empire; elles ont pour commandans les bachas des provinces.

Le soldat est habillé par l'empereur : son vêtement est le même que celui des particuliers; on ne reconnoît le soldat qu'à ses ar-

―――――――――――――――――――

(*) Voyez ce que j'ai dit des shérifs à la fin de la page 130.

mes. Il porte un sabre, un fusil très-long, une petite giberne de cuir rouge, pour mettre seulement les balles; cette giberne est attachée sur le devant du corps avec une longe de cuir. Il a une boîte à poudre de corne, tenue avec un ceinturon, et portée en baudrier. La paye du soldat est très-modique; mais il compte sur le pillage, qu'il n'a que trop souvent occasion d'exercer.

L'armée entière est aux ordres d'un général en chef. Quatre des principaux bachas ou alcades commandent des divisions séparées. Il est bon de remarquer à l'égard des alcades, qu'il en est de trois espèces. Ceux dont il est ici question, sont des chefs militaires qui commandent plus ou moins de soldats; quelquefois mille; dans un autre endroit cinq cents; enfin une simple division de cent hommes.

Le soldat nègre est naturellement vigoureux, et en état de supporter les plus grandes fatigues. Il résiste sans beaucoup de peine à la faim, à la soif et à tous les maux que la guerre traîne après elle. Il est excellent pour harceler l'ennemi; mais s'il étoit obligé de soutenir une attaque régulière, il seroit bientôt en fuite. On ne lui voit observer aucun ordre dans ses rangs. En vérité, la réunion
de

de pareils soldats a plutôt l'air d'un rassemblement de bandits, que d'un corps de troupes disciplinées.

Cependant l'armée de Maroc, malgré les vices de sa composition, est le plus ferme appui du trône ; mais il arrive quelquefois qu'elle en devient l'ennemi le plus redoutable par son penchant pour la nouveauté et la soif de l'argent. Les soldats sont les premiers moteurs des séditions qui ébranlent le gouvernement. Ces stipendiés se vendent à celui qui les paie le plus cher, et qui leur fait espérer un meilleur sort. Le monarque, qui sait combien il est facile de les engager avec de l'or, n'est occupé qu'à appauvrir les grands de son empire, qui pourroient être tentés de les corrompre.

L'attachement des Maures pour leur souverain est si foible, et ils ont tant de goût pour le changement, qu'il seroit toujours en danger de se voir enlever la couronne, s'il ne se tenoit sur ses gardes. Ce n'est pas que le peuple ait la moindre idée de liberté : il se bat pour se défaire d'un tyran et passer sous le joug d'un autre. L'espoir qu'il a qu'en immolant un despote barbare, il lui en succédera un moins cruel, lui fait tout sacrifier pour opérer une révolution.

La marine de l'empereur est composée d'une quinzaine de frégates, quelques chébecks, et vingt à trente galères à rames. La totalité des bâtimens est commandée par un amiral. Ils ne servent guères que pour la piraterie. En effet, ils ne pourroient être d'aucun usage réunis en flotte. Le nombre des matelots employés au service de la marine va à six mille.

Après avoir parlé du mauvais état des ports de Maroc, je n'ajouterai qu'un mot sur la foiblesse de cet empire, comme puissance maritime. Je dis qu'elle ne conservera pas long-tems ses ports et ses hâvres, si la mer continue de chasser des sables à l'embouchure de toutes les rivières.

En peignant le caractère de Sidi Mahomet, et son mauvais gouvernement, j'ai assez fait connoître qu'il gouvernoit avec une verge de fer. Son pouvoir étoit si grand, qu'il disposoit suivant son caprice de la fortune et même de la vie de ses sujets.

L'empereur nomme les bachas qui commandent dans les provinces. Ce sont ordinairement des Maures de la première distinction; quelquefois il y envoie ses fils. Ces commandans qui sont mis en place et destitués pour la faute la plus légère, jouissent, tant qu'ils sont en faveur, d'un pouvoir presque illimité. Ils peuvent infliger toute espèce de punition, excepté la mort. Ils lèvent des taxes, imposent des amendes, et pillent les particuliers, sans que personne ose se plaindre. Les vols de tout genre que commet un bacha sont si multipliés, qu'on pourroit croire que le pillage du public est une des principales fonctions de sa place. Mais à quoi bon ce brigandage, puisque l'empereur finit presque toujours par s'emparer des trésors qu'il a amassés à force de friponneries et d'exactions ?

Aussi-tôt que l'empereur est informé qu'un bacha s'est enrichi aux dépens de la province où il commande, il lui impute des torts, et le fait mettre en prison pour rendre compte de sa conduite; mais en attendant qu'il soit convaincu des malversations dont il est accusé, le despote ne manque jamais de s'approprier tout ce qu'il possède. Si le bacha parvient à se justifier, on lui rend sa place, mais jamais ses richesses; il est même dépouillé une seconde fois, s'il n'est pas corrigé de la folie de s'enrichir après la leçon qu'il a reçue.

Shakespeare, qui avoit une grande connoissance du cœur humain, a mis en scène le dialogue suivant :

« *Rosencrantz*. — Me prenez-vous pour une » éponge, mylord? » « *Hamlet*. — Oui, mon- » sieur : qu'est-ce qui ne brigue la faveur » d'un roi, ses graces et son autorité? — Mais » celui qui, comme vous, est comblé de ses » bienfaits, finit souvent par rendre gorge. » Le monarque le tient sous sa main comme » un singe qui a attrapé une pomme, la » garde pour le besoin dans le coin de sa » mâchoire. Quand la soif de l'or prend au » souverain, il presse l'éponge, et elle reste » à sec. »

Les commandans des villes se nomment *alcades*; ils sont subordonnés aux bachas, ainsi que les officiers revêtus de la même autorité dans les douhars ou camps arabes. Ceux-ci portent le nom de *saïcks*; ils ont tout autant de pouvoir dans l'étendue de leur arrondissement, que les bachas dans les provinces; mais ils n'en jouissent pas tranquillement; l'empereur les vexe de toutes sortes de manières, et ils ont encore à souffrir la mauvaise humeur des bachas.

L'alcade est investi de l'autorité civile et militaire dans la ville dont le commandement lui est confié. On lui donne un certain nombre de soldats à ses ordres, pour veiller à la tranquillité publique : il s'en sert aussi pour faire payer les impôts, arrêter les malfaiteurs, porter ses dépêches à la cour et ses ordres dans l'étendue de son district.

Comme juge civil, il a la connoissance de toutes les affaires criminelles; il fait punir les coupables; il peut même condamner à mort.

Si l'on réfléchissoit sur les conséquences dangereuses d'un pouvoir aussi étendu, on apercevroit bientôt que l'abus doit en être énorme et presque continuel, dans un pays où la justice et l'honneur sont comptés pour peu de chose.

L'alcade condamne un malheureux, pour la faute la plus légère, non-seulement à une bastonnade rigoureuse et à la prison, mais encore à lui payer une amende, ou à lui faire un présent dont la valeur équivaut souvent à ce qu'il a pu gagner pendant la moitié de sa vie.

Il n'est pas rare de voir inventer de fausses accusations contre des particuliers, pour acquérir le droit de les piller. Voilà le danger d'une autorité dont on peut abuser impunément.

Un scélérat qui a commis le crime le plus notoire peut être déclaré innocent, en donnant une somme d'argent à l'alcade; s'il est adroit, il fera même retomber sur son accusateur le châtiment qu'il a mérité. Dans les affaires civiles, il faut payer cher l'avantage d'être bien ou mal jugé : ce malheur n'appartient point uniquement à Maroc.

L'alcade est aidé dans ses fonctions par un *ell-hackum*, ou député gouverneur. La charge de ce sous-chef a quelque analogie avec celle de connétable en Angleterre. Outre ces deux magistrats, il y a dans toutes les villes un *cadi* qui est juge civil et ministre du culte en même tems, par la raison que les emplois civils ne se séparent point des devoirs religieux dans le koran.

Lorsqu'il s'élève quelque contestation entre particuliers en matière de droit, soit pour dettes, partages, etc. etc.; celui qui croit avoir sujet de se plaindre s'adresse au cadi, qui juge l'affaire d'après les lois du koran. En l'absence du cadi, les *talbs*, qui sont des ministres du culte d'un ordre inférieur, peuvent juger à sa place. Si les parties prennent des avocats, les plaidoyers doivent se faire par écrit; mais les plaideurs ont le droit de défendre eux-mêmes leur cause. Pour ces sortes d'affaires, les talbs qui donnent des sentences par *intérim* ne sont point payés; mais les présens tiennent lieu de payement.

Le supérieur des cadis est le mufti, qui est le chef suprême de la religion ; il ne se mêle point des affaires contentieuses; c'est à l'empereur lui-même qu'il faut en appeler, si on croit son procès mal jugé. A cet effet, on lui présente une requête lorsqu'il donne ses audiences publiques pour le redressement des torts de la justice.

Cette coutume pourroit adoucir les maux que cause le despotisme, si le monarque jugeoit avec impartialité; mais il arrive presque toujours que les présens considérables qu'on lui fait, déterminent son jugement. Cette partialité en faveur des gens opulens, qui est bien connue du peuple, et la grande distance où sont plusieurs provinces du siége du gouvernement, empêchent beaucoup de plaideurs lésés de porter leurs réclamations au tribunal de l'empereur.

La punition des criminels dépend de la seule volonté du souverain. Les fautes légères sont ordinairement punies par la bastonnade et la prison. Le premier châtiment consiste à recevoir un certain nombre de coups sur le derrière ou sur la plante des pieds; ce qui s'exécute quelquefois avec beaucoup de sévérité. Lorsque le délit est grave, les peines deviennent plus rigoureuses. Dans divers cas, comme vol, projet d'assassinat, etc. etc., les mains sont coupées, ou seulement une main et un pied.

Pendant mon séjour à Maroc, il y a eu plusieurs exécutions de cette espèce. Quatre hommes, qui avoient commis un meurtre, furent condamnés par l'empereur à avoir les pieds et les mains coupés : leur supplice finit par la mort, qu'on leur donna en les fusillant. D'autres criminels sont passés au fil de l'épée, assommés avec des massues, ou décapités. Les Maures ont aussi une terrible façon de secouer les membres d'un coupable. Sidi-Mahomet entretenoit à sa suite des gens dont l'adresse étoit surprenante pour disloquer un cou, casser une jambe, un bras sans attaquer le principe de la vie. J'ai vu faire cette cruelle opération. La scène se passa le matin en présence de l'empereur, qui, quelques heures après, eut l'humanité d'envoyer des secours au malheureux qui l'avoit soufferte.

Au total, il n'y a point de cruautés inventées par les hommes, qui n'aient été pratiquées à Maroc. Je crois bien que ce peuple, qui est encore tout entier dans la barbarie, a besoin de punitions sévères pour le ténir dans l'état de sujétion qui fait la base de son gouvernement; mais qu'il me soit permis de dire, qu'avant de les infliger, on devroit s'attacher davantage à acquérir la conviction du crime dont on charge fort légèrement un malheureux accusé. On est révolté de voir souvent le contraire à Maroc. Les prévenus de vols ou autres délits qui entraînent une peine afflictive, sont mis à mort avant qu'ils aient pu produire leurs moyens de défense. Quel horrible code criminel !

Les exécutions, ainsi que je l'ai dit, se font toujours en présence de l'empereur. Sidi Mahomet, n'étant encore que prince, en remplissoit les fonctions. A son avénement au trône, il remit cette charge honorable à des soldats nègres. Je n'ai point assisté aux grandes exécutions, mais j'ai su qu'on coupoit les bras et les jambes avec un couteau ordinaire et une scie pour scier les os. J'ai appris aussi, qu'après cette barbare opération, on plongeoit le moignon dans de la poix bouillante, pour arrêter le sang, ne connoissant point d'autre moyen de prévenir l'hémorrhagie. J'ai jugé de l'indifférence avec laquelle les princes maures voyoient ces supplices horribles, par la réponse que me fit un des fils de l'empereur, que j'avois prié de présenter un mémoire à son père. Il me répondit, avec beaucoup de sang-froid, qu'il n'avoit pu lui parler de mon affaire, parce qu'à la dernière audience il n'avoit été occupé qu'à faire exécuter des criminels.

CHAPITRE X.

Arrivée de Muley Absulem à Maroc. Réception brillante qui lui est faite. Ingratitude de ce Prince envers l'Auteur, qui adresse une lettre à l'empereur pour obtenir la permission de retourner en Europe. Inutilité de cette démarche, malgré les présens qu'il prodigue pour la faire réussir.

Il n'y avoit que dix jours que j'avois été présenté à l'empereur, lorsque Muley Absulem arriva de Tarudant pour faire son pélerinage de la Mecque. Comme c'étoit le prince le plus chéri de la famille royale, son entrée publique se fit avec beaucoup de pompe et d'apparat. Aussi-tôt que l'empereur fut informé qu'il approchoit de Maroc, il ordonna à ses deux frères, Muley Slemma et Muley Oussine, ainsi qu'au bacha et à toutes les personnes de distinction, d'aller au-devant de lui. Cette brillante escorte sortit de la ville au son d'une musique nombreuse. Elle rencontra Muley Absulem à quatre milles de Maroc, occupé à prendre quelques rafraîchissemens. Les princes parurent bien aises de se revoir; ils s'entretinrent ensemble un moment, après quoi ils s'acheminèrent vers Maroc. La marche étoit ouverte par douze alcades, ayant à leur droite et à leur gauche des esclaves qui portoient un étendard de flamme rouge, et une lance d'une longueur extraordinaire. Venoit ensuite Muley Absulem, accompagné de ses deux frères. Ils étoient suivis du bacha et de tout ce qu'il y avoit de plus considérable dans la capitale. Une garde de cent cavaliers nègres, ayant la carabine appuyée sur le pommeau de la selle, écartoit la foule.

Muley Absulem, escorté ainsi, s'avança jusques sous les murs de Maroc, où il eut ordre d'attendre l'empereur, qui, voulant donner à son fils chéri une grande bienveillance, vint lui-même le chercher au-delà des portes de la ville. A l'approche du monarque, Muley Absulem mit pied à terre, et se prosterna respectueusement. Sidi Mahomet l'ayant fait relever, l'embrassa, en lui tenant la tête dans ses deux mains. Après ce premier signe de tendresse, il lui témoigna une grande joie de voir ses yeux en aussi bon état. Toute la calvacade, qui étoit fort augmentée par la suite nombreuse de l'empereur, entra dans la ville au son d'une multitude d'instrumens. Lorsque le détachement de cavalerie eut remis le prince au palais, il fit trois décharges pour terminer la fête.

J'étois fort empressé, comme on peut le croire, de savoir quel accueil Muley Absulem me feroit à Maroc. Je craignois qu'il n'eût déjà oublié le service que je lui avois rendu; mais la réception gracieuse qu'il me fit, lorsque je pus parvenir à le voir, dissipa ce mouvement d'inquiétude dont j'avois de la peine à me défendre, et qui étoit un secret pressentiment de son ingratitude. Rien n'annonçoit encore que j'aurois bientôt de trop justes plaintes à faire de ce prince, dont le cœur étoit fermé aux sentimens de la reconnoissance. Il m'apprit, ce jour-là, que sa vue s'étoit affermie de plus en plus depuis mon départ de Tarudant; il avouoit aussi, qu'à tous égards, sa santé étoit infiniment meilleure.

Le moment me paroissant favorable pour lui parler des désagrémens que j'avois éprouvés par rapport à lui, je lui fis l'énumération de toutes les horreurs qu'on avoit débitées sur mon compte : il eut l'air indigné de la méchanceté qui s'étoit attachée à mes pas, et me promit de faire tout ce qui étoit en son pouvoir pour me faire perdre le souvenir de ce que j'avois souffert. Dans une seconde visite que je lui fis au bout de quelques jours, il me dit qu'il seroit bien aise de ne pas discontinuer tout-à-fait l'usage des remèdes que je lui avois fait prendre avec tant de succès; il ajouta que j'étois autorisé par l'empereur à lui en donner, si je pensois qu'il en eût encore besoin; et afin de m'encourager à mettre la dernière main à sa parfaite guérison, il me répéta que la liberté des captifs anglais en seroit la récompense : c'étoit peut-être la centième fois qu'il me faisoit cette promesse.

Muley Absulem avoit ramené le capitaine Iwing, que je n'avois point vu passer à Tarudant avec les autres prisonniers anglais. Je fus charmé de retrouver mon malheureux compatriote, que je croyois encore entre les mains des sauvages. Ma satisfaction de son arrivée à Maroc fut d'autant plus vive, que j'avois lieu d'espérer que je pourrois accélérer la délivrance de ce brave homme : j'étois bien impatient qu'il fût rendu à sa patrie et à ses amis. Le capitaine Iwing étoit instruit, et d'une société fort agréable. Il avoit pratiqué la médecine avec succès avant de se charger de la conduite d'un vaisseau. Il fit sa première campagne de mer en qualité de chirurgien, sur un bâtiment qui alloit en Guinée. Après plusieurs voyages heureux, on lui avoit donné le commandement d'un vaisseau destiné à faire le commerce de la Guinée : en faisant route pour s'y rendre, il eut le malheur d'échouer sur les côtes des Barbaresques.

Les intéressés dans cette entreprise avoient voulu, contre son gré, qu'il passât entre les îles Canaries et la côte d'Afrique, quoique de tout tems ce passage ait été regardé comme dangereux. En serrant la côte d'un peu trop près, il fut entraîné par un courant qui le porta sur des rochers qu'il fut impossible d'éviter. Le navire n'ayant pas été mis entièrement en pièces, les hommes eurent le tems de se sauver, et d'emporter l'argent qui étoit à bord. Ils débarquèrent aussi de l'eau à boire, et une partie des autres provisions.

La côte où ces malheureux firent naufrage étoit entièrement stérile et couverte de sable. N'ayant aperçu aucune trace d'hommes, ils dirigèrent leur marche vers le nord, dans l'espérance d'atteindre Santa-Crux ou Mogodore. Ils emportoient avec eux l'argent qui étoit sur le vaisseau, et autant de provisions qu'ils avoient pu en mettre sur leur dos. Après deux jours d'une fatigue extrême, ils furent rencontrés par un parti de sauvages arabes, armés de poignards et de grandes massues. Le capitaine Iwing voyant qu'il n'étoit pas possible d'échapper à ces brigands, fit cacher l'argent dans le sable, pensant qu'il pourroit quelque jour venir le chercher. A peine les matelots venoient d'exécuter ses ordres, que le capitaine et tout son équipage furent saisis par les sauvages, qui eurent beaucoup de peine à s'arranger entr'eux. Tous prétendoient avoir le même droit à une si bonne capture ; ce qui occasionna une grande contestation dans le partage.

Avant que la querelle fût vidée, les prisonniers reçurent toutes sortes de mauvais traitemens. On les terrassoit pour les fouiller et arracher les boutons de leurs habits. Enfin, ces hommes féroces, qu'on peut comparer à des vautours, s'étant partagés leur proie, emmenèrent, chacun de son côté, les Anglais qui étoient échus à leur lot.

J'ai vu à Maroc plusieurs de ces sauvages arabes, qui m'ont paru être fort différens, à bien des égards, des autres Arabes. Contre l'usage ordinaire des Maures, ils portent les cheveux longs, qui sont très-noirs. Cette
chevelure

chevelure se dresse, dit-on, sur leur tête, comme les flèches d'un porc-épic, quand il se met en colère. Ces Arabes ont le teint basané et le nez très-pointu; leurs yeux sont bruns et fixes; jamais ils ne se font la barbe; ce qui leur donne tout-à-la-fois l'air fou et méchant. La plupart vont entièrement nus; mais le plus grand nombre se couvre le milieu du corps.

Voici ce que le capitaine Iwing m'a raconté de sa captivité chez cette horde de barbares. Ses nouveaux maîtres le conduisirent, avec trois de ses compagnons d'infortune, dans une misérable cabane, où ils les enfermèrent. On leur donnoit, dit-il, pour toute nourriture, un peu de lait, du genièvre et de l'eau saumâtre. Heureusement que leur séjour ne fut pas long chez ces premiers hôtes, qui les faisoient mourir de faim. Ils furent vendus à d'autres Arabes, qui n'étoient pas plus humains que ceux qu'ils venoient de quitter; mais comme ils espéroient tirer parti de leur travail, ils leur donnèrent un peu plus à manger. Nos pauvres prisonniers furent employés aux ouvrages les plus pénibles : celui qui leur coûtoit davantage, étoit de transporter de l'eau, à une grande distance, dans des peaux d'animaux, dont le poids les accabloit. Si la fatigue leur arrachoit quelques plaintes, on les assommoit de coups.

Après être restés environ trois mois dans cet état déplorable, le capitaine Iwing tenta de faire passer une lettre au vice-consul anglais en résidence à Mogodore. Cette lettre étant heureusement parvenue, fut renvoyée sur-le-champ au consul-général à Tanger, qui ne perdit pas un instant à solliciter la commisération de Muley Absulem, dont le commandement s'étendoit dans la province limitrophe des déserts où le capitaine Iwing et ses matelots gémissoient dans les fers. Muley Absulem demanda et obtint de l'empereur la permission de les racheter : mais comme on ne finit à rien dans cet horrible pays, leur délivrance tarda huit mois; celle du capitaine Iwing fut la dernière, ayant été emmené fort loin par un Arabe du désert.

L'assurance qui m'avoit été donnée du renvoi très-prochain de mes compatriotes en Angleterre, me fut encore confirmée par le prince, qui me confia que, dans cinq ou six jours, il partiroit pour la Mecque. Tout étoit arrangé, me dit-il, pour que je le suivisse jusqu'à Salé avec les prisonniers anglais. Il devoit, après cela, nous donner une escorte pour nous conduire à Tanger..

En apprenant, de la bouche du prince, un arrangement aussi agréable, je crus que rien ne pourroit plus m'arrêter. Je volai aussi-tôt chez le capitaine Iwing, pour lui faire partager ma joie ; mais le peu de confiance qu'il avoit en la parole d'un homme qui y manquoit souvent, l'empêcha d'y ajouter beaucoup de foi. Cependant je ranimai un peu son courage.

Etant un jour informé du départ de Muley Absulem, et ne doutant point qu'il n'eût le projet de nous emmener avec lui, je me donnai des mouvemens pour avoir les mulets dont nous aurions besoin : mais quel fut mon étonnement, lorsque je me présentai chez lui pour prendre ses derniers ordres, et qu'on me refusa sa porte ! L'on me remit au lendemain, prétextant qu'il étoit trop occupé pour me recevoir. Je voyois pourtant que tout s'apprêtoit pour son départ.

Pénétré d'un sentiment de surprise et d'indignation, je retournai à mon logis, où je passai la nuit à faire de bien tristes réflexions. Dès que le jour parut, je repris le chemin du palais, afin d'apprendre quelque nouvelle touchant le départ de Muley Absulem. A peine étois-je entré dans la première cour, que j'entendis répéter par plusieurs personnes qu'il alloit partir dans une heure. Les bagages étoient déjà chargés sur les mulets; il me restoit donc fort peu d'espérance de pouvoir lui parler; cependant je lui fis demander la permission de le voir un moment; mais ce fut en vain. Le prince se contenta, pour se débarrasser de moi, de m'envoyer dix rixdales. Celui qu'il avoit chargé de me remettre cette somme modique, me dit de sa part qu'il falloit m'adresser à l'empereur, lui seul pouvant m'accorder la liberté de retourner dans ma patrie.

Furieux de cet indigne procédé, j'assurai le messager du prince que je n'avois pas besoin d'argent, que je ne demandois que l'accomplissement de ses promesses par rapport à moi et aux prisonniers anglais; j'ajoutai que jusqu'à ce que j'y pusse compter, je resterois à sa porte, à moins qu'on n'usât de violence pour m'en chasser. Mes vives représentations n'eurent d'autre effet que d'engager Muley Absulem à me renvoyer le même homme, qui m'apporta deux rixdales de plus, et m'ordonna de me retirer, en me donnant le conseil d'aller trouver un des secrétaires de l'empereur dont il me laissa le nom.

Toutes les tentatives que j'avois faites pour voir le prince étant inutiles, je me déterminai à l'attendre sur son passage. Cette ressource, qui étoit la seule qui me restât, ne servit qu'à me convaincre de la perfidie et de la brutalité du plus ingrat de tous les hommes. Aussi-tôt que je le vis paroître dans la cour du palais, je courus au-devant de lui; mais avant que mon interprète eût eu le tems de prononcer un seul mot, il étoit déjà loin; son cheval l'attendoit au bas de l'escalier de son appartement; il s'élança dessus légèrement, et prit le galop, sans parler à personne. Je restai stupéfait d'un départ aussi précipité. Les idées les plus sinistres vinrent en foule assiéger mon esprit.

Sous quelque point de vue que j'envisageasse ma position, je n'y voyois que des sujets de crainte et d'inquiétude. Lorsque j'étois venu auprès de Muley Absulem, il m'avoit donné les assurances les plus positives de ne me retenir que le tems nécessaire à sa guérison, et cependant je me trouvois prisonnier à Maroc. Bien loin de me rendre ma liberté, qui certainement ne pouvoit être regardée comme une grace, on avoit la cruauté de m'abandonner et de me laisser à la merci d'un despote barbare et vindicatif.

L'imagination préoccupée de ma malheureuse destinée, les réflexions que je faisois sur mes compatriotes que j'avois trompés, en les flattant d'une prochaine délivrance, et le souvenir de l'éloge si peu mérité que j'avois fait de mon malade, en rendant compte au consul britannique de son heureuse guérison; tout cela me troubla tellement le cerveau, que pendant plusieurs jours je fus incapable de prendre aucun parti.

Enfin ma tête s'étant un peu remise, je pensai à aller chez le secrétaire qu'on m'avoit conseillé de voir. Cette démarche n'aboutit à rien. L'homme en place qui, suivant l'avis que j'avois reçu, pouvoit me rendre de grands services, étoit allé à Fez ; ainsi il me fallut aviser à d'autres moyens pour sortir de cet affreux pays.

Les étrangers présentés à l'empereur, ne pouvant quitter ses états sans sa permission, je crus que je n'avois rien de mieux à faire, dans l'embarras où je me trouvois, que de réclamer l'assistance du consul de ma nation établi à Tanger. Je l'informai sur-le-champ de la trahison qui m'avoit, en quelque sorte, mis dans les fers de ces barbares; mais ma lettre fut si long-tems en chemin, qu'elle n'avança pas d'un seul jour mon départ de Maroc.

Voyant que je ne recevois aucune réponse

de ce côté-là, je me déterminai à écrire la lettre suivante à l'empereur.

A sa Majesté impériale de Maroc.

Très-auguste Monarque,

« Avec tout le respect et toute la soumis-
» sion qui sont dus à votre sublime majesté,
» je prends la liberté de l'informer que le
» gouverneur de Gibraltar vient de m'envoyer
» les ordres les plus précis pour me rendre
» sur-le-champ à mon poste. Si mes soins
» pouvoient être encore de quelque utilité à
» Muley Absulem, je manquerois plutôt à
» mon devoir, que de ne pas les lui continuer;
» mais ayant eu le bonheur, avec le secours
» de la divine providence, d'opérer sa gué-
» rison, je supplie votre sublime majesté de
» permettre que je retourne incontinent à
» Gibraltar. »

Je suis avec le plus profond respect,

De votre sublime majesté,

Le très-humble et très-dévoué serviteur, G. Lemprières.

Je fis traduire en arabe la lettre ci-dessus; l'ayant ensuite enveloppée d'un mouchoir de soie, pour me conformer à l'usage du pays, je la portai à Muley Omar que j'avois connu à Tarudant. J'y joignis un présent de toile d'Irlande qui pouvoit valoir six rixdales. En l'offrant à ce prince, je le priai avec instance de mettre ma lettre sous les yeux de l'empereur. Il accepta sans façon mon présent, et me promit qu'il feroit son possible pour que mon affaire s'arrangeât très-promptement. L'air d'intérêt qu'il prit en me parlant, m'inspira de la confiance. Je m'applaudis intérieurement d'avoir fait cette démarche; mais je ne fus pas long-tems à m'apercevoir que ce nouveau protecteur ne valoit pas mieux que les autres; son cœur étoit faux; il ressembloit, par sa dissimulation, aux ministres que j'avois réclamés avant lui.

Je ne m'en tins pas au présent que je venois de faire à Muley Omar; j'étendis mes libéralités jusques sur les agens du gouvernement. Ce n'étoit point une chose mal vue de ma part de tâcher d'avoir plus d'une corde à mon arc. Les facultés morales de l'empereur étoient si affoiblies, qu'il ne se souvenoit pas une heure après des demandes qu'on lui avoit faites; ainsi lorsqu'on avoit une affaire à porter au pied de son trône, il étoit fort à propos de lui en faire rafraîchir plus d'une fois la mémoire. J'aurois voulu qu'on lui rappelât à chaque instant que j'attendois encore ma liberté : mais, soit que mes présens n'eussent pas été trouvés assez considérables, soit qu'on imaginât que je les répéterois; toujours est-il certain que je ne retirai aucun fruit ni de ma lettre, ni de mes présens.

CHAPITRE XI.

Vie démocratique des Maures. Leurs habitudes, leur mariage. Lois sur les successions. Chevaux maures. Manière dont on les élève. Caractère de deux des fils de l'empereur régnant. Mosquées, cérémonies religieuses. Caravanes, dont les unes se rendent à la Mecque, et les autres dans l'intérieur de l'Afrique, jusqu'à Tombut ou Tombrate.

Peu de tems après le départ de Muley Absulem, on songea à renvoyer les prisonniers anglais; ils furent conduits, par ordre de l'empereur, à Mogodore, où ils devoient être embarqués et expédiés pour Gibraltar. Par ce moyen, je perdis la société du capitaine Iwing, que j'avois bien des raisons de chérir : je ne conservois plus que l'officier français dont j'ai déjà parlé. Nous ne nous quittions guères depuis que nous étions devenus nécessaires l'un à l'autre. Nous n'osions pas même sortir du quartier des juifs, crainte d'être assaillis d'une grêle de pierres, ou au moins d'être accablés de toutes les sottises que la superstition et la brutalité peuvent imaginer. Les fanatiques de tous les pays sont également intolérans et barbares. A ces titres, qui ne reconnoîtroit les lazzaronis de Naples, comme ceux de Maroc? Ici, c'est une race formée de la plus vile canaille, qui tire son origine de ces Arabes sauvages qui viennent dans les grandes villes pour y vivre de vols et de brigandages.

Dans l'empire de Maroc, le sang des habitans des villes est encore plus mêlé que celui du peuple des campagnes. Les descendans des Maures se sont confondus avec les Turcs leurs conquérans; ils ont aussi contracté des mariages avec les nègres que les empereurs ont introduits dans le pays. La couleur des deux premières espèces d'hommes que je viens de citer est d'un blanc sale, tirant sur l'olive. Lorsqu'ils s'allient avec les nègres, il n'est plus possible de distinguer l'origine des enfans qui naissent de ces unions mal assorties; aussi je leur donne à tous le nom générique de Maures.

Quoique les nègres forment encore une portion considérable des sujets de l'empereur, il n'est pas moins vrai qu'ils sont bien diminués depuis le règne de Muley Ishmaël, qui les établit le premier à Maroc. Les nègres sont mieux faits que les Maures; ils ont aussi plus de bravoure et d'activité. C'est sans doute par cette raison qu'on les préfère pour le service militaire. Les commandans des villes, de même que les gouverneurs des provinces, sont des noirs dont la fidélité a été bien reconnue. Un pareil choix ne peut manquer d'exciter des murmures parmi les Maures, qui sont jaloux d'une autorité confiée à des hommes qu'ils regardent fort au-dessous d'eux.

Les nègres ne font de bons soldats qu'autant qu'ils ont de la confiance dans leurs chefs. On se les attache avec de la générosité, de l'énergie dans le caractère, et beaucoup de fermeté. S'ils ne trouvent aucunes de ces qualités dans ceux qui les commandent, ils sont bientôt prêts à les abandonner, et même à les livrer à l'ennemi. Les nègres ne sont pas tous employés dans l'armée; on en voit beaucoup de répandus dans le pays qui servent des particuliers. Tous les gens riches en ont à leur service, plus ou moins, suivant leurs facultés; et à la honte des Européens, ils sont traités ici avec plus de douceur et d'humanité que chez les peuples civilisés. Les Maures leur font cultiver leurs jardins, et les chargent des détails du ménage ; ils leur permettent de se marier entr'eux, et après un certain nombre d'années, ils leur donnent leur liberté, qui est pour tous les hommes un bien inappréciable. Aussi-tôt que ces êtres, qu'on asservit par-tout, sont sortis d'esclavage dans les états de Maroc, on les instruit dans la religion mahométane, qu'ils ne tardent pas à embrasser, sans cependant renoncer tout-à-fait à quelques préjugés d'idolâtrie qu'ils reçoivent dans leur enfance. A tout autre égard, ils copient les Maures, dont ils prennent facilement les habitudes. J'entrerai sur cela dans quelques détails qui serviront à fixer les idées du lecteur sur l'esprit de ces peuples barbares.

Si l'on veut juger sainement le caractère des Maures, il ne faut pas oublier qu'on ne prend aucun soin de leur éducation ; que le gouvernement est très-sévère, et calculer ensuite la part que l'influence du climat peut avoir au développement des passions vicieuses. Il n'est pas douteux qu'un soleil brûlant qui relâche toutes les fibres, n'affoiblisse le corps, et n'ôte à l'ame son énergie. Au désavantage de la position topographique de ces contrées, se joint encore le peu de correspondance que les Maures ont avec les autres nations ; mais une dernière raison, qu'on peut regarder comme la plus forte de toutes sur leur stupide lâcheté, c'est l'effet d'une religion absurde qui n'est fondée sur aucuns principes de charité.

Lorsqu'on s'est pénétré de ces vérités, on ne doit pas être étonné de trouver à Maroc les vices des peuples sauvages réunis à ceux que produit le luxe et la paresse. Si l'on considère que la jalousie et la fausseté sont compagnes de la foiblesse et de la superstition, on ne sera point surpris de voir de tels hommes toujours renfermés dans leurs maisons, et ne formant entr'eux aucunes de ces liaisons qui font le bonheur de la vie sociale. La nature du gouvernement, et l'espèce d'isolement dans lequel ils vivent, inspirent à chaque individu de la méfiance de son voisin, et l'empêchent de communiquer avec lui.

Il seroit injuste de penser que la peinture que je viens de faire du caractère et des mœurs de cette nation, s'applique à tous les Maures. Quelque mauvaises que soient les lois d'un pays, il y a toujours un petit nombre de gens sages qui se garantissent de la corruption générale. On voit des hommes à Maroc dont les vertus privées feroient honneur aux peuples les plus civilisés. Il est fâcheux d'être obligé de convenir qu'il y en a très-peu qui méritent cet éloge. Accablés sous le poids du despotisme et de la plus dure oppression, les Maures ont perdu toute idée d'industrie et d'émulation. Leur indolence s'étend jusques sur les sottises du gouvernement, qu'ils voient d'un œil indifférent. Le peuple est si peu sûr de pouvoir jouir du fruit de ses peines, qu'il ne travaille que pour avoir de quoi vivre. S'il fait par hasard quelques efforts pour se donner un peu plus d'aisance, il a grand soin de ne pas les laisser apercevoir, afin de ne pas s'exposer au pillage des gouvernans.

Les sciences et les arts seroient entièrement inconnus à Maroc, sans les juifs, qui ont une teinture de l'industrie et des talens de nos contrées européennes. Les Maures pourroient être mis au même rang de ces peuples assez peu avancés dans la civilisation pour ne faire usage que d'un petit nombre de métiers mécaniques. Le peu d'aptitude qu'ils ont pour les affaires, les oblige de prendre conseil des juifs, toutes les fois qu'ils veulent faire le commerce.

On imagineroit qu'avec la crainte de passer pour riches (qui les tourmente sans cesse) ils devroient être peu attachés à un argent qu'ils n'oseroient jamais dépenser; cependant ils en font leur dieu, se privent des commodités de la vie, et même des choses de première nécessité, pour le conserver. Malgré tout le soin qu'ils prennent de cacher leur fortune, ils n'y mettent presque jamais assez d'adresse pour en dérober la connoissance aux bachas qui commandent dans les provinces. Aussi-tôt que ceux-ci en sont instruits, ils trouvent bientôt le moyen de s'en emparer; et afin que l'empereur approuve cet horrible pillage, ils partagent avec lui.

Cette nécessité qu'ont les Maures d'envelopper toujours toutes leurs actions du plus grand secret, leur donne un esprit faux et dissimulé. Lorsqu'on s'est accoutumé de bonne heure à l'imposture, il est difficile de ne pas conserver pendant toute sa vie l'habitude du mensonge.

Les Maures sont graves et mélancoliques; chauds en protestations d'amitié, mais fort inconstans dans leurs affections. Ils n'ont ni aptitude pour les sciences, ni envie de s'instruire. La paresse de leur esprit les rend peut-être encore moins susceptibles que les sauvages des sensations qui tiennent au sentiment. Leur ame engourdie a besoin d'être remuée très-vivement pour devenir sensible

au

au plaisir ou à la douleur. Ce stoïcisme apparent n'est point accompagné de courage; au contraire, on leur voit montrer la plus grande lâcheté à l'approche des châtimens; ils sont aussi bas et rampans devant leurs maîtres, qu'ils sont durs et tyranniques envers leurs inférieurs. Ils sourient assez volontiers; mais il est rare que leur joie soit plus démonstrative. La marque la plus sûre de leur contentement, c'est lorsqu'assis sur leurs talons, ils s'amusent à se caresser la barbe.

Le peu d'énergie qui existe chez des esclaves, détruit tout sentiment noble et généreux; on en a la preuve à Maroc, où les plus gros marchands font des escroqueries qui déshonoreroient les plus petits merciers de l'Europe. Lorsque l'armée de l'empereur étoit campée dans les environs de Tanger, le consul d'Angleterre invita le général en chef et son premier aide-de-camp à prendre le thé; ce qui fut accepté pour le lendemain. Quand les deux convives eurent quitté le consul anglais, il s'aperçut qu'il lui manquoit une cuiller, et comme il connoissoit le foible des Maures pour le vol et la filouterie, il ne fit point difficulté de redemander sa cuiller; le général la rendit aussi-tôt, s'excusant seulement sur ce qu'il l'avoit mise dans sa poche par mégarde.

Un écrivain de nos jours a prétendu que les anciens s'embarrassoient peu de chercher un appui, comme Archimède, pour soulever le globe; ils ont mis, dit-il, toute leur étude à trouver le moyen de mouvoir le monde moral, ce à quoi ils n'ont pu réussir. La presse étoit le ressort qui devoit éveiller l'esprit des nations; et comme cette heureuse découverte est encore ignorée des Africains, ils restent dans l'ignorance et l'esclavage.

L'imprimerie est entièrement prohibée en Barbarie. On pourroit en attribuer la cause à cette inquiétude perpétuelle qui tourmente les despotes, et qui leur fait craindre de voir divulguer la turpitude de leur gouvernement. La plupart des manuscrits que possédoient les Sarrazins sont perdus; ceux qui existent encore traitent de l'astrologie, de l'astronomie et de la médecine. On ne consulte plus que les traités d'astrologie.

Si quelque chose devoit opérer un heureux changement dans l'esprit des Maures, ce ne pourroit être que l'exemple d'un empereur éclairé que le hasard placeroit sur le trône. L'espèce d'idolâtrie qu'ils sont accoutumés d'avoir pour leur souverain, les rendroit bien dociles aux instructions qui leur viendroient d'un prince exempt des préjugés barbares qui déshonorent l'humanité : mais il s'écoulera peut-être plusieurs siècles avant qu'il pénètre un rayon de lumière dans ces climats.

Quel heureux pays que celui où le monarque n'est considéré que comme un homme revêtu d'une grande autorité pour le bonheur public! Il suffit d'être capable de quelque réflexion, pour sentir combien il est doux de n'être gouverné que par la sagesse et la justice.

L'éducation qu'on a donnée jusqu'à présent aux princes maures, est fort éloignée de tendre au développement de leurs idées et au progrès de leurs lumières ; au contraire, elle n'a dû servir qu'à faire germer dans leur cœur des inclinations qui les rendent plus vicieux que leurs esclaves. Lorsqu'ils arrivent à l'âge où les passions commencent à se faire sentir, on les tire du harem pour les mettre entre les mains d'un nègre à qui l'empereur les confie; ils s'attachent bientôt à ce nouveau gouverneur dont ils prennent les défauts inséparables de son état d'esclavage. Comment des jeunes gens aussi mal élevés ne donneroient-ils pas dans tous les excès de la débauche et du libertinage ? On leur enseigne à peine à lire et à écrire : quant à la connoissance du monde, ils n'en ont d'autre que celle qu'ils peuvent acquérir dans un pélerinage à la Mecque. Ils ignorent absolument l'histoire politique des puissances étrangères, et n'apprennent de leur gouvernement que ce qu'il a en lui de plus mauvais. Tout ce qui a rapport aux productions du pays et aux améliorations dont il est susceptible, ou enfin ce qui pourroit être utile au peuple et à la gloire du prince qui gouverne, on ne leur en parle pas plus que des principes de Newton. Ainsi, lorsqu'ils montent sur le trône, ils y apportent tous les préjugés de l'ignorance, le goût des plaisirs crapuleux, et un dédain pour leurs semblables, qui les leur fait regarder comme des êtres d'un ordre inférieur, à qui ils ne doivent aucun sentiment de bonté et de commisération.

Quelques philosophes modernes ont pensé que la propreté qu'on remarque chez un peuple, pouvoit faire juger du degré de sa civilisation. Si cette assertion étoit vraie, les Maures seroient au premier rang, s'ils se fussent conformés à la loi de leur saint prophète; mais il a eu beau leur recommander les fréquentes ablutions, et même leur en faire un devoir religieux, ils n'en sont pas plus propres. Leurs habits qui devroient être lavés souvent, ne le sont presque jamais, et rien n'annonce que le précepte des ablutions soit suivi avec quelqu'exactitude. Ne doit-on pas être étonné qu'avec autant de négligence pour leurs personnes, ils soient aussi difficiles pour la propreté de leurs maisons? Ils n'entrent jamais dans leur appartement avec leur chaussure, et ne se permettent point de faire aucune ordure, ni dedans, ni près de leur demeure : mais par une de ces contradictions dont l'esprit humain fourmille, ils ne font jamais enlever de la rue les immondices que les particuliers y jettent. Par ce moyen, le terrain s'est si prodigieusement élevé dans la plupart des quartiers de Maroc, que les nouveaux bâtimens se trouvent fort au-dessus des anciens.

L'ampleur de l'habillement des Maures empêchant d'apercevoir les formes du corps, il ne seroit pas aisé de donner une juste idée de leur taille. Cependant je crois pouvoir assurer, qu'en général, ils sont plutôt grands que petits, et plus maigres que gras. Leur teint est pâle dans le nord de l'empire; il se rembrunit beaucoup pour les habitans de la partie du sud. Leurs traits sont fortement prononcés ; ils ont les yeux noirs et gros, le nez aquilin et de belles dents.

L'habillement des hommes (*) consiste dans une chemise très-courte, qui a de très-longues manches, un caleçon de toile blanche, sur lequel ils mettent un grand pantalon de drap qui descend jusqu'à la cheville du pied. Par-dessus la chemise, ils ont deux ou trois gilets de différentes couleurs, qu'ils tirent des manufactures de l'Europe ; ces gilets boutonnent sur le devant avec une quantité de très-petits boutons. Une ceinture de soie entoure le milieu du corps, et un cordon de velours, placé comme un baudrier, suspend à gauche un sabre courbe, ou un coutelas, dans un étui de cuivre. Ils se couvrent volontiers de leur *haïck* qui fait partie de leur habillement, et qui les enveloppe d'une manière commode et aisée.

Les Maures qui ont fait le pélerinage de la Mecque ont seuls le droit de porter le turban. On les nomme *ell-hatek*. Ils sont traités avec considération. Les animaux dont

---

*) L'habillement des femmes, et les remarques générales sur ce qui les concerne, trouveront leur place ci-après, lorsque je parlerai du harem de l'empereur.

ils se sont servis pour faire ce voyage, ont aussi leur part de la faveur accordée à leurs maîtres. Ils sont exemptés de travail pour le reste de leur vie. Les Maures qui n'ont point visité le tombeau du saint prophète, ne peuvent se couvrir la tête qu'avec de simples bonnets; l'usage est de les avoir rouges. Ils rasent leurs cheveux, à l'exception d'une petite touffe au milieu de la tête : ils laissent croître leur barbe.

Ces peuples ne portent jamais ni bas, ni souliers : ceux-ci sont remplacés par des sandales de maroquin jaune, qui est bien la plus commode de toutes les chaussures. Ils aiment passionnément à avoir une espèce de chapelet pendu à leur ceinture. Les gens riches s'en servent comme d'un joujou qui les amuse : on leur en voit toujours à la main : leurs doigts sont garnis d'anneaux d'or : ils portent des montres; mais seulement pour leur faire une parure, car il leur importe peu qu'elles soient bonnes ou mauvaises.

Le peuple est simplement couvert d'une chemise et d'un pantalon de grosse toile, avec un gilet, et quelquefois un *haïck* d'étoffe grossière par-dessus. Les pauvres n'ont qu'un froc lié autour du corps avec une ceinture de cuir; heureux s'ils ont le moyen d'acheter un mauvais *haïck !*

Lorsque le tems est froid ou pluvieux, les Maures quittent le *haïck* pour prendre le *sulam,* espèce de manteau fort ample, fait de drap bleu ou blanc, tiré des manufactures européennes. Ce manteau descend jusqu'aux talons, et est accompagné d'un capuchon pour garantir la tête.

Les maisons des villes, vues à une certaine distance, ressemblent à un amas de tombeaux. L'entrée de ces maisons n'a aucune apparence; il n'y en a guères qui s'élèvent audessus du rez-de chaussée; elles sont toutes blanchies extérieurement. Leurs toits plats servent aux femmes, comme les *windows* anglais, pour s'asseoir à l'air et prendre le frais. Avec cette bâtisse, on pourroit se promener sur presque toute une ville sans descendre dans la rue.

Lorsqu'on fait ici une visite, il faut s'attendre à être arrêté d'abord dans une salle qui est toujours en avant de la cour. Les étrangers ne passent point cette première salle, qu'on n'ait eu le tems de renfermer les femmes du maître de la maison. Lorsqu'elles sont en sûreté, on vous fait traverser la cour qui précède les appartemens où vous devez être reçu ; en y allant, vous voyez ceux des femmes qui n'ont point de fenêtres, et qui ne reçoivent de jour que par la porte. Les chambres à coucher n'ont jamais de cheminées. La cuisine se fait dans la cour sur des fourneaux de terre. Au-dessus des portes on voit des morceaux de sculpture fort curieux.

Si vous êtes admis chez un Maure, vous le trouvez assis sur des coussins, les jambes croisées et la pipe à la bouche. Les coussins sur lesquels il est mollement étendu, sont couverts d'une toile très-fine ; ils sont placés sur le plancher, quelquefois sur une natte de jonc. Les tapis que les Maures ont dans leurs appartemens sont assez médiocres. On y trouve des pendules encadrées dans des châssis de glace. Le grand luxe est de les tapisser avec des peaux de lion ou de tigre. Pour donner à ces beaux appartemens toute la magnificence qu'ils peuvent avoir, on les meuble avec des lits en bois d'acajou, garnis d'un ou de deux matelas couverts d'une toile blanche. Ces lits, qui ne servent que d'ornement, sont mis aux quatre coins de l'appartement comme en parade.

La grande politesse étant d'offrir le thé à la personne qui va visiter un de ses amis, on n'a aucun égard à l'heure : le thé est toujours apporté ; il est servi sur une table dont les pieds sont très-courts. On le fait à Maroc en y mêlant des feuilles de menthe et de tanaisie. Lorsque cette mixtion est bien infusée, on la verse dans de superbes tasses de porcelaine des Indes, d'une petitesse remarquable. Elle est présentée sans lait ni crême à la compagnie, avec quelques gâteaux de confitures sèches. La petite quantité que l'on sert à-la-fois de cette boisson, fait voir tout le cas que les Maures en font. Un régal de thé dure au moins deux heures ; il n'y a que les gens riches qui puissent en boire, à cause de la rareté dont il est en Barbarie.

Ils prennent un grand plaisir à fumer : leurs pipes ont ordinairement quatre pieds de long ; la tête est de terre cuite. L'empereur et les princes brillent par la magnificence de leurs pipes, dont la tête est d'or massif.

Au lieu d'opium, que ces peuples aiment passionnément, et dont ils ne peuvent faire un usage habituel à cause des droits énormes qui le portent à un prix excessif, ils prennent de l'*achicha* infusé dans l'eau. Les Maures assurent qu'il procure des sensations délicieuses ; il enivre quand on en boit avec excès. Lorsqu'ils ne peuvent avoir de l'*achicha*, ils mêlent avec leur tabac une herbe qu'on nomme dans le pays *khaf*; la fumée qui en sort leur donne des idées fort agréables.

Le vin et les liqueurs spiritueuses sont expressément défendus par le koran; malgré cela, il y a peu de Maures qui n'en boive lorsqu'il en trouve l'occasion.

Les heures du repas sont réglées, et s'observent exactement : ils déjeûnent à la pointe du jour : les hommes et les femmes mangent séparément. Les enfans ne sont point admis à la table de leurs parens; ils n'ont que celle des domestiques, et, à bien des égards, ils ne sont guères mieux traités que les esclaves.

On cuit le dîné d'un homme du commun dans un pot de terre; il est servi dans un plat de bois au milieu des personnes qui doivent le manger, et qui sont assises en cercle sur le plancher, ayant les jambes croisées à la manière des tailleurs. Avant de toucher au dîné, on doit s'être lavé les mains; l'usage en est général parmi les Maures. Aussi-tôt qu'ils ont rempli cet acte de propreté, ils attaquent vigoureusement ce qu'il y a dans le plat. Ils dînent à midi, ainsi que l'empereur.

Le peuple n'a point d'autre nourriture que le *cuscasoo*. J'ai décrit ailleurs la façon de le préparer; j'ai dit aussi que, dans ce pays, on ne connoît point l'usage des chaises, des tables, des couteaux et des fourchettes. Les Maures ont donc recours à leurs doigts pour donner le plus violent assaut à un plat détestable.

Dans les maisons aisées, un domestique présente de l'eau pour se laver les mains, avant de se mettre à table. On a eu raison d'établir cet usage dans un pays où l'on ne sait pas ce que c'est qu'un couteau et une fourchette. Il n'est pas rare de voir trois ou quatre convives déchirer ensemble avec leurs doigts le même morceau de viande, et prendre à poignée leur pâte de *cuscasoo*.

La malpropreté avec laquelle ils mangent étoit pour moi si dégoûtante, que, quoique le *cuscasoo* soit à-peu-près passable, j'avois de la peine à me déterminer à en accepter lorsqu'ils m'en offroient. Au coucher du soleil, ils font leur troisième repas, qui m'a paru être le meilleur de la journée.

Telle est la vie ordinaire des Maures habitans des villes. La dernière classe du peuple, qui subsiste d'aumônes, ne mange que du pain et du fruit; elle n'a aucun asyle, et couche dans la rue.

Si ce sort paroît malheureux pour des gens

qui restent tout le jour à ne rien faire, on plaindra encore davantage ces hommes d'un courage extraordinaire, qui font le métier de courriers dans l'empire. Leur existence est aussi misérable que possible ; cependant, c'est après avoir dormi quelques heures sur un mauvais pavé, qu'ils partent pour aller porter les dépêches du gouvernement et les lettres des particuliers à trois et quatre cents milles, à raison de trente à quarante milles par jour, ne prenant d'autre nourriture en chemin qu'un peu de pain et quelques figues, buvant de l'eau et couchant sous un arbre. Qui ne seroit étonné de leur voir entreprendre ces courses difficiles dans toutes les saisons de l'année? Les commissionnaires dont je parle sont connus pour être fort exacts. L'habitude qu'ils ont de faire quatre milles à l'heure, leur adresse à franchir les montagnes et à trouver des sentiers qui ne seroient point praticables à cheval, me font assurer, sans crainte d'être démenti, qu'il ne sauroit y avoir dans ce pays des messagers plus expéditifs : on en trouve dans toutes les villes. L'exemple que je vais citer donnera une idée de la célérité de leur marche. Un de ces courriers a été plusieurs fois de Maroc à Tanger en six jours. La distance d'une ville à l'autre est d'environ trois cent trente ou trois cent cinquante milles (*).

Il n'y a que le peuple qui aille à pied. Dès qu'on a le moyen d'avoir un cheval ou un mulet, on ne fait plus usage de ses jambes. Les mulets sont plus estimés que les chevaux : un Maure riche ne monte que les premiers, s'attache à en avoir de la plus grande vîtesse : c'est là son luxe et sa magnificence. Je dois ajouter que l'homme opulent a aussi beaucoup de valets de pied : le nombre en est proportionné à son rang et à sa naissance.

Les Maures ne sont pas difficiles pour leur coucher ; ils dorment sur un matelas ou une simple natte étendue par terre.

La loi de Mahomet proscrivant toute espèce de peinture, on n'en voit aucune dans leurs maisons. Cependant j'ai connu un habitant de Maroc qui montroit à ses amis un assez beau tableau qu'il tenoit caché. Ce même homme se permettoit d'autres écarts qui auroient pu lui jouer un mauvais tour. Au grand scandale de sa religion, il ne se faisoit point scrupule de boire une bouteille de *Porto* ou de *Claret*. Voyant son goût pour le vin, je lui fis venir de Mogodore trois

---

(*) Cent dix lieues de France.

douzaines de bouteilles de *Claret*, qui lui firent grand plaisir. De mon côté, je fus fort aise de lui donner une marque de reconnoissance pour le bon accueil qu'il m'avoit fait. C'est le seul Maure qui m'ait bien traité.

La répugnance qu'ont les Maures à introduire les étrangers dans leurs maisons, les engage à ne recevoir de visites, autant qu'ils le peuvent, que hors de l'enceinte occupée par leurs femmes. A cet effet, dès que le tems est beau, ils font étendre devant leur porte une belle natte sur laquelle ils s'asseyent, les jambes croisées, pour attendre la compagnie, qui se place en cercle autour de la personne qu'elle est venu voir. Les esclaves se tiennent à portée de servir le thé, qu'on boit en fumant et en faisant la conversation.

Les rues sont quelquefois pleines de ces groupes. On y joue à un jeu qui a beaucoup de rapport aux échecs, mais qui n'est point aussi intéressant. Le plus grand nombre ne fait que fumer et regarder les passans.

Ce peuple paresseux a une si grande aversion pour marcher et se tenir debout, que si deux ou trois personnes se rencontrent, et qu'elles aient envie de causer un instant ensemble, elles s'asseyent au premier endroit pour s'entretenir plus à leur aise.

Lorsque je fus voir Muley Oussine, l'un des fils de l'empereur, je le trouvai établi sur une natte, dans le même lieu que ses chevaux. Quelques gens de sa suite étoient assis à ses côtés : il me fit placer près de lui, en me disant que les chrétiens et les Maures étoient frères; qu'il aimoit les Anglais, et qu'il ne haïssoit que les moines, qu'il regardoit comme autant de fourbes, obligés, par état, à tromper tous les peuples.

Ce jeune prince pouvoit avoir vingt-six ans : il étoit d'une belle figure : son premier abord étoit plutôt froid que gracieux. L'empereur l'avoit nommé gouverneur de Talifet; mais ses bonnes qualités lui ayant gagné tous les cœurs, il acquit une autorité sans bornes dans cette province; il s'y fit même proclamer roi. Cette conduite irrégulière étoit faite pour déplaire au véritable souverain. A la nouvelle de cette rebellion, l'empereur envoya un corps de troupes considérable pour faire rentrer son fils dans le devoir. Muley Oussine fut arrêté et conduit à Maroc, où son père le dépouilla de sa fortune et de toute sa puissance. Dans le tems où je le vis, il menoit une vie très-retirée. J'appris qu'il avoit été

magnifique

magnifique à Talifet : il me fit présent d'un assez bon cheval, pour quelques soins que j'avois donnés à un nègre qu'il aimoit.

Ce prince avoit, ainsi que ses frères, beaucoup de penchant à l'ivrognerie. Son goût pour les liqueurs fortes étoit excessif. Il m'assura qu'il avoit contracté une telle habitude de boire de l'*aquadent*, espèce d'eau-de-vie qui n'est guères moins forte que l'esprit-de-vin, qu'il lui en falloit six grands verres dans la matinée. Il sentoit tout le danger d'un pareil régime, mais il n'avoit pas la force d'y renoncer. Cependant, la peur que je lui fis d'une vieillesse prématurée, et des accidens qui l'accompagneroient, l'engagea à me consulter. Je lui conseillai de ne plus boire d'une abominable liqueur qui détruiroit en peu de tems sa santé; je l'exhortai à donner la préférence au vin, dont l'usage lui seroit moins funeste. Il me répondit qu'il étoit persuadé de la bonté de l'avis que je lui donnois, mais qu'il ne pouvoit le suivre, sa religion lui défendant expressément de boire du vin. Je convins que c'étoit le texte de la loi de Mahomet; après quoi je lui fis observer qu'il ne la transgresseroit point en prenant du vin comme un remède nécessaire à sa santé. Cette idée, qui levoit tous ses scru-

R

pules, lui fit grand plaisir : il me remercia de la lui avoir suggérée.

A peine étois je rentré chez moi, qu'on me remit un billet que m'avoit écrit Muley Slemma, frère de Muley Oussine, pour me prier de venir le voir le lendemain. M'étant rendu à ses ordres, je le trouvai dans un pavillon qu'il avoit fait construire au bout de son jardin, et où l'on arrivoit par une superbe allée d'orangers. Le prince étoit assis sur des coussins en face de la porte : plusieurs Maures, qui composoient sa cour, étoient rangés autour de lui. Lorsque je fus arrivé près de sa personne, il s'écria en signe de joie : *Bono, — Bono Anglaise* ! ajoutant que les Anglais étoient ses meilleurs amis. Il m'avoit fait venir pour me parler de sa santé, dont il étoit inquiet. Je tâtai son pouls, qui n'annonçoit rien de fâcheux ; ainsi je lui dis qu'il pouvoit être bien tranquille, et qu'il se portoit à merveille. Il fut enchanté que je le rassurasse : pour m'en témoigner sa satisfaction, il fit apporter le thé, quoique ce fût bientôt l'heure du dîner. Il eut l'attention de demander du lait pour moi, sachant bien, dit-il, que les Anglais en mettoient toujours dans leur thé. Sa politesse fut jusqu'à m'offrir une vache, afin que je ne manquasse ni de crême ni de lait tout le tems que je serois à Maroc.

Tout ce que je pus savoir, par mon interprète, de la conversation de Muley Slemma, annonçoit un bon naturel. Il étoit né, ainsi que l'empereur son père, d'une femme d'origine anglaise : il avoit alors trente-huit ans; sa taille étoit majestueuse, et sa figure fort expressive. Il m'apprit que, dans un voyage qu'il avoit fait en Turquie, il s'étoit embarqué dans la Méditerranée sur une frégate anglaise. Les égards du commandant de ce bâtiment, pendant qu'il étoit à bord, ne lui étoient point sortis de la mémoire : il m'en parla avec sensibilité.

Après m'avoir versé cinq à six tasses de thé, il ordonna à un de ses pages d'avertir ses gens qu'il vouloit monter à cheval. Au bout de cinq à six minutes, on lui amena un superbe coursier, magnifiquement harnaché. La selle étoit de velours, et les étriers d'or. Le prince monta à cheval avec grâce, et lui fit exécuter différentes voltes pratiquées par les Maures : ensuite, s'élevant sur ses étriers, il tira un coup de mousquet, en courant à bride abattue. Lorsqu'il eut fini de me montrer tout ce qu'il savoit en équitation, il me demanda si les Anglais pourroient tirer autant de parti de leurs chevaux. Sans attendre ma réponse, il appela un esclave pour lui ordonner de porter chez moi un des plus beaux moutons de son troupeau. Je n'avois pas eu le tems de le remercier de cette attention, qu'il étoit parti au grand galop.

Lorsque deux Maures se rencontrent, ils se saluent de la manière suivante. Si ce sont des égaux, ils se secouent vivement la main. Si un homme du peuple passe à côté d'un militaire d'un rang distingué, d'un juge, ou d'un gouverneur de province, il baise le bout de sa manche. Quand il veut donner une plus grande marque de respect à la personne qu'il salue, il lui baise les pieds.

Pour saluer l'empereur et les princes du sang, on ôte son bonnet ou son turban, et l'on se prosterne le visage contre terre. Si deux parens ou deux amis se retrouvent après une longue absence, ils se jettent dans les bras l'un de l'autre, et se baisent le visage et la barbe, en se demandant de leurs nouvelles et de celles de leurs familles. Ces complimens d'usage se font si rapidement, qu'on n'a pas le tems d'y répondre.

Les conversations les plus ordinaires roulent sur les événemens du jour, sur quelque points de religion, ou bien sur les femmes et les chevaux. La curiosité naturelle à tous les hommes est encore plus vive chez les peuples lâches et paresseux : c'est une chose inimaginable que l'avidité avec laquelle les Maures recueillent toutes les petites aventures de leur quartier. Ils ont un plaisir infini à les raconter, et à embellir une historiette pour la rendre plus agréable, ou lui donner une plus grande apparence de vérité.

La religion est le sujet favori des entretiens des *talbs*, ou gens de lettres. Ces savans, fiers de savoir lire et écrire, sont flattés de pouvoir manifester leur supériorité sur ceux qui n'ont pas le bonheur d'être aussi instruits.

Si les bonnes mœurs et le développement des idées sont les marques les plus certaines de la civilisation, le peu de lumières et les vices qu'on remarque chez les peuples barbares, font voir combien ils sont encore loin des connoissances répandues en Europe. Rien de plus dégoûtant que les propos que les Maures tiennent sur le compte des femmes. Les grossièretés dont ils assaisonnent leurs discours, en parlant d'un sexe qu'ils tyrannisent, répugnent autant à la décence qu'au sens commun.

Ce qui paroît avoir un grand attrait pour eux, ce sont les chevaux, dont ils s'occupent avec au moins autant de plaisir que les jeunes seigneurs anglais. La manière dont ils les traitent est différente de celle pratiquée en Angleterre. Aucun cheval n'entre dans une écurie, qu'il ne soit malade : sa nourriture est très-peu de chose : on ne lui donne à boire et à manger qu'une seule fois par jour. C'est à midi que ces animaux ont à boire : leurs rateliers ne sont garnis qu'au coucher du soleil. Pour les tenir propres, on les passe à l'eau trois fois par semaine ; ils se sèchent au soleil.

Le goût que les Maures ont pour les chevaux ne les empêche pas de les maltraiter. Ils les mènent à toutes jambes, en leur enfonçant dans les flancs d'énormes éperons ; et ils les arrêtent tout court au milieu de leur course. J'avouerai que les Maures ont pour ce tour de force une adresse extraordinaire. Leurs mors de bride sont faits de manière que, par leur pression sur la langue du cheval et sur ses barres, ils remplissent sa bouche de sang dès que le cavalier donne la moindre saccade, et s'il n'y prend garde, il le renverse sur lui.

La bride n'a qu'une seule rêne : elle est assez longue pour servir de fouet. Leurs selles sont à-peu-près pareilles à celles des Espagnols; le pomeau en est seulement plus élevé et moins arrondi. Les étriers, qu'ils portent très-courts, couvrent entièrement le pied. Ils sont dorés ou plaqués d'argent, suivant la qualité ou l'opulence du cavalier. Les selles sont couvertes de drap écarlate, quelquefois de satin ou de velours, quand elles appartiennent à des gens riches. Les sangles ressemblent à celles dont on se sert en Europe. Le poitrail est une longe de cuir fort large, qui entoure les épaules du cheval.

On voit souvent des jeunes gens maures prendre plaisir à pousser un cheval aussi vîte qu'il peut aller, en le dirigeant contre un mur. L'étranger qui les regarde faire, imagine qu'il leur est impossible d'éviter d'être mis en pièces : cependant, au moment où la tête du cheval va toucher le mur, ils l'arrêtent sans qu'il arrive aucun accident. On ne sauroit donner une plus grande marque de bienveillance aux personnes qu'on rencontre dans le chemin, soit à pied, soit à cheval, que de venir sur elles au grand galop, comme si on avoit le projet de les écraser, arrêter tout court, et leur tirer un coup de mousquet dans le nez. Les Maures m'ont quelquefois fait cette politesse, dont je me serois bien passé.

La course qui m'a paru les amuser davantage, et où ils semblent transportés de joie, c'est celle qu'ils font en se réunissant un grand nombre, et partant tous ensemble pour arriver au même but. Lorsqu'ils en sont prêts, ils mettent les rênes dans les dents, se lèvent sur leurs étriers, et tirent un coup de mousquet. Après la décharge, ils reportent leurs armes, et tous les chevaux s'arrêtent aussi promptement que pourroit le faire, au commandement de son chef, un escadron de cavalerie bien exercé.

Quoique je ne veuille point contester aux Maures le mérite d'être de bons écuyers, cependant je ne peux m'empêcher de dire, malgré toutes les choses surprenantes que je leur ai vu faire, qu'ils donnent une mauvaise éducation à leurs chevaux, parce qu'ils négligent de les former aux différentes allures dont, avec raison, nous faisons tant de cas en Europe. Les chevaux arabes n'étant jamais coupés, et leurs maîtres ne connoissant point l'excellent usage de les faire trotter en cercle, ils sont obligés, pour leur déployer les épaules, de leur faire faire de longs et pénibles voyages dans les montagnes et les rochers du pays, où ils perdent bientôt leur feu. Quand ils les ont domptés, ils leur apprennent à se tenir quelques instans sur les pieds de derrière, à n'être point effrayés du bruit des armes, et à galopper de la façon dont il a été ci-devant expliqué. Les meilleurs écuyers maures ne leur en demandent pas davantage; voilà pourquoi le cheval de Barbarie n'est guères propre qu'à faire une promenade au galop. Il est ruiné avant d'avoir pris toute sa force, et dans peu d'années il devient incapable de service. Il est fort rare que les Maures mettent leurs jumens au travail; elles ne servent que pour faire des poulains. On a ici une opinion contraire à celle qui est généralement reçue en Europe à l'égard des jumens; elles y sont beaucoup plus prisées que les chevaux mâles; il n'est jamais permis de les exporter.

Les Maures aiment passionnément la musique; quelques-uns d'entr'eux ont aussi du goût pour la poésie. Leurs airs sont traînans et monotones, parce qu'ils manquent de cette variété de tons qui fait le charme de notre musique perfectionnée. Il faut avouer pourtant qu'ils ont quelques airs qu'on écoute avec plaisir : ceux-ci m'ont rappelé la mélodie caractéristique des Écossois.

La poésie de leurs chansons, où il n'est jamais parlé que d'amour, quoiqu'il n'existe pas dans le monde une nation qui en soit moins susceptible, est encore plus mauvaise que leur musique.

Le hautbois est un de leurs instrumens favoris : celui dont ils se servent manque des clefs qui sont aux nôtres. Ils ont aussi la mandoline, qu'ils tiennent des Espagnols leurs voisins : leurs autres instrumens sont le violon à deux cordes, le tambour turc, la flûte et le tambourin.

Les jours de grande réjouissance, cette musique, accompagnée de décharges de mousqueterie, que font les troupes à pied et à cheval, et des festins où le cuscasoo abonde, est le signe de l'alégresse publique.

Les charlatans et les jongleurs de toute espèce sont très-bien accueillis par les Maures, qui sont fort crédules.

Dans la plupart des villes, on trouve des écoles où les enfans peuvent apprendre à lire et à écrire; mais il y en va fort peu, par deux raisons : la première, est l'insouciance des parens riches pour l'éducation de leurs enfans; la seconde tient à la misère du peuple. Les *talbs* qui sont à la tête de ces écoles, enseignent aussi quelquefois les premières règles de l'arithmétique. Les gens du commun se contentent de savoir lire quelques prières tirées du *koran*, écrites en caractères arabes.

S'il falloit parler en détail de la religion des Maures, cela demanderoit un volume, et en vérité un tel livre ne vaudroit guères la peine d'être lu. Je me bornerai donc à dire qu'ils professent la foi de Mahomet, revêtue de toutes les bigoteries et de toute la superstition qui est particulière à cette secte.

Un étranger qui auroit le malheur d'entrer dans une mosquée seroit puni de mort, à moins qu'il ne préférât de se faire mahométan. Ces sévères précautions empêchent les Européens de pénétrer dans leurs temples ; ainsi il est fort difficile de donner des détails bien exacts des cérémonies de leur culte. Voici tout ce que j'ai pu observer en passant vis-à-vis les portes des mosquées, qui sont toujours ouvertes pendant le jour.

La mosquée est un bâtiment quarré, construit des mêmes matériaux que les maisons. Elle est précédée d'une cour, autour de laquelle sont de grands portiques. Cette cour ressemble, à quelques égards, à la bourse de Londres. Au milieu est une belle fontaine, qui fournit de l'eau à un joli ruisseau qui coule tout le long des portiques. C'est là que les fidèles croyans exécutent la cérémonie des ablutions. Les portiques sont faits de tuiles bleues et blanches, arrangées en échiquier. Ils sont garnis de nattes sur lesquelles les Maures s'agenouillent pour réciter leurs prières. Dans la partie de la mosquée qui est le plus en vue des assistans, est un pupitre faisant face à l'est. Le *talbs*, ou ministre de la religion, se place en cet endroit pour prêcher.

Les Maures n'entrent jamais que nu-pieds dans leurs temples; ils laissent leurs sandales à la porte. Au-dessus des mosquées s'élève une tour quarrée. Les *talbs* montent au clocher à des heures réglées, hissent un pavillon blanc, et appellent le peuple à la prière. La voix partant d'une grande élévation se fait entendre de fort loin; et celle des *talbs*, qui est forte et monotone, expirant sur leurs lèvres à la fin de chaque phrase, ressemble assez au son d'une cloche.

Aussi-tôt qu'on aperçoit le pavillon, tout le monde quitte le travail et vole à la prière. Les Maures se précipitent dans la mosquée la plus voisine : ceux qui s'en trouvent trop éloignés pour s'y rendre, prient à l'endroit où leurs affaires les avoient appelés, mais toujours le visage tourné à l'est, en mémoire du prophète Mahomet enterré à Médine.

La prière ordinaire est de répéter un chapitre du *koran*, pour remercier Dieu et son saint prophète. Cet acte de dévotion est accompagné de différens gestes, tels que de porter les mains au-dessus de la tête, de se prosterner deux fois, de faire deux génuflexions, et de baiser la terre. Tout cela se recommence jusqu'à trois fois.

Leur jour de fête arrive le vendredi. Les prières commencent dès la veille à six heures du soir. Dans ce jour de solemnité, le pavillon bleu remplace le pavillon blanc sur les tours des mosquées : et comme les prophètes ont prédit que l'empire seroit mis en grand danger par les chrétiens dans un jour consacré à la prière, on ferme les portes de toutes les villes et du palais de l'empereur, afin de n'être pas surpris pendant que le peuple remplit les devoirs de sa religion.

Les Maures ont trois époques dans l'année pour leurs fêtes solemnelles et leurs jours d'abstinence. La première est appelée *aid-decahier* : c'est la commémoration de la naissance de Mahomet, qu'on fête pendant sept jours; la seconde époque est le *ramadan*, qui a lieu dans le mois où Mahomet disparut en fuyant de la Mecque à Médine. On est obligé de jeûner pendant trente jours;

(le jeûne consiste à s'abstenir de manger de la viande depuis le soleil levant jusqu'au soleil couchant.) A la fin de ce carême, on célèbre des réjouissances qui durent pendant une semaine. La troisième époque est un jour de l'année fixé par Mahomet aux fidèles croyans, pour se rendre compte de leur fortune dont ils doivent payer le dixième aux pauvres. On peut employer à d'autres bonnes œuvres une partie de la somme destinée à faire des charités. Quoique cette fête n'ait qu'un jour de durée, elle n'est pas moins très-solemnelle.

Les Maures computent le tems par les mois lunaires; ils désignent les jours de la semaine par premier, second, troisième, etc. etc., en commençant par notre dimanche.

Ils se marient fort jeunes, sur-tout les femmes, qui sont ordinairement pourvues à douze ans. La religion de Mahomet, qu'ils suivent, leur permet d'avoir quatre épouses et autant de concubines; mais il n'y a que les riches qui puissent profiter de l'indulgence de la loi. Le peuple ne sauroit en jouir faute de moyens pour élever une nombreuse famille.

Cette institution, généralement impraticable, contraire à la vraie et saine morale, se réfute d'elle-même. On n'a pas besoin d'aller chercher de grands argumens pour répondre à toutes les absurdités qu'on a avancées en faveur du système de la pluralité des femmes.

Les mariages s'arrangent d'avance entre les parens des jeunes gens à marier : tout est réglé avant que les futurs se soient vus. Leur première connoissance se fait au moment de former des nœuds qui doivent être indissolubles. Le cadi reçoit leur serment. Aussi-tôt après la cérémonie du mariage, les parens de la nouvelle épouse remettent la dot à son époux, qui, de son côté, fixe un don mobile pour elle en cas de mort ou de divorce pour cause de stérilité ou quelques autres raisons prévues par la loi. Tous les enfans des femmes légitimes partagent également ; ceux des concubines n'ont qu'une demi-part dans la succession des pères et mères.

Lorsque le mariage est arrêté entre les parens des futurs, toutes les amies de la jeune personne qui doit se marier viennent la féliciter sur son bonheur, et un *talb* est chargé de lui faire connoître toute l'étendue de l'engagement qu'elle va contracter. Il accompagne ses sages instructions d'hymnes pieuses consacrées à cette grande époque de la vie. La future se peint le visage (mais je parlerai de cet usage en faisant la description du harem) : celui qui lui est destiné reçoit aussi la visite de tous les hommes de sa connoissance. Il fait à cheval le tour de la ville avec eux, escorté par des hautbois et des tambours. Il essuie en chemin plusieurs décharges de mousqueterie, en signe de félicitation. Cette manière de manifester la joie des Maures, est employée dans toutes leurs fêtes: mais fort différens des Européens, qui mettent de l'intérêt à tirer bien ensemble, ils font partir leurs mousquets l'un après l'autre; de façon qu'une seule décharge se prolonge pendant plusieurs minutes.

Le jour de l'hymen étant arrivé, la nouvelle mariée sort le soir de chez ses parens dans une espèce de cage octogone, couverte d'une toile blanche, quelquefois avec de la gaze ou de la soie couleur de rose. Renfermée ainsi, elle est portée sur le dos d'un mulet à la maison de son mari. Ses parens et ses amies l'accompagnent, tandis que l'air retentit du son des hautbois et du bruit de la mousqueterie. Parvenue à la demeure qu'elle ne doit plus quitter, on la tire de sa cage pour la conduire dans une chambre où l'heureux époux doit bientôt paroître en vainqueur. Des coussins de velours ou d'étoffe de de soie sont disposés pour la recevoir (je ne parle que de la classe opulente). Sa parure nuptiale est une robe de soie ou de velours, dont les manches étroites marquent la forme du bras; le tour de gorge est brodé en or; la robe ne descend que jusqu'au-dessous du gras de jambe, et laisse voir la chemise de batiste, qui va jusqu'à la cheville du pied. Dans cet ajustement, la timide épouse attend sa défaite, en se cachant le visage avec ses mains innocentes. Le mari vient, et en fait sa femme, sans faire précéder sa victoire de ces tendres épanchemens qui font la félicité des hommes délicats et sensibles.

L'accord fait par les parens et les amis devant le cadi constitue l'acte de mariage : il n'y a point d'autre contrat.

Si le mari venoit à former des soupçons sur la fidélité de sa femme, il lui seroit permis de divorcer et d'en prendre une autre.

Quelques jours après la cérémonie du mariage, les parens et les amis sont priés à des festins et à des fêtes qui se prolongent plus ou moins, suivant la richesse des nouveaux mariés. Les hommes sont huit jours sans sortir, et les femmes huit mois. Celles-ci peuvent demander à divorcer, lorsqu'elles sont en état de prouver que leurs maris n'ont pas le moyen

S

de les nourrir. Dans le cas où un mari maltraite sa femme et lui dit des injures, la loi le condamne à lui payer huit ducats pour la première fois ; elle l'oblige à lui donner un habillement d'une valeur fort au-dessus de cette somme pour la seconde ; si ses mauvaises façons recommencent une troisième fois, la femme est maîtresse de l'abandonner et de se remarier au bout de deux mois.

Les accouchemens sont très-peu pénibles en Barbarie. Les femmes se relèvent souvent dès le lendemain de leurs couches. Parmi le peuple, les femmes font leur ménage l'enfant sur le dos. Elles ne suivent point la méthode des Européens pour apprendre à marcher à leurs enfans. Lorsqu'ils ont un an, la mère les met sur le plancher, où ils se traînent d'abord, et en peu de tems ils acquièrent l'usage de leurs jambes. Le peuple les fait travailler dès qu'ils en ont la force. Les enfans nés de parens riches vont quelquefois à l'école, et ceux qu'on destine au sacerdoce étudient le *koran* jusqu'à ce qu'ils le sachent presque en entier par cœur. Lorsqu'ils sont bien instruits de la religion de Mahomet, ils sont installés parmi les *talbs* ou docteurs de la loi. En quittant leurs écoles, ils ont le plaisir d'être promenés à cheval dans toutes les rues, accompagnés de la musique et suivis par la multitude.

Le jour fixé pour la circoncision de l'enfant d'un Maure opulent, le nouveau-né est vêtu magnifiquement, et porté sur un mulet à la mosquée. Lorsque les parens sont pauvres, l'enfant y va sur un âne; mais il est toujours sûr d'avoir, pour l'escorter, de la musique et des tambours.

S'il meurt quelqu'un d'un rang distingué, la famille paye un certain nombre de femmes pour pleurer le défunt. Rien de plus désagréable que leurs gémissemens. Ces pleureuses à gage se frappent la tête et se déchirent le visage avec leurs ongles. Les morts sont enterrés quelques heures après être expirés. Leurs corps sont lavés avec beaucoup de soin, et cousus dans un drap, la main droite sur la tête. Le cercueil est porté sur les épaules dans un cimetière hors de la ville. Les Maures ont le bon usage de ne point enterrer dans leurs mosquées, ni dans le voisinage d'un lieu habité.

Le convoi est ordinairement très-nombreux: deux personnes marchant à côté l'une de l'autre précèdent le corps. Elles invoquent Dieu et Mahomet, en chantant des hymnes convenables à cette triste cérémonie. Le fond de la fosse où l'on place le cadavre est très-large; l'entrée en est étroite. On n'élève point de tombeaux sur la cendre des morts; elle est seulement couverte d'une grande pierre, qui est arrosée des larmes des femmes long-tems après l'enterrement.

Le deuil des femmes est de quatre mois et huit jours pour la perte de leur mari; alors elles ne doivent porter ni or ni pierreries. Celles qui se trouvent enceintes prolongent leur deuil jusqu'après leurs couches. Pendant qu'elles donnent ces signes de douleur, les parens du mari qu'elles ont perdu sont obligés de les visiter et d'en prendre soin.

Les enfans qui ont le malheur de voir mourir leur père, et qui ne sont pas de la dernière classe du peuple, manifestent leur chagrin en ne se fasant ni la tête ni la partie de la barbe qui doit être coupée, et en laissant croître leurs ongles pendant un certain tems.

Lorsqu'un juif ou un chrétien embrasse la religion mahométane, il prend aussi-tôt le costume des vrais croyans. Il est promené à cheval dans toutes les rues avec la musique et une suite très-nombreuse. Il choisit lui-même un nom de sa nouvelle secte, et se met sous la protection d'un parrain qui l'adopte comme son enfant. Cette adoption ne tire point à conséquence pour celui qui la fait ; elle ne lui impose aucune obligation. Le nouveau converti ne peut se marier qu'à une négresse ou à la fille d'un renégat. Ses enfans ne sont naturalisés qu'à la troisième génération.

Les renégats qu'on voit à Maroc sont presque tous des Espagnols qui se sont enfuis de Ceuta, afin de se soustraire au châtiment qu'ils méritoient pour quelque crime capital. C'est ordinairement le meurtre qui fait sortir ces scélérats de leur pays. J'en ai vu plusieurs qui ne m'ont point caché qu'ils avoient abandonné leur patrie après y avoir commis un assassinat. L'empereur peut avoir des raisons politiques de protéger ces renégats ; mais ils n'en sont pas moins méprisés par les Maures, qui ne veulent faire aucune société avec eux.

Je vais finir ce chapitre par un détail circonstancié des caravanes que les Maures font à la Mecque et en Guinée. Ce que je dirai sur ce sujet m'a été rapporté par un Européen digne de foi, établi à Maroc.

Sept mois avant la fête d'*aid-decahier*, qui est célébrée en commémoration de la naissance du prophète Mahomet, les pélerins se rassemblent à Fez. Ces pélerins sont composés de trois classes; 1.º les montagnards appelés *Brèbes*; 2.º les négocians maures; 3.º les personnes attachées à la cour, ou qui ont des charges publiques. Ainsi le fanatisme religieux et l'intérêt conspirent également à réunir des hommes qui vont entreprendre un voyage cher, pénible et dangereux.

La première classe des pélerins, c'est-à-dire celle des montagnards, n'a pas besoin de permission pour faire la caravane; la seconde est obligée de se présenter devant les gouverneurs des provinces. Cette démarche prévient les inconvéniens qui pourroient résulter pour eux des dettes qu'ils laissent en partant, et que des créanciers de mauvaise humeur voudroient exiger pendant leur absence. Si un négociant a la moindre connexité à la cour, il peut s'adresser directement à l'empereur pour obtenir la liberté de faire ce saint pélerinage. Quant à ceux de la troisième classe, qui sont les gens en place, il leur faut le consentement exprès de l'empereur, qui ne le donne aux personnes attachées à la cour, qu'autant qu'il sait qu'elles sont en état de payer les frais de ce voyage.

Le pélerinage de la Mecque se fait de deux manières : les uns l'entreprennent par terre, les autres font une partie du chemin par mer. Les Maures qui préfèrent la voie des bâtimens, sont sujets à un sévère examen de la part du commandant du port où ils s'embarquent. On veut savoir s'ils ont payé le fret de leur vaisseau, et s'ils ont des moyens suffisans pour remplir l'objet de leur dévotion, sans être dans la nécessité d'emprunter ou de faire quelque bassesse pour se procurer de quoi vivre. Les pélerins qui se destinent à faire le voyage par terre, ne sont pas exposés à une aussi grande surveillance, le saïck, chef de la caravane, ayant le droit de punir ceux qui n'auroient pas rempli les conditions exigées par la loi.

Lorsque la caravane se met en marche, elle va d'abord à Téza, qui est dans la province de Fedla, à une petite journée de Fez, où s'est fait le premier rassemblement des pélerins. Comme la ville de Fez est la plus commerçante de tout l'empire, et qu'elle abonde en provisions de toute espèce, chacun, suivant son rang et sa fortune, peut s'y pourvoir des choses dont il aura besoin, jusqu'à ce que la caravane ait atteint Tripoli, ou au moins Tunis.

D'autres caravanes partant d'Alger, de Tunis et du grand Caire, attendent celle de

Fez, et se réunissent à elle pour traverser le désert. Mais avant de conduire plus loin ces pélerins, je dois dire que ceux qui passent par Alger et Tunis emportent beaucoup de marchandises de ces deux villes. Les bonnets de Tunis sont d'un usage général dans l'empire de Maroc ; ses soieries se vendent cher, quoique celles d'Alger soient préférables pour les ceintures que portent les Maures, ainsi que pour les ajustemens des femmes et les meubles de leurs appartemens.

Les négocians qui font le pélerinage de la Mecque, emportent des *haïcks* et des sandales, qu'ils vendent aux habitans de Tunis et d'Alger, et aux Arabes qui demeurent dans les environs de ces deux villes. Les Algériens et les Tunisiens ne se servent point de *haïcks* ; ils les achètent pour les employer à d'autres usages.

Tout étant prêt pour le départ des pélerins, ils invoquent Dieu et son prophête Mahomet. Leur prière se fait dans la tente du chef de la caravane, au son des clarinettes et des hautbois. Lorsqu'elle est finie, les pélerins sortent de Téza dans l'ordre suivant. Leurs chameaux et leurs mulets, chargés des provisions, ouvrent la marche ; viennent ensuite ceux qui se destinent à faire le pélerinage à pied, soit par pauvreté ou par mortification. Les pélerins, montés sur des chevaux ou des mulets, font l'arrière-garde. On part toujours au lever du soleil; on s'arrête à midi pour dîner, et on campe à quatre heures du soir jusqu'au lendemain.

La caravane chemine dans l'intérieur du pays, laissant à sa gauche Tremecen, Alger et Tunis. Pendant que les pélerins de ces différentes villes viennent joindre ceux qui sont partis de Téza, les négocians se détachent de la troupe pour aller à Alger et à Tunis vendre les *haïcks* et les sandales dont ils se sont chargés. Ils portent aussi de mauvais bonnets aux Arabes de la campagne, dont ils retirent un bon prix. Enfin, ces devots spéculateurs font en chemin des profits considérables, qui les mettent en état d'acheter à bon compte beaucoup de marchandises de la Mecque, d'Alexandrie et du Caire.

Au bout de deux mois et demi, et après avoir traversé des déserts affreux, la caravane arrive, en côtoyant la mer, à la tour des Salines, qui n'est qu'à une demi-journée de Tripoli. Elle s'y repose pendant dix jours, non-seulement pour se remettre de ses premières fatigues, mais encore pour prendre de nouvelles provisions, afin de n'en pas manquer jusqu'à Alexandrie, où la caravane ne doit arriver que dans quarante à cinquante jours.

Les pélerins qui ont emporté un peu d'argent, achètent à leur tour, dans le voisinage de Tunis et même de Tripoli, une grande quantité de mulets, qu'ils payent vingt-cinq rixdales, et qu'ils revendent quatre-vingts et cent à Maroc.

En quittant la tour des Salines, la caravane prend le chemin d'Alexandrie, où elle se fournit, comme à Tripoli, de provisions pour le reste du voyage, qui se termine ordinairement au bout de sept mois. Il n'y a que les négocians qu'une route aussi longue n'ennuie point. Ils se consolent de ce pénible voyage par les bénéfices qu'ils font chaque jour en achetant des marchandises dans une ville, pour les revendre dans une autre.

Les Arabes d'Alexandrie et du Caire n'ont aucune idée de civilisation; mais comme ils sont dévots et superstitieux, ils traitent à merveille les pélerins. Ils leur donnent de nouveaux rafraîchissemens en beurre, en œufs, en farine et en viandes : mais ce qui est très-fâcheux pour les pieux voyageurs, c'est qu'après avoir dépassé ces villes hospitalières, il leur arrive quelquefois d'être rencontrés par un parti d'Arabes sauvages, qui les dévalise, et ne leur laisse que ce qu'il leur faut strictement pour ne pas mourir de faim, sur-tout si la caravane fait difficulté de payer la rançon que ces brigands lui imposent pour obtenir la permission de continuer sa route. Depuis sept à huit ans, le désert que la caravane est obligée de traverser en sortant du Caire, est devenu plus dangereux que jamais. Les Arabes qui errent dans ces horribles plaines de sable, se rassemblent en grand nombre pour guetter les pélerins dans des endroits où il est difficile de se défendre. Par exemple, la caravane pourroit être pillée par une centaine de ces bandits, en passant l'isthme de Suez; aussi font-ils tous leurs efforts pour la surprendre dans ce passage.

Les pélerins qui n'ont pu apporter à la Mecque que des marchandises de peu de valeur, s'empressent, à leur arrivée, de les vendre pour se mettre en état de renouveler leurs provisions.

Toute la caravane célèbre en grande pompe la fête de la nativité du prophète Mahomet, qui arrive le dix de la lune d'Alaja. La religion exige que, dans ce jour solemnel, chaque pélerin sacrifie au moins un mouton.

L'auteur de qui je tiens ce que je rapporte ici concernant les caravanes, m'a assuré que la quantité de moutons immolés à la Mecque ce jour-là étoit si prodigieuse, qu'on pourroit l'évaluer à plus de dix mille.

Après ce grand sacrifice, les pélerins s'occupent de leurs affaires. Les uns achètent des mousselines et des soieries du Levant, les autres font emplette de soieries persanes, d'essences de roses, d'ambre et de musc. Il y a des marchands qui préfèrent de garder leurs fonds, pour prendre, en repassant au Caire, des cotons et de la soie écrue. Ils n'y payent pas ces marchandises beaucoup plus cher qu'à la Mecque. Les différentes spéculations que les commerçans de la caravane font à la Mecque et dans toutes les villes où elle passe, rapportent pour plus de deux millions de rixdales.

Les pélerins qui vont par mer débarquent à Alexandrie, où ils joignent la caravane. En revenant de la Mecque, un nombre plus considérable de Maures se rembarque à Alexandrie pour aller à Tétuan et à Tanger, d'où ils peuvent facilement retourner chez eux. Avant de quitter Tanger, ils y vendent les marchandises qu'ils ont apportées, et sur lesquelles ils ont ordinairement un tiers de bénéfice.

Les Maures qui reviennent de la Mecque par terre, réunissent aux richesses du Levant une quantité de marchandises de Tunis et d'Alger, qui sont fort estimées dans l'empire de Maroc : s'ils savent bien les choisir, ils sont presque assurés de doubler leurs capitaux.

Les chrétiens qui ont envie de suivre la caravane, peuvent le faire avec une permission de l'empereur ou du saïck commandant, qui les prend sous sa protection. Si les chrétiens qui desirent d'aller à la Mecque avec les fidèles croyans, vouloient endosser leur habit, ils préviendroient par-là beaucoup de désagrémens auxquels ils sont exposés avec le costume européen. Toutefois, il y a fort peu de chrétiens qui soient curieux d'entreprendre ce voyage, par la raison que les fatigues inévitables et les dangers qu'ils auroient à courir, surpassent de beaucoup le plaisir de voir un pays retombé dans la barbarie.

Les caravanes n'osent jamais s'avancer dans l'intérieur des terres. Les mahométans même, qui tenteroient de s'écarter des limites connues de l'empire de Maroc, risqueroient, tout autant que les chrétiens, d'être volés et assassinés par les Arabes, qui ne vivent que du butin qu'ils font, et qui sont capables de commettre les plus grands crimes pour en venir à leurs fins.

On les a vus, en 1786, égorger quarante pélerins, qui eurent l'imprudence de revenir de la Mecque par Mequinez; ce qui les obligea à demander l'hospitalité aux montagnards de Jamor. Ces sauvages s'aperçurent bientôt qu'ils tenoient dans leurs mains des gens chargés de marchandises précieuses. Cette découverte fut fatale aux malheureux pélerins; ils furent tous massacrés au milieu de la nuit, et tout ce qu'ils possédoient devint la proie de ces brigands, dont la férocité n'a rien qui puisse lui être comparée.

Il y a encore quelques parties de l'empire de Maroc où il seroit dangereux de s'aventurer. On n'ose pas s'avancer à plus de six journées de la capitale du côté de l'est; cependant je crois qu'on pourroit, sans risque, aller beaucoup plus loin, si on vouloit user des mêmes précautions qu'emploient les caravanes qui vont par le sud, c'est-à-dire marcher en force, et faire de petites générosités aux Arabes sauvages.

Les caravanes qui vont dans les provinces du sud avec l'intention seulement de trafiquer des marchandises, ne sont jamais aussi nombreuses que celles que la dévotion conduit à la Mecque. Il est rare qu'elles soient de plus de cent cinquante à deux cents personnes, en comptant les muletiers, les conducteurs des chameaux et les autres domestiques. Une de ces caravanes part de Maroc, les autres viennent de Tarudant, de Fez et de Tétuan. La première passe par le chemin de Domnet; mais elles se réunissent toutes à Talifet pour passer ensemble le désert.

Ces caravanes s'arrêtent à Tombut, où elles trouvent des négocians maures qui s'y sont établis pour faire le commerce intérieur de la Guinée, consistant en ivoire, en poudre d'or et en esclaves. Ces objets, sur lesquels il y a beaucoup à gagner, sont échangés contre des haïcks et des draps bleus qui sont fort estimés dans les cantons de Thouat et des Mohafres.

La ville de Thouat est loin de la mer, environ à trente journées de Talifet. De Thouat les caravanes se rendent en droite ligne à Tombut. Le plus grand danger qu'elles ayent à courir, est le passage des deux déserts entre Talifet et Thouat. Le reste du chemin, pour arriver à Tombut, n'est pas, à beaucoup près, aussi inquiétant. Les Arabes de ces déserts font tant de peur aux caravanes, que celles-ci, pour n'être pas pillées, leur distribuent des présens considérables.

La caravane qui va à Tombut y porte du drap bleu, des poignards turcs, de petits miroirs, du tabac et du sel, dont on peut porter une assez grande quantité, malgré son poids, sur le dos des chameaux. En parlant de ces animaux, qui sont d'une si grande utilité aux peuples de ces contrées brûlantes, je ne peux m'empêcher d'admirer le bel ordre que la providence a mis dans tous ses ouvrages. Le chameau, destiné à vivre dans des pays chauds, qui manquent souvent d'eau, a dans son estomac un nombre infini de petites cellules, qui sont comme autant de réservoirs qui se remplissent d'eau pour lui servir au besoin. Ces poches pleines d'eau se vident l'une après l'autre pour étancher la soif de l'animal; de façon qu'il peut très-bien rester cinq à six jours sans boire. On en a même vu traverser des déserts où ils ont été huit et neuf jours sans trouver une goutte d'eau. La nature les a également prémunis contre la faim. La capacité de leur estomac est telle, qu'il peut y entrer de la nourriture pour plusieurs jours. Leurs maîtres, qui savent cela, leur font manger une grande quantité d'orge avant de voyager dans le désert;

et

et comme ils digèrent très-lentement, et par une mastication continuelle, ils peuvent passer beaucoup de tems sans manger.

Les chameaux sont capables de porter des fardeaux très-pesans; ils se fatiguent très-difficilement : ils servent tout-à-la-fois à la charge et à monter leur maître. Leur pas est fort alongé, mais lent. Ils sont doux et faciles à conduire. On les fait s'agenouiller pour recevoir leur charge. Lorsqu'on les monte, il ne faut, pour les faire marcher, qu'un bâton court, qui sert de bride et de fouet. J'ai souvent rencontré en Barbarie trois Maures affourchés sur un chameau, qui portoit en même tems tout leur bagage.

Revenons à la caravane de Tombut, que j'ai laissée pendant quelques momens pour faire l'histoire des chameaux. Les marchands qui portent du tabac et du sel à Tombut, échangent ces objets de commerce pour des esclaves, de l'ivoire et de la poudre d'or, qu'on tire de Guinée. Le nombre des esclaves emmenés annuellement de Tombut, est d'environ quatre mille. La majeure partie va à Mascar, Alger et Tunis : les acheteurs de ces Nègres ne se chargent point d'eunuques, à moins qu'ils n'ayent une commission particulière de l'empereur ou de quelqu'autre prince

T

africain. Les sujets de ces despotes ne sont pas maîtres d'en prendre à leur service. Les eunuques viennent ordinairement du royaume de Bambara. Pendant le règne de Muley Ishmaël, on évaluoit à sept cents la quantité qu'il y en avoit à Maroc : on en compteroit à peine cent aujourd'hui.

Quelques observateurs, qui ont suivi le commerce de Tombut depuis vingt ans, estiment qu'il y a été vendu chaque année pour un million de rixdales de marchandises de Maroc, et que cet empire a eu en retour tous les ans pour dix millions de rixdales en plumes d'autruches, ivoire, poudre d'or, et esclaves de Guinée. Les deux tiers de ces marchandises vont se débiter à Tunis et à Alger.

Il est constant qu'on peut faire par terre le voyage de Guinée à Maroc, en ne s'écartant point du bord de la mer. On a vu venir, en 1781, deux Français à Maroc, qui étoient partis du Sénégal. On apprit par eux la prise que les Anglais avoient faite de plusieurs forts bâtis sur la rivière de ce nom. Il est probable qu'ils eussent été massacrés en chemin, si, dans quelques endroits dangereux à passer, ils n'avoient pas été protégés par des sauvages doux et hospitaliers.

CHAPITRE XII.

L'Auteur est appelé dans le harem de l'Empereur; il en donne la description. État des femmes qui y sont renfermées : leurs occupations, leurs plaisirs habituels. Trafic qu'elles font du plus ou moins de crédit qu'elles peuvent avoir auprès de l'Empereur.

Quelle fut ma surprise et ma joie, lorsqu'un mois après le départ de Muley Absulem, je reçus un ordre de l'empereur pour me rendre sur-le-champ au palais ! A cette agréable nouvelle, toutes mes espérances se ranimèrent. Je me flattai que l'audience où j'étois appelé alloit en être une de congé pour moi, et qu'enfin je pourrois bientôt revoir les murs de Gibraltar. L'imagination remplie de ces idées consolantes, je volai au palais de l'empereur; mais, hélas ! l'illusion de mon bonheur ne fut point de longue durée. En arrivant à la première porte, je trouvai un esclave, qui étoit chargé de me remettre les ordres de son maître. Le monarque n'avoit nullement pensé à rompre mes chaînes; il ne s'étoit souvenu de moi que pour employer mes foibles talens à secourir une des sultanes qui étoit malade. L'ordre portoit que j'irois la voir à l'heure même; que je lui ferois une seconde visite dans la journée, pour lui administrer les remèdes que j'aurois jugé nécessaires à son état, et que je viendrois ensuite rendre compte de sa situation à l'empereur.

Un ordre aussi extraordinaire, auquel j'étois fort éloigné de m'attendre, me causa autant de chagrin que d'étonnement. Je ne pouvois concevoir comment j'inspirois tout-à-coup de la confiance à un vieillard qui n'avoit témoigné que du mépris pour ma manière de traiter les malades par des remèdes intérieurs : je savois d'ailleurs qu'il me haïssoit comme Anglais. Quel pouvoit donc être son but, en me faisant entrer dans le harem, où jamais Européen n'avoit pénétré? Enfin, j'avois beau me mettre l'esprit à la torture pour chercher les raisons qui avoient déterminé sa majesté impériale à s'écarter de tous les préjugés orientaux, il me fut impossible de les deviner.

D'un autre côté, j'avois été payé de tant d'ingratitude de la part de Muley Absulem, que je me souciois fort peu d'entreprendre de nouvelles cures. L'ignorance que j'aurois encore à combattre, l'incertitude de guérir la sultane, et les conséquences fâcheuses qui pourroient en résulter pour moi, tout cela me donnoit une extrême répugnance pour exécuter les ordres que je venois de recevoir. La curiosité, qui m'avoit si souvent entraîné, n'étoit plus assez forte pour me faire passer sur toutes ces considérations.

Cependant il fallut faire trêve à mes reflexions, pour suivre l'esclave qui devoit me conduire au harem. Si je m'étois permis la moindre opposition aux volontés d'un despote absolu, mes affaires n'en auroient pas mieux été. Ainsi, je pris le parti de faire de bonne grâce ce qu'il exigeoit de moi, étant pourtant décidé à ne me charger de la maladie qui m'étoit confiée, qu'autant que je la trouverois susceptible de guérison.

La première porte du harem étoit gardée par une escouade de dix soldats nègres. Après l'avoir passée, on me mena à un grand corps-de-garde, où il pouvoit y avoir une quinzaine d'eunuques commandés par un alcade. Aucune personne ne pénétroit au-delà de ce poste, à moins qu'elle ne fût employée au service des femmes.

Mon conducteur ayant remis à l'alcade l'ordre de l'empereur, il me fit ouvrir une seconde porte, et conduire avec mon interprète dans l'enceinte sacrée, par un des eunuques de la garde. J'entrai dans une première cour, où j'aperçus des concubines et des négresses livrées à différentes occupations. Les concubines étoient assises sur des bancs de gazon, et travailloient de petits ouvrages à l'aiguille, tandis que leurs esclaves leur préparoient du cuscasoo. Ma subite apparition attira bientôt les regards de toutes ces femmes; et comme aucune ne put imaginer par quel miracle je me trouvois dans le harem, plusieurs en furent effrayées, et prirent la fuite. Les plus courageuses s'approchèrent en tremblant de l'eunuque qui me conduisoit, pour lui demander quelle espèce d'homme j'étois. Aussi-tôt qu'il leur eut appris que j'étois médecin, et que je venois voir Alla-Zara, elles coururent le dire à celles qui s'étoient enfuies, et dans un instant la cour se trouva pleine de femmes qui répétoient avec un air de satisfaction : —*Seranio Tibid.* —Un docteur chrétien.

Quelques minutes après, toutes ces belles prisonnières, qui avoient eu peur de moi en me voyant paroître, m'environnèrent en si grand nombre, et me pressèrent de telle sorte, qu'il ne m'étoit plus possible de faire un pas en avant ni en arrière. Elles étoient toutes fort empressées de me co sulter, et encore plus curieuses d'examiner ma figure. Si elles ne savoient de quel mal se plaindre, elles me donnoient leur pouls à tâter, dans l'espérance que je pourrois toujours leur dire quelque chose de leur santé. Celles que je renvoyois sans vouloir les écouter, me quittoient de fort mauvaise humeur, en m'accusant d'insensibilité. Enfin, après avoir fait de mon mieux pour justifier la haute opinion que ces dames avoient d'abord conçue de mes talens, je n'en passai pas moins dans leur esprit pour un ignorant.

Je remarquerai ici que les idées des peuples sur ce que nous nommons décence et modestie, tiennent beaucoup aux mœurs et aux usages d'un pays. Les femmes du harem en avoient de fort différentes de celles de nos beautés européennes; elles ne faisoient nulle difficulté de découvrir devant moi quelques-uns des charmes que la pudeur fait cacher ailleurs avec soin. Leur conversation ne m'a pas paru plus gazée que leurs appas.

Il ne faut pas croire pour cela que les femmes asiatiques j'ayent aucune retenue

L'espèce de licence qui règne dans leurs propos et dans leurs manières, est une suite nécessaire de la mauvaise éducation qu'elles ont reçue, et ne prouve rien pour la dépravation de leur cœur. Ne se croyant point chargées de veiller sur leur honneur, elles n'attachent aucun prix aux vertus qui en sont la garantie. Les hommes contribuent aussi beaucoup à entretenir chez elles cette coupable indifférence pour les choses honnêtes : s'ils ne les regardoient point comme des êtres destinés uniquement à leurs plaisirs, elles prendroient d'elles-mêmes des sentimens plus élevés.

L'éducation qu'on leur donne ne tend qu'à éveiller leur esprit pour la coquetterie. Voilà l'unique but : elles ne cherchent qu'à dire et faire tout ce qui peut exciter les passions des hommes, et enflammer leur imagination déréglée. Pourroit-on s'étonner qu'avec de pareils principes, sucés pour ainsi dire avec le lait, elles ne ressemblent en rien aux femmes des autres pays ?

Les femmes du harem, qui me paroissoient, à certains égards, si éloignées d'avoir cette réserve qui convient à leur sexe, étoient extrêmement réservées pour les choses qu'elles ne croyoient pas permises. Par exemple, si je demandois à une malade de me faire voir sa langue, il y en avoit pour une heure avant qu'elle se décidât à me la montrer. Elle rioit de la singularité de ma demande, ne l'attribuant qu'à une impertinente curiosité, et à l'envie de lui faire faire une chose pour le moins ridicule.

Il étoit tems que je sortisse de cette première cour, où la foule ne cessoit de me presser. Ne sachant comment m'en débarrasser, je pris le parti de faire dire par mon interprète, à l'eunuque qui me servoit de guide, qu'il m'avoit amené dans le harem pour voir une des sultanes, et que je le priois de me conduire chez elle. Alors ce monstre amphibie, usant de son autorité, m'enleva du milieu de toutes les femmes dont j'étois environné. Nous traversâmes ensemble deux autres cours. L'appartement d'Alla-Zara (*) étoit au fond de la seconde. Comme cette belle malade m'attendoit, sa porte me fut ouverte dans l'instant. Je trouvai Alla-Zara couchée à moitié sur une pile de carreaux couverts d'une superbe toile. Une douzaine de négresses, ou d'autres femmes employées à la servir, étoient

---

(*) Alla signifie dame. Ce titre ne se donne qu'aux sultanes.

debout ou assises à quelque distance de la sultane dans sa chambre. On avoit mis un coussin pour moi auprès de la malade, qui me fit signe de la main de venir me placer à ses côtés. Mais quel fut mon étonnement de ne pas trouver les femmes de l'empereur voilées, en me rappelant toutes les précautions qu'on avoit prises pour me cacher celles de Muley-Absulem, dont je n'avois jamais pu voir la figure! Alla-Zara n'eut point du tout l'air de vouloir se dérober à mes regards. Je la vis comme j'aurois pu faire une européenne. Il étoit facile de juger qu'elle avoit été très-belle avant le cruel accident qui avoit altéré sa santé pour jamais. Pendant que sa beauté étoit dans tout son éclat, l'empereur la traitoit en sultane favorite : mais comment jouir de la faveur attachée à cette place, sans exciter la jalousie de tant de concurrentes qui se trouvent humiliées de la préférence accordée à une de leurs compagnes, dont intérieurement elles ne croient pas que les charmes soient au-dessus des leurs! Celles qui avoient le plus captivé le cœur de l'empereur, se voyant négligées pour Alla-Zara, jurèrent sa perte, et ne songèrent plus qu'à chercher les moyens de l'opérer. Le poison leur parut le plus sûr et le plus expéditif;

en conséquence, elles firent acheter secrètement de l'arsenic, qu'elles mêlèrent dans les alimens de la sultane. Ce crime fut conduit avec tant d'adresse, qu'il produisoit déjà ses dangereux effets lorsqu'on le découvrit. La malheureuse Alla-Zara, attaquée de vomissemens et de convulsions, seroit morte à l'instant, si elle n'avoit pas eu une excellente constitution. Après avoir lutté contre la mort pendant plusieurs heures, la violence du poison commença à diminuer; elle ne ressentit plus qu'une grande irritation d'estomac, qui devint pour elle un état habituel, et que tous les secours de la médecine orientale n'avoient pu guérir. Sa beauté, la cause fatale de son malheur, avoit entièrement disparu. Ainsi ses cruelles ennemies, quoiqu'elles n'eussent pas réussi dans leur dessein de la faire périr, jouissoient en partie de leur forfait, en voyant ternir des charmes qui faisoient leur désespoir, et qu'un attentat horrible alloit effacer pour toujours.

L'estomac d'Alla-Zara avoit tant souffert du poison qu'elle avoit avalé, qu'il ne pouvoit rien digérer. La nourriture qu'elle prenoit lui profitoit si peu, qu'elle étoit comme un squelette lorsque je la vis. Sa foiblesse étoit si grande, qu'elle ne pouvoit marcher qu'à l'aide d'un bras. Ses traits étoient totalement altérés; sa peau, naguères si blanche, étoit devenue jaune, et ses dents étoient toutes gâtées. Enfin, une horrible pâleur avoit remplacé ce teint de lis et de rose qui l'avoient fait triompher de ses rivales.

Quoique accoutumé à voir des malades attaqués de toutes sortes de maux, je fus si frappé de la triste situation de la sultane, qu'il me fut impossible de lui cacher l'étonnement douloureux qu'elle me causoit. Alla-Zara pouvoit avoir alors trente ans : son état, qui n'avoit empiré que par degrés, ne l'avoit point empêchée de faire deux enfans. Le plus jeune étoit encore à la nourrice; son aîné pouvoit avoir deux ans et demi. J'avouerai que je fus surpris, au dernier point, de la beauté et de la force de deux enfans sortis d'une mère aussi mal-saine. Ces petits êtres adoucissoient le sort de celle qui leur avoit donné le jour, et empêchoient qu'elle ne fût répudiée, la loi mahométane ne permettant point de divorcer avec une femme dont on a eu des enfans. L'empereur oublioit l'infortunée sultane; il ne m'envoya chez elle que parce qu'elle avoit appris mon arrivée à Maroc, et qu'elle l'avoit supplié de permettre que je vinsse la voir.

Je dissimulai à la malade une partie de mes craintes, sans cependant lui faire espérer une prochaine guérison. Je me contentai de lui promettre que je ferois mon possible pour lui procurer du soulagement. C'étoit du fond de mon cœur que je lui témoignois de l'intérêt. Son air de bonté et de douceur me faisoit bien désirer de pouvoir lui être utile. Sa mauvaise santé ne lui avoit point fait perdre sa vivacité naturelle : elle conservoit un caractère de gaieté qui m'attachoit à sa personne, et me faisoit regretter de ne pouvoir jouir de sa conversation. Après lui avoir ordonné quelques remèdes, et prescrit un régime doux, dont j'attendois plus d'effet que de toutes les médecines qu'on lui avoit fait prendre, je sortis de son appartement. Je n'avois pas fait dix pas, qu'une esclave d'Alla-Batoom, la première sultane à cause de la priorité de son mariage, vint me prier d'entrer chez sa maîtresse.

Comme je n'avois été introduit dans le harem que pour y voir Alla-Zara, et que je m'aperçus que mon conducteur m'observoit avec des yeux inquiets, je craignis qu'il n'y eût du danger pour moi à passer les ordres de l'empereur ; cependant la curiosité l'emporta sur la prudence. Je me laissai conduire à l'appartement d'Alla-Batoom, sans trop m'inquiéter des suites que cette démarche pourroit avoir. Cette sultane étoit une beauté parfaite, suivant le goût des Maures, c'est-à-dire qu'elle étoit excessivement grasse. Ses grosses joues étoient peintes d'un rouge très-vif; ses yeux étoient petits, et sa physionomie n'avoit point d'expression : son âge pouvoit être de trente-six à quarante ans. Je la trouvai négligemment assise sur des coussins magnifiques. Beaucoup de concubines, qui avoient eu envie de me voir, s'étoient rendues chez elle. Lorsque j'y parus, toutes ces femmes se rangèrent pour me donner la liberté de venir auprès de la sultane, dont je m'approchai avec respect. Mon interprète me rendit de sa part les remercîmens qu'elle me faisoit de la complaisance que j'avois eue de venir chez elle. Son pouls, qu'elle me donna à tâter, m'apprit bientôt que la curiosité seule l'avoit engagée à m'envoyer chercher. Elle ne se plaignit que d'un peu de rhume, et encore ce fut avec tant de gaieté, que je me crus dispensé de lui proposer des remèdes. Plusieurs des femmes qui entouroient la sultane voulurent aussi me consulter. Comme je n'ignorois pas que le beau sexe de Barbarie fait un grand abus du cuscasoo, et qu'il est presque toujours la cause de ses petits maux, je promis une santé parfaite à toutes celles qui mangeroient avec modération de ce mets délicieux. L'air doctoral que je pris pour leur recommander la sobriété, leur donna une grande opinion de mes talens.

La consultation finie, on passa à la critique de mon habillement européen : toutes les parties en furent examinées avec soin, et il n'y en eut pas une où l'on ne trouvât quelque chose à redire. Toutes ces belles recluses furent bientôt familiarisées avec la figure du docteur anglais. La confiance une fois établie, elles me firent faire cent questions par mon interprète, qui achevèrent de me convaincre de leur profonde ignorance sur les mœurs et les coutumes des autres pays. Elles voulurent savoir si j'étois marié, et combien de femmes j'avois épousées. Leur surprise fut extrême d'apprendre que je n'en avois amené aucune avec moi.

La sultane Alla-Batoom, qui prenoit plaisir à se faire répéter ce que je disois des modes européennes, demanda du thé pour m'obliger à prolonger ma visite. Des esclaves qui la servoient en apportèrent dans l'instant sur une table dont les pieds n'avoient pas plus de quinze pouces de haut. La tasse dans laquelle on me versa du thé n'étoit pas plus grande qu'une coquille de noix : la sultane la remplissoit elle-même aussi-tôt que je l'avois vidée; et en vérité, elle dut en avoir le bras fatigué, car je pris bien quarante à cinquante petites tasses du meilleur thé que j'aye bu de ma vie.

Après avoir fait ma visite à la première sultane, je me disposois à quitter le harem, n'imaginant pas que je dusse avoir ce jour-là d'autres bonnes fortunes dans ce lieu consacré à l'ennui et à l'esclavage. Il m'étoit pourtant réservé d'y jouir encore de quelques momens de plaisir, qui me parurent plus agréables que ceux que j'y avois passés.

La sultane favorite de l'empereur, qui n'étoit pas la moins curieuse des beautés du harem, ayant été informée de ma visite à Alla-Batoom, me dépêcha sur-le-champ une de ses femmes pour me prier de venir la voir. Le titre de sultane favorite m'eut bientôt décidé à me rendre à son invitation. J'étois bien aise de pouvoir juger par moi-même si elle méritoit réellement d'être préférée à ses rivales. Le nom de cette sultane étoit Alla-Douyaw. En entrant dans son appartement, je fus tellement frappé de sa beauté, qu'elle dut s'apercevoir du trouble qu'elle me causoit.

causoit. J'ose assurer qu'il n'y a point de pays dans le monde où elle n'eût passé pour une jolie femme. Mon premier mouvement me fit commettre une imprudence qui auroit pu me coûter cher. Je lui marquai ma surprise de trouver tant de charmes chez une Africaine. A peine eus-je fait à cette charmante sultane un compliment aussi indiscret, que j'en sentis tout le danger, sur-tout devant le cerbère qui ne me perdoit pas de vue. Elle n'eut point l'air d'en être inquiète; et afin de me faire voir que je ne m'étois pas trompé, en lui trouvant les agrémens d'une européenne, elle me dit qu'elle étoit née à Gênes, et qu'un naufrage qu'elle avoit fait dans son enfance, sur les côtes de Barbarie, avoit décidé de son sort. Sa mère, qui l'avoit embarquée avec elle à l'âge de huit ans, pour la conduire en Sicile, avoit eu le malheur d'être jetée par la tempête sur cette terre inhospitalière. La petite Génoise fut présentée à l'empereur; ses charmes naissans n'échappèrent point à son œil pénétrant: il la fit séparer de sa mère, et enfermer dans le harem. La grande jeunesse de cette jolie enfant ne la rendoit pas plus docile aux leçons qu'on lui donnoit pour la faire changer de religion. Son obstination à rester fidelle à celle de ses pères, qu'elle ne connoissoit encore que très-imparfaitement, impatientoit le tyran qui la tenoit sous sa griffe. Il prit le parti de lui faire craindre qu'il n'usât de violence. « Abjurez vos erreurs, lui dit-il un jour, ou je vous ferai arracher tous les cheveux jusqu'à la racine ! »

Cette menace, bien faite pour effrayer l'enfance de cette jeune personne, la détermina à se soumettre aux volontés du despote Sidi Mahomet. Content du triomphe qu'il venoit de remporter sur la petite Génoise, il la confia aux soins de ses concubines : mais sa beauté, qui en peu d'années devint parfaite, la finesse de son esprit et la supériorité de ses talens, la firent monter au rang des sultanes : elle occupa bientôt la première place dans le cœur du monarque, et elle sut si bien s'y maintenir, que ni le tems ni la jouissance n'avoient pu diminuer sa faveur.

Je jugeai à ses traits qu'elle pouvoit avoir vingt-deux à vingt-trois ans. Sa jolie figure avoit cette charmante expression qui est particulière aux Italiennes : son maintien étoit modeste et ses manières fort polies. Les autres femmes du harem, qui la haïssoient comme une rivale avec qui il leur étoit impossible de lutter de grâces et d'amabilité, ne pouvoient s'empêcher d'être dans l'admiration de sa facilité à lire et à écrire l'arabe, dont pas une d'elles ne savoit déchiffrer le premier mot. Alla-Douyaw avoit été renfermée si jeune, qu'elle se souvenoit à peine de la langue de son pays : elle ne se rappeloit que très-imparfaitement de son arrivée dans le harem. Croyant s'apercevoir que j'étois touché qu'on eût détruit dans son cœur les principes de religion qu'elle avoit reçus de ses parens, elle me dit avec une douceur infinie : « Qu'importe notre croyance ? Ne sommes-nous pas tous frères et sœurs ? Je serois très-fâchée que vous eussiez mauvaise opinion de moi, parce que j'ai abandonné la foi chrétienne. » Elle ajouta qu'elle seroit bien malheureuse de ne m'inspirer aucun intérêt, ayant besoin d'un bon médecin pour sa santé. En effet, Alla-Douyaw étoit attaquée d'une humeur scorbutique qui menaçoit quelques-unes de ses belles dents. Cet accident ne laissoit pas que de l'inquiéter; elle craignoit, avec assez de raison, que s'il devenoit plus sérieux, les sentimens que l'empereur avoit pour elle ne s'en trouvassent affoiblis. La guérison d'un mal qui ne faisoit que commencer lui paroissoit aisée; cependant, comme le bonheur de sa vie en dépendoit, elle me montra d'assez vives alarmes sur son état. Je m'empressai de la rassurer. La promesse que je lui fis de la guérir radicalement dans quinze jours, la transporta de joie. En prenant un pareil engagement, j'oubliois que je n'étois entré dans le harem que pour y voir Alla-Zara. L'audace que j'avois eue d'aller chez la sultane favorite, sans la permission de l'empereur, pouvoit m'attirer de sa part le plus cruel châtiment : mais consulte-t-on la prudence, fait-on attention au danger, lorsqu'une jolie femme réclame notre assistance?

La situation déplorable d'Alla-Zara avoit pu déterminer l'empereur à me faire ouvrir son harem, sur-tout lorsque le délâbrement de la santé de cette sultane avoit éteint dans son cœur tout sentiment d'amour pour elle; mais sa colère n'auroit-elle pas été fort à craindre, s'il eût appris que j'avois eu la témérité de faire une visite à la belle Alla-Douyaw, qui étoit rayonnante de santé, et qui possédoit tous les agrémens de la jeunesse? Quand on pense qu'il aimoit passionnément cette femme, et qu'il n'y a point de précautions que les princes africains ne prennent pour qu'aucun mortel ne puisse même entrevoir l'objet de leurs tendres affections, on sent que j'avois fait une démarche fort inconsidérée, et que c'étoit mettre le comble à ma première imprudence de m'engager à revenir chez la sultane favorite.

Toutes ces réflexions me vinrent aussi-tôt que je fus sorti du harem; mais je n'en fus pas plus sage. Les beaux yeux d'Alla-Douyaw, le secret qu'on avoit bien gardé des momens agréables que j'avois passés près d'elle; enfin, un peu d'amour-propre de la bonne réception qu'on m'avoit faite, tout cela m'enhardit au point que, bien loin de vouloir renoncer au plaisir de la voir, je me promis au contraire de retourner chez elle dès que l'occasion s'en présenteroit.

Alla-Douyaw, qui, de son côté, n'étoit pas sans inquiétude sur ma visite, recommanda à ses femmes de n'en point parler. Elles en gardèrent si bien le secret, que cela lui inspira beaucoup de confiance pour l'avenir. Elle les mettoit aux aguets lorsque je venois la voir. Enfin, l'aimable sultane gagna jusqu'à l'eunuque qui m'accompagnoit, en lui faisant des présens. Pendant long-tems j'eus la liberté de passer chaque jour avec elle des heures entières. Je lui rendis compte des coutumes européennes sur lesquelles elle me faisoit mille questions : tout ce que je lui disois à ce sujet l'amusoit beaucoup. Un air de distraction que je remarquois quelquefois sur son visage, m'annonçoit, malgré elle, que le plaisir qu'elle prenoit à nos entretiens ne pouvoit chasser la terreur qu'elle éprouvoit au fond de l'ame.

Si Alla-Douyaw avoit à redouter la jalousie de l'empereur, elle avoit encore à se mettre en garde contre la méchanceté de ses rivales et la perfidie des eunuques. Je forçai au silence les femmes dont la jeune sultane avoit le plus à craindre l'indiscrétion, en allant les visiter dans leurs appartemens : par ce moyen, leur conduite devint également répréhensible ; ce qui leur fit sentir la nécessité de se taire.

Je n'ai point vu la quatrième femme de l'empereur ; elle étoit à Fez pour sa santé pendant mon séjour à Maroc. J'ai appris qu'elle étoit fille d'un renégat anglais, et mère de Muley Yazed, qui devoit monter sur le trône après la mort de Sidi Mahomet.

Après avoir passé dans le harem beaucoup plus de tems que raisonnablement je n'aurois dû faire, j'en sortis pour aller rendre compte à l'empereur de l'état où j'avois trouvé Alla-Zara. Il me reçut dans une cour fermée : il n'avoit à sa suite, ce jour-là, que quelques pages et une demi-douzaine d'esclaves ; pour conduire une petite voiture à quatre roues, suspendue très-bas, et n'ayant qu'une place de fond. Quatre enfans de renégats espagnols la traînoient avec beaucoup de facilité.

En approchant de ce redoutable monarque, j'avoue que j'eus peur de trouver un juge sévère, qui alloit tirer vengeance d'une faute fort légère en elle-même, mais qui pouvoit être regardée de sa part comme une insulte très-grave. Je ne fus pas long-tems dans cette cruelle anxiété. Je vis au ton affectueux que prit l'empereur pour me parler d'Alla-Zara, qu'il n'étoit informé de rien. Alors m'étant remis de ma première frayeur, je lui fis rendre compte par mon interprète de l'état de la malade qu'il m'avoit ordonné d'aller voir. Il voulut savoir quels remèdes j'employerois pour la guérir. S'étant fait apporter quelques-unes des drogues que j'avois nommées, il m'obligea d'en goûter devant lui, comme s'il eût craint que, par ignorance ou par méchanceté, je ne donnasse du poison à la sultane. Après m'avoir fait beaucoup de questions sur la manière de traiter les différentes maladies en Europe, il revint à me parler encore de l'état d'Alla-Zara. Il me demanda combien de tems il me faudroit pour rétablir sa santé. A cela je répondis qu'il étoit impossible de fixer le terme de sa guérison, et que ses maux ne cesseroient que par un long usage des remèdes que je lui avois conseillés.

Lorsque j'eus fait cette déclaration, je crus devoir en tirer parti pour solliciter de nouveau la permission de retourner à Gibraltar; en conséquence, j'offris à l'empereur de donner mes soins à la sultane pendant une quinzaine de jours, et de lui laisser ensuite un régime qu'elle pourroit suivre, après mon départ, avec autant de succès que si j'étois présent. J'appuyai sur la nécessité où j'étois d'obéir aux ordres de mes supérieurs, qui me rappeloient à mon poste. L'empereur parut content de mon zèle pour procurer du soulagement à une femme qui excitoit encore sa pitié. Pour me faire voir qu'il en étoit satisfait, il me promit de me renvoyer après les premiers quinze jours du traitement que j'avois fait commencer à la sultane. Ces paroles consolantes furent accompagnées d'un mouvement de générosité, qui fit dire à l'empereur que j'aurois un beau cheval pour retourner dans mon pays. Son ministre eut ordre de me compter dix rixdales, et de me faire ouvrir le harem toutes les fois que je voudrois y entrer.

Le harem, ainsi que je l'ai déjà observé,

fait partie du palais ou sérail. On ne peut y communiquer que par une porte secrète dont l'empereur seul a la clef. Il y a en face des quatre plus beaux appartemens des femmes, une grande cour qu'on traverse pour y arriver. Ils ne sont éclairés que par des portes brisées. Cette manière de donner du jour aux appartemens est générale pour toutes les maisons des Maures : on sait qu'elles n'ont point de fenêtres.

La cour dont je viens de parler est pavée en tuiles bleues et blanches : une belle fontaine qui est au milieu donne de l'eau pour les fréquentes ablutions recommandées par le prophète Mahomet ; elle en fournit également à tous les besoins du ménage.

Dans l'étendue du terrain qu'occupe le harem, on y trouve douze cours quarrées par où l'on arrive à tous les appartemens des femmes. Ces vastes emplacemens sont d'une grande ressource pour tant de malheureuses prisonnières, qui n'ont point d'autre endroit pour se promener. L'extérieur des appartemens des femmes est sculpté avec autant de goût qu'on pourroit le faire en Europe : ils sont tapissés en beau damas : les planchers sont couverts de superbes tapis de Turquie, sur lesquels on jette des coussins et des petits matelas pour s'asseoir ou pour dormir. Quatre ottomanes en bois d'acajou, et faites avec élégance, garnissent ordinairement les coins des appartemens. Ces ottomanes ne servent que d'ornement.

Le plafond de toutes les pièces occupées par les femmes, est peint et chargé de sculptures; mais ce qui les décore le mieux, ce sont de belles glaces et des pendules dans des chassis dorés. On voit dans plusieurs appartemens des espèces de niches pratiquées dans la muraille, et garnies de petits matelas avec une couverture de soie. Les tentures sont de satin, souvent encâdrées dans de larges bandes de velours noir brodées en or.

La première sultane a la direction du harem; son autorité ne s'étend point sur chaque femme en particulier; elle est seulement chargée de la police générale. La distinction de cette place donne le droit de choisir le meilleur logement. Alla-Batoom, qui en jouissoit lorsque je suis entré dans le harem, et Alla-Douyaw, la sultane favorite, étoient les seules qui eussent leur chambre précédée d'une autre pièce. La malheureuse Alla-Zara et toutes les concubines n'avoient qu'un appartement.

Les générosités de l'empereur pour ses

femmes étoient plus ou moins abondantes, suivant les sentimens qu'elles savoient lui inspirer. Il vouloit que ses dons, qui n'étoient pas toujours magnifiques, pussent fournir à tous leurs besoins. Cependant la pension qu'il faisoit à la plupart d'entr'elles étoit si modique, qu'elle ne pouvoit suffire à leur nourriture et à leur entretien. La sultane favorite n'avoit guères plus d'un petit écu par jour; les autres étoient moins bien traitées. Il est vrai que l'empereur leur donnoit des bijoux, et même quelquefois des gratifications en argent. Malgré toutes ces libéralités, elles eussent été fort mal à leur aise, sans les cadeaux que les Européens et les Maures leur faisoient pour qu'elles s'intéressassent à leurs affaires. L'empereur n'ignoroit pas que ses femmes rançonnoient les étrangers qui réclamoient leur appui; mais il fermoit les yeux sur ce honteux trafic, parce qu'il aimoit mieux les tolérer que de dénouer les cordons de sa bourse. Les ambassadeurs, les consuls et les négocians, qui connoissoient cet usage scandaleux, s'y conformoient, et répandoient beaucoup d'argent dans le harem.

J'ai connu un juif qui ne pouvoit obtenir une réponse de l'empereur pour une affaire importante, et qui prit le parti d'envoyer des perles aux sultanes, en les suppliant de parler en sa faveur. Ces belles protections eurent bientôt fait accorder au juif ce qu'il sollicitoit inutilement depuis long-tems.

Les femmes enfermées dans le harem payent les esclaves qui les servent. Elles font, après cela, ce qu'elles veulent de leur argent; elles ne sont point obligées d'en rendre compte. En tout elles jouissent d'une assez grande liberté dans leur prison, mais elles ne sauroient jamais en sortir. L'empereur les fait pourtant quelquefois voyager pour les avoir avec lui, lorsqu'il va d'un palais dans un autre.

C'est une grande affaire que ce changement de domicile. Le jour qu'il doit avoir lieu, personne ne doit se trouver sur le chemin par où les femmes de l'empereur doivent passer; et afin d'en chasser les téméraires que la curiosité pourroit y attirer, un détachement de soldats précède la marche des femmes, qui ne sortent du harem que quand on est sûr qu'elles ne seront point exposées aux regards des mortels. Celles qui n'aiment pas à voyager en voiture montent des mules; leur visage est couvert d'un voile impénétrable. Le plus grand nombre fait le chemin dans des litières qui sont si bien fermées, que l'œil le plus pénétrant ne pourroit apercevoir les beautés qui y sont cachées. Elles sont escortées par des eunuques noirs, qui sont des gardiens de fort mauvaise humeur. Lorsqu'elles obtiennent la permission de se promener dans l'enceinte du palais, en-dehors des murs du harem, elles sont également surveillées par des eunuques. Ces promenades ne se répètent que rarement, quoique ce soient les seules un peu agréables dont les femmes de l'empereur puissent jouir.

Le harem de Sidi Mahomet étoit composé de cent soixante femmes, sans compter toutes les esclaves qui servoient les sultanes.

Il ne faut pas croire que l'empereur n'ait épousé que les quatre sultanes dont j'ai parlé; il en avoit répudié plusieurs qui ne lui avoient point donné d'enfans (*); d'autres étoient mortes de maladies; ainsi on auroit de la peine à savoir au juste combien de fois il a été marié pendant le cours d'un règne aussi long.

En général, les concubines sont des négresses ou des esclaves européennes. J'en ai

---

(*) La loi de Mahomet permet de répudier sa femme, lorsqu'elle ne fait point d'enfans. Si le mari use de ce droit, il est obligé de remettre la dot qu'il a reçue.

pourtant vu qui étoient de bonnes familles maures, et que des parens barbares et ambitieux avoient eu la bassesse de donner à l'empereur pour son harem.

On distinguoit parmi les concubines une jeune Espagnole d'une beauté parfaite; mais sa physionomie manquoit de cette expression qui rendoit Alla-Douyaw si séduisante. Quant aux femmes maures, elles sont sans grâce, et d'une gaucherie dans leurs manières qui fait grand tort à leurs charmes. Il est rare qu'elles soient grandes; mais en revanche, elles sont remarquablement grasses. Leur peau est d'un brun clair; elles ont le visage rond, les yeux noirs, le nez et la bouche petits. Leurs dents sont très-blanches; elles sont mal partagées du côté des mains et des pieds, dont la grandeur considérable n'est pas élégante.

Un jour que j'étois dans le harem, je fus consulté par une des plus belles concubines pour un mal d'estomac qu'elle ressentoit depuis plusieurs mois. J'eus le malheur de lui faire prendre une poudre que j'aurois donnée à un enfant de six mois. Quoique ce remède ne fût nullement dangereux, la première prise lui causa tant d'inquiétude, en lui occasionnant un peu d'agitation, qu'elle imagina de faire avaler à une jeune sœur qu'elle avoit une grande dose de la poudre que je lui avois remise, afin de s'assurer si elle n'étoit point nuisible à la santé. La petite fille, qui prit à contre-cœur un remède dont elle n'avoit pas besoin, éprouva des douleurs d'estomac qui alarmèrent sa sœur aînée. Cet accident m'attira beaucoup d'injures de la part de celle qui, dans le fait, étoit la seule coupable. Elle me reprocha d'avoir voulu la faire mourir, en lui donnant une poudre qui avoit pensé faire périr sa sœur. Ce fut en vain que je cherchai à me justifier; quelque chose que je pusse dire pour ma défense, ma colérique malade n'en resta pas moins persuadée que je n'entendois rien à la médecine.

Je pourrois citer plusieurs autres traits semblables; mais celui que je viens de rapporter donne suffisamment la mesure de l'esprit de ces malheureuses créatures. L'histoire suivante achèvera de faire connoître combien leur raison est bornée.

Je sortois un soir de l'appartement d'Alla-Zara, lorsque je vis paroître une grande procession de femmes, qui marchoient deux à deux en chantant des hymnes en l'honneur de Dieu et de son saint prophète. Je demandai quel étoit le but de cette procession. Mon interprète m'apprit qu'on la faisoit pour avoir de la pluie. Les plus petites filles marchoient les premières ; celles d'un âge plus avancé venoient après, et ainsi de suite en remontant jusqu'aux femmes de vingt-cinq à trente ans. La totalité alloit à plus de cent. Elles portoient toutes sur la tête une petite planche sur laquelle étoit écrit que les états de l'empereur avoient besoin de pluie, et qu'elles prioient Dieu et Mahomet d'en envoyer. J'ai su qu'elles avoient continué de faire la même procession tout le tems qu'avoit duré la sécheresse, enfin, jusqu'à ce qu'il tombât de l'eau, pour leur faire voir que leurs prières étoient exaucées.

Il est fort rare que l'empereur vienne voir ses femmes dans le harem ; il envoie chercher par un eunuque l'heureux objet qu'il destine ce jour-là à ses plaisirs. Celle qui est favorisée d'une préférence qui flatte son amour-propre, ne néglige rien pour relever l'éclat de ses charmes ; mais, hélas ! leur effet se fait peu sentir sur le cœur d'un homme qui ne voit jamais dans sa maîtresse que la basse soumission de son esclave.

La beauté des femmes, aux yeux des Africains, consiste sur-tout dans un prodigieux embonpoint ; c'est ce qui fait qu'elles sont presque toutes très-grasses : elles ont pour
cela

cela des secrets que l'envie de plaire leur a a fait découvrir. Un des moyens dont elles usent avec le plus de succès, c'est celui de mêler dans leur cuscasoo de la graine d'ellhouba réduite en poudre. L'usage en est, dit-on, merveilleux pour se faire engraisser. Les femmes prennent aussi, dans la même vue, des pilules dont j'ignore la composition. Enfin, soit les drogues qu'elles employent, soit l'influence du climat, toujours est-il certain qu'on ne voit presque point de femmes maigres à Maroc : peut-être doit-on en attribuer tout uniment la cause à la vie sédentaire qu'elles sont forcées de mener par les lois du pays.

Quoique l'habillement des femmes maures diffère peu de celui des femmes juives dont j'ai fait la description, je ne dois pas moins rendre compte de l'exact costume des premières, afin de faire connoître la légère différence qu'il y a dans la manière de se mettre entre ces deux sectes à Maroc. Les femmes maures portent, comme les juives, des chemises dont les manches ont une ampleur démesurée. Ces chemises laissent le sein à découvert : un corset de soie couvre la taille : le caftan, qui ressemble, pour la forme, à une robe-de-chambre sans manches, est mis par-

X

dessus le corset, et descend jusqu'à terre : ce caftan est d'étoffe de soie ou de coton, quelquefois tissu en or. Une ceinture de toile très-fine ou de belle mousseline entoure le corps. On fait avec les bouts de la ceinture un nœud sur le côté ; ce qui en reste pend à la hauteur du genou. Deux larges rubans sont cousus à la ceinture par derrière, passent sous les bras, se croisent sur la poitrine, et s'attachent sur les épaules. Un grand pantalon de soie ou de belle toile remplace la jupe que portent les femmes européennes. Leurs cheveux sont tressés sous un mouchoir élégamment arrangé, qui leur sert de bonnet.

Leurs oreilles sont percées à deux endroits, comme celles des femmes juives. Le petit anneau d'or qui est au haut de l'oreille est garni de quelques pierreries ; le second, beaucoup plus grand que le premier, est rempli d'une prodigieuse quantité de pierres précieuses. Les femmes ont aussi à leurs doigts des bagues de diamans, et à leurs bras des bracelets d'un grand prix. Leur gorge est couverte de colliers de perles, ou d'une graine très-curieuse ; elles ont au cou des chaînes d'or pour porter des médaillons sur le sein.

Les femmes maures ne mettent jamais de bas ; elles marchent avec de petites mules rouges brodées en or, qu'elles quittent dans leur appartement. On leur voit des anneaux d'or au bas de la jambe. Elles se servent d'un rouge très-vif pour colorer leurs joues, et elles peignent leurs sourcils en noir avec une poudre qui m'a semblé être de l'antimoine. Elles se font avec cette poudre une marque noire au milieu du front, une autre au bout du nez, et plusieurs sur les joues. Elles ont tant de goût pour se farder la figure, qu'elles se font encore une grande tache rouge au milieu du menton, d'où part une raie noire qui se prolonge jusques sur le sein. Elles teignent leurs ongles et le dedans de la main d'un rouge si foncé, qu'à une petite distance, la couleur en paroît noire. Le dessus de leurs mains et de leurs pieds présentent différentes figures de fantaisie incrustées dans la peau; et une fois faites, ces marques ne s'effacent plus.

Je n'ai jamais vu les femmes du harem occupées des petits ouvrages de leur sexe; elles passent leur tems à converser entr'elles, et à se promener dans les grandes cours de leur prison. Ces belles prisonnières, ainsi que toutes les femmes des particuliers, n'entrent point dans les mosquées; elles prient chez elles. Les Maures croient, comme tous les musulmans, que les femmes n'ont été créées que pour les plaisirs des hommes, et qu'elles n'auront point de part à la félicité des élus: ils partent de ce principe pour les exclure de leurs temples; ils disent aussi, pour ne pas y recevoir leurs femmes, que les deux sexes ne doivent point se trouver ensemble dans un lieu public, parce qu'une pareille réunion seroit contraire aux bonnes mœurs, et que si elle se faisoit à la mosquée, elle distrairoit les fidèles croyans de la véritable dévotion.

Si les hommes ont ici des *talbs* pour les guider dans la voie du salut, leurs épouses choisissent, pour le même objet, des *talbes*, qui sont des femmes mariées, ou des concubines qui ont retenu quelques prières qu'elles ont apprises dans le koran; ce qui suppose qu'elles savent lire et écrire. En effet, il y a de ces espèces de prêtresses dans le harem, qui enseignent aux enfans à prier Dieu et à connoître les préceptes de leur religion; elles les instruisent aussi des lois du pays.

Toutes les filles de l'empereur régnant en 1789, ont été envoyées à Talifet aussi-tôt que leur âge a permis de les faire voyager. Elles ont été mariées aux descendans des ancêtres de ce monarque, qui peuplent cette ville extraordinaire. Elle est véritablement étonnante, si, comme on l'assure, tous ses habitans descendent en ligne directe de Mahomet, et appartiennent à la famille royale. Muley Ishmaël, grand-père de Sidi Mahomet, envoya à Talifet trois cents de ses enfans pendant le cours de son règne. Leur postérité se monte aujourd'hui à neuf mille individus établis dans cette ville.

Les enfans mâles dont les sultanes accouchent, portent le nom de princes, et jouissent des prérogatives attachées à ce titre. Ils ont tous un droit égal à la couronne. L'empereur leur donne des gouvernemens et des places de bacha, lorsqu'il n'a point à craindre qu'ils n'abusent du pouvoir qu'il leur confie pour le chasser de son trône. En vérité, il doit appréhender fort peu l'ambition de ses fils, lorsqu'il les fait gouverneurs de province; car ils sont bien plus occupés de piller et d'amasser de l'argent, que de conspirer contre l'autorité légitime.

Il y a deux espèces de femmes à Maroc, c'est-à-dire des blanches et des négresses. Ces dernières sont esclaves jusqu'à ce que les maîtres à qui elles appartiennent leur donnent la liberté, soit par générosité, soit pour récompenser leurs services. On a remarqué que les négresses conservent en Barbarie le caractère, les inclinations et la chaleur du

3

tempérament qu'elles apportent du pays où elles sont nées. Lorsqu'elles arrivent à Maroc, celles qui plaisent sont achetées pour en faire des concubines, les autres ne peuvent prétendre qu'à l'esclavage le plus servile. Les enfans qu'elles font naissent soldats.

A la classe des noirs, on peut joindre les mulâtres, qui sortent d'un Maure et d'une négresse. Ceux-ci sont très-nombreux dans l'empire de Maroc; ils ne paroissent pas avoir plus de conception et d'idées que les nègres, quoiqu'ils soient libres dès leur naissance.

Les femmes originaires du pays ont la peau blanche et peu de couleur. La vie retirée à laquelle on les a condamnées, et leur parfaite nullité, s'opposent au développement de leur esprit. Ces raisons sont cause qu'elles manquent des agrémens des femmes européennes. Peut-être est-ce un bonheur pour elles que la lumière ne pénètre point dans leur triste prison, puisqu'elle ne serviroit qu'à les éclairer sur le sentiment de leur propre misère ! C'est sans doute un bienfait de la providence de n'accorder aux différens peuples que le degré d'intelligence qui convient à leur situation.

Les femmes maures, destinées, en recevant le jour, aux plaisirs d'un maître, ne sont instruites que dans l'art de plaire et d'exciter les passions amoureuses. La mère répète sans cesse à sa fille qu'elle ne pourra alléger le poids de sa servitude, étant mariée, qu'en se soumettant à toutes les bizarres fantaisies de l'époux qu'elle aura. Une fois élevée dans ces principes, elle ne connoît plus d'autre loi que celle que lui imposera son tyran.

Dans ces malheureuses contrées, tout tremble dans la maison de ces maris despotes. Les femmes et les concubines lui montrent autant de respect que ses moindres esclaves; et quoiqu'elles ne soient point renfermées aussi étroitement que dans le harem de l'empereur, elles ne jouissent que d'une ombre de liberté : si par hasard elles obtiennent la permission de sortir un moment, il faut qu'elles cachent leur visage avec grand soin, et qu'elles soient bien circonspectes dans leurs démarches.

Cependant, malgré la sévérité qui accompagne leurs pas dans tous les instans, elles ne rencontrent jamais un européen sans jeter un peu de côté le voile qui les couvre. Si elles peuvent se flatter de n'être point aperçues par leur argus, elles lui sourient, et tâchent même de lui dire quelques mots, sans trop s'embarrasser ce qu'en pensera celui qui reçoit ces petites agaceries.

D'un autre côté, la jalousie ne s'endort pas; elle veille sur la conduite de notre jeune échappée. Le mari qui sait que, depuis une heure, il ne tient plus sa femme sous ses verroux, va battre la campagne, et met tout en usage pour garantir son front d'un outrage qu'il redoute plus que la mort (*).

Il est fort difficile aux agréables de Maroc de conduire une affaire de galanterie. Tout homme à bonne fortune a besoin ici d'une grande adresse et d'une prudence consommée, quelque bien secondé qu'il soit par la femme dont il est aimé. Cependant ces Maures si jaloux, si surveillans, donnent quelquefois des armes contr'eux. Ne sont-ils pas les premiers à instruire des moyens de les tromper, lorsqu'ils s'habillent en femme pour cacher leurs allures? L'amant impatient de pénétrer chez sa maîtresse, profite de leur exemple, et, sous ce déguisement, il passe dans les

---

(*) Si un juif ou un européen étoit surpris en flagrant délit avec une femme maure, il n'auroit à choisir qu'entre la mort ou sa conversion à la foi de Mahomet; et on m'a assuré que la femme, qui pourtant est moins coupable que l'homme, seroit brûlée ou noyée. N'ayant point été témoin de cette cruelle punition, je ne peux en parler que sur le rapport qu'on m'en a fait.

rues sans être remarqué; il épie le moment d'entrer chez sa belle aussi-tôt que le mari s'absente; et s'il revient avant qu'il l'ait quittée, il ne doit point s'en alarmer. Le mari qui ne voit à sa porte que de petites mules de femmes, croit qu'une voisine est venue faire visite à son épouse, et se garde bien de troubler ce tête-à-tête.

Avant de finir ce chapitre, je dois dire encore que la parure des femmes des Maures opulens est aussi élégante que celle des sultanes. Toute la différence se trouve uniquement dans le prix des étoffes et la quantité de pierreries dont celles-ci sont couvertes. Les femmes du peuple sont vêtues pauvrement; elles n'ont qu'un pantalon de toile et une espèce de froc grossier lié autour du corps avec un mauvais cordon. Leurs cheveux sont tressés et retenus avec un mouchoir noué sur la tête.

CHAPITRE XIII.

Ruse employée par l'Auteur pour obtenir la permission de retourner en Europe. Les femmes du harem réussissent à la lui procurer, sous la condition de son prochain retour à Maroc. Commissions qu'elles lui donnent. Son départ pour Tanger. Moyen dont se servent les habitans des bords de la Morbeya pour suppléer au manque de bateaux. Arrivée de l'Auteur à Gibraltar.

L'EMPEREUR n'attendit pas que j'eusse fait, pendant quinze jours, l'essai des remèdes que j'administrois à la sultane Alla-Zara, pour s'informer de leur efficacité. Lorsqu'il apprit qu'une seule semaine de mes soins avoit considérablement amélioré son état, il crut devoir me donner une marque de sa munificence. Je reçus de sa part, par les mains de la sultane, un doublon dans un beau mouchoir de soie. Ce présent n'étoit que le prélude de la magnifique récompense qui m'étoit assurée, si la malade recouvroit une parfaite santé. La connoissance que j'avois du caractère avaricieux de Sidi Mahomet ne me permettoit pas de compter sur sa générosité ; mais ce n'étoit pas ce qui m'inquiétoit. Un intérêt plus vif que celui de l'argent m'occupoit uniquement ; je ne pensois qu'à recouvrer ma liberté à quelque prix que ce fût.

On s'étonnera peut-être qu'après avoir obtenu l'entrée du harem de l'empereur, je conservasse la même impatience de quitter Maroc ; il sembleroit que je dusse faire peu d'efforts pour en sortir depuis que je voyois librement la belle Alla-Douyaw ; cependant, si l'on considère que cette jeune femme étoit légère, inconsidérée, et que son imprudente conduite m'exposoit chaque jour à de nouveaux dangers, on conviendra que j'avois raison de vouloir fuir un lieu qui d'un instant à l'autre pouvoit m'être funeste. D'ailleurs, mon absence de Gibraltar, qui s'étoit déjà beaucoup trop prolongée, me faisoit craindre le mécontentement de mes supérieurs. J'avois encore un autre motif de souhaiter qu'on me laissât partir : celui-ci tenoit aux soins que je donnois à la sultane Alla-Zara. Cette malade alloit mieux, il est vrai ; mais ne devois-je pas avoir peur qu'elle ne s'ennuyât de mes remèdes, avec la connoissance que j'avois du caprice et de l'ignorance des femmes du harem ? En supposant même que le traitement que je lui faisois suivre eût un plein succès, ne pouvoit-il pas arriver que ses anciennes rivales n'essayassent encore une fois de l'empoisonner, et que l'on attribuât à l'ineptie de son médecin les suites affreuses de leur crime ? L'âge et les infirmités de l'empereur pouvoient aussi mettre sans cesse des entraves à mon départ. Il étoit donc de la plus saine raison de m'en occuper avec toute l'ardeur possible.

J'imaginai un moyen qui me parut excellent pour me faire renvoyer à Gibraltar; ce ce fut de dire à ma malade que, n'ayant apporté des poudres merveilleuses dont je me servois, que pour guérir Muley-Absulem, il ne m'en restoit point assez pour rétablir sa santé. Après l'avoir avertie de cet accident, j'ajoutai que je lui demandois, pour son propre intérêt, d'engager l'empereur à me faire partir pour aller chercher à Gibraltar la quantité de poudres curatives dont je voyois qu'elle auroit encore besoin.

A cette proposition, la sultane Alla-Zara reprit avec vivacité qu'il n'étoit point nécessaire que j'allasse moi-même chercher ce qui pouvoit être utile à sa santé; que l'empereur feroit écrire au consul anglais à Tanger, pour le prier de se charger de mes commissions à Gibraltar, et que par cette voie elles seroient faites en très-peu de tems.

Cette réponse, à laquelle je n'étois pas préparé, ne laissa pas que de m'embarrasser. L'idée me vint alors de jouer le rôle d'un véritable empirique; en conséquence, j'assurai gravement la sultane que j'étois seul compositeur de la poudre admirable dont elle ressentoit déjà de si heureux effets; que par conséquent il seroit fort inutile d'écrire à Gibraltar pour en avoir de pareilles; qu'il n'y avoit que moi dans le monde qui sût la préparer, et qu'on ne trouvoit qu'en Europe les plantes qui la composoient. Cette ruse, quoique grossière, réussit au-delà de mes espérances. Alla-Zara convaincue de la vérité de ce que je venois de lui dire, pria les femmes du harem, qui avoient le plus de crédit sur l'esprit de l'empereur, de se joindre à elle pour l'engager à me faire partir.

Quoique l'empereur eût des momens d'absence, occasionnés par son grand âge, cependant il conservoit trop de jugement pour être la dupe de la petite fourberie que j'avois employée avec Alla-Zara : il eut pourtant l'air d'ajouter foi à l'histoire que je venois de lui faire, lorsqu'elle lui en fit rendre compte;

et pour remplir ses désirs, du moins en apparence, il promit de donner des ordres pour mon départ.

Il ne seroit pas aisé de deviner quelles raisons ce monarque pouvoit avoir de me retenir dans ses états ; mais ce qu'il y a de certain, c'est que rien ne me réussissoit pour obtenir ma liberté.

Dans la vue sans doute de me consoler de ses fausses promesses, il me fit présent de deux mauvais chevaux. J'aurois pu tirer parti du plus jeune s'il eût été en meilleur état ; mais il étoit si maigre, qu'à peine il pouvoit se tenir debout : l'autre avoit plus d'apparence ; mais il étoit si vieux, qu'il n'étoit pas possible de lui demander un grand travail. Ces deux misérables montures avoient été enlevées le matin à un pauvre homme qu'on accusoit d'une faute légère, et qui venoit d'être traîné en prison.

Comme j'emmenois mes deux *rossinantes*, je fus arrêté par quatre grands drôles, qui gardoient les portes du palais, et qui prétendirent qu'il leur revenoit une rixdale à chacun. C'étoit, disoient-ils, un droit de leur place de recevoir une légère gratification des personnes à qui l'empereur faisoit des libéralités. Il fallut bien que je satisfisse ces arabes pour m'en débarrasser. Je croyois en être quitte pour mes quatre rixdales, qui m'avoient déjà paru dures à payer; j'appris le contraire en arrivant chez moi : deux écuyers de sa majesté maure m'attendoient pour me rançonner de nouveau. Je fus obligé de leur donner quatre autres rixdales : on peut juger, après cela, si je me trouvai enrichi du beau présent de l'empereur.

Quelques jours s'étoient écoulés depuis qu'on m'avoit leurré de la flatteuse espérance de me renvoyer à Gibraltar pour y chercher la fameuse poudre qui devoit achever la guérison d'Alla-Zara.

L'empereur ne pensoit déjà plus à tenir la promesse qu'il avoit faite à cette sultane au sujet de mon départ. Cet oubli, qui sembloit être volontaire, me mit au désespoir. Le cœur navré d'une injustice aussi barbare, je courus chez un Européen qui venoit d'arriver à Maroc, pour lui raconter mes malheurs. Cet homme fut indigné comme moi de l'ingratitude de l'empereur; mais il ne put me donner d'autre conseil que celui de me présenter encore le lendemain à son audience, et de renouveler mes supplications. Je suivis son avis, et n'en fus pas plus avancé. Il ne me fut pas possible d'approcher assez près de l'empereur pour m'en faire remarquer. Il étoit monté ce jour-là sur un superbe cheval : un nègre, qui étoit à pied à côté de lui, tenoit un grand parasol sur sa tête, tandis que deux autres esclaves agitoient l'air avec une espèce d'éventail, pour le rafraîchir et chasser les mouches. Les ministres étoient en avant de l'empereur, et faisoient face de son côté. Une centaine de soldats formés en demi-cercle empêchoient la foule de troubler l'audience.

L'empereur, après avoir terminé tout ce qui étoit relatif aux affaires, raconta à ses ministres quelques-unes des victoires que les Maures ont remportées sur les chrétiens. Il leur parla des places que ses prédécesseurs avoient perdues, pour avoir occasion de les entretenir de Mazagan, qu'il avoit enlevée aux Portugais. On se doute bien que les ministres ne manquèrent pas d'applaudir et d'exalter ses hauts faits d'armes. Après lui avoir donné ces fades éloges dont les orientaux sont si prodigues, ils finirent par l'exclamation de —*Dieu sauve le roi!*—Ce cri de joie fut d'abord répété par les soldats qui entouroient l'empereur, ensuite il se fit entendre dans toutes les cours du palais.

L'audience où je venois de me trouver avoit si peu avancé mes affaires, que mes ennuis en prirent de l'accroissement. Si j'allois au harem, ce n'étoit plus pour y chercher des distractions ; à peine y passois-je le tems nécessaire pour faire prendre mes remèdes à l'intéressante Alla-Zara, dont la douceur ne s'étoit jamais démentie.

Il n'est pas sans exemple de voir des personnes affligées recevoir les plus grandes consolations au plus fort de leur chagrin : c'est ce qui m'arriva. Comme je me désolois de ne pouvoir sortir d'esclavage, je reçus un paquet qui contenoit les lettres d'expédition qui devoient me servir de passe-port pour retourner à Gibraltar. Elles portoient, en substance, que le gouverneur de Tanger me feroit embarquer et conduire en sûreté à Gibraltar avec mes deux chevaux.

Je ne pourrois jamais rendre le plaisir que j'éprouvai à la réception de cette agréable nouvelle. Ce fut un bonheur ineffable pour moi de me voir à la veille de quitter un pays qui m'étoit devenu odieux par toutes les contradictions que j'y avois rencontrées. Je m'occupai sur-le-champ des préparatifs de mon départ, et dès le lendemain j'allai l'annoncer à ma malade et aux autres femmes du harem. Je me gardai bien, en faisant mes adieux à toutes ces belles, de faire paroître la joie qui remplissoit mon ame : si elles eussent pu deviner que mon projet n'étoit pas de revenir, à coup sûr, elles se seroient donné autant de mouvement pour m'empêcher de partir, qu'elles avoient mis de zèle à obtenir de l'empereur la grace qu'il venoit de m'accorder, et je suis persuadé qu'il leur eût été beaucoup plus facile de m'arrêter que de briser mes fers.

Il est humiliant sans doute d'être obligé d'avoir recours au mensonge dans quelque circonstance que ce soit. Le caractère de fausseté que je prenois, répugnoit à ma délicatesse ; mais la mauvaise foi de l'empereur m'avoit réduit à la dure extrémité d'employer la fourberie pour en obtenir un acte de justice.

Les femmes du harem sachant que je pourrois leur procurer beaucoup de choses de Gibraltar, qu'on ne trouve point à Maroc, s'empressèrent de me donner leurs commissions. Je vais rapporter ici en détail tout ce qu'elles me demandèrent, non pas comme une attestation de leur bon goût, mais seulement pour faire connoître ce qui étoit particulièrement l'objet de leurs désirs.

Alla-Batoom me pria de lui rapporter un assortiment complet de belles tasses à thé ;

elle eut soin de me recommander de prendre les plus petites possibles. On doit se souvenir que cette sultane étoit alors la première femme de l'empereur, et qu'elle avoit la direction intérieure du harem.

Alla-Douyaw, la sultane favorite, vouloit avoir une jolie table de bois d'acajou pour prendre le thé; elle desiroit que cette table eût les pieds très-courts, et une large bordure en glace : il lui falloit en sus beaucoup de très-petites tasses de porcelaine des Indes, et sur-tout une grande provision d'eaux de senteur.

La malade Alla-Zara pensoit à mêler l'utile avec l'agréable : elle me chargea de lui acheter dix aunes de damas jaune, autant de cramoisi; une douzaine de belles tasses de porcelaine des Indes, du thé, du café, du sucre et de la muscade.

La première des concubines se fit inscrire pour plusieurs pièces de satin, et d'autres étoffes de soie; beaucoup de perles, des tasses à thé et deux tables de bois d'acajou.

Une autre concubine se contenta de me demander une caisse de bouteilles d'eaux d'odeur.

La fille de Muley Hasem, qui étoit encore enfant, me recommanda bien de ne pas l'oublier pour une jolie petite commode et un flacon de cristal rempli d'eau de lavande.

Enfin, jusqu'à la nourrice d'Alla-Zara, et les deux eunuques qui m'avoient accompagné souvent dans le harem, me donnèrent les commissions. La première mettoit toute son ambition à avoir un collier de gros grains rouges; les deux autres me prièrent de leur rapporter à chacun une montre d'argent.

Je sens que la lecture d'un pareil mémoire paroîtra fastidieuse; je ne l'ai pas supprimé, parce qu'il me semble qu'il fera mieux connoître la petitesse et la futilité de l'esprit de ces femmes renfermées, que des faits plus importans, qui ne sont souvent que le résultat des passions. Je n'eus pas plutôt fini d'écrire sur mes tablettes les commissions dont on me chargeoit, que je vis l'impossibilité de les faire. Combien ne m'en auroit-il pas coûté pour envoyer d'aussi minces objets à Maroc! Les frais de transport auroient passé de beaucoup leur première valeur.

Après avoir pris congé des beautés du harem, je m'occupai de chercher un nouvel interprète, celui qui ne m'avoit pas quitté depuis Mogodore, ne voulant point me suivre jusqu'à Tanger. Je le remplaçai assez facilement par un mulâtre américain, qui avoit embrassé la religion de Mahomet. Il parloit très-bien l'arabe et l'anglais; ainsi je me trouvai sans embarras de ce côté-là pour faire mon voyage. J'arrangeai dans ma tête que je monterois le cheval que Muley-Absulem m'avoit donné, et que j'abandonnerois à mon interprète les deux rosses que je tenois de la munificence de l'empereur. J'espérois que, ne servant à le monter que de deux jours l'un, je pourrois les conduire à Tanger. Deux mulets devoient porter mes équipages, et trois cavaliers maures me servir d'escorte.

Je partis de Maroc le 12 février 1790, et en trois jours de marche j'atteignis le château de Bulvane, qui en est à quatre-vingts milles, dans un pays inculte et sauvage. Je n'avois point rencontré d'autres bâtimens depuis ma sortie de Maroc. Je n'ai vu sur tout ce chemin que quelques mauvaises tentes occupées par des Arabes.

Le château de Bulvane est situé sur le sommet d'une montagne escarpée, au bas de laquelle coule la rivière de Morbeya, que j'avois passée à Ayamore, où elle se perd dans l'Océan. La forteresse dont il est ici question n'a rien de remarquable que la prodigieuse épaisseur de ses murs. Elle est gardée par des nègres que Sidi Mahomet y a envoyés, lorsqu'effrayé de la mutinerie de ses troupes, il les dispersa dans l'empire. Cette mesure a très-bien réussi. Les soldats étant éloignés les uns des autres ne peuvent plus faire de soulèvemens, quoiqu'ils aient beaucoup de goût pour les insurrections.

La hauteur de la montagne sur laquelle le château de Bulvane est assis, les précipices qui l'environnent et la rapidité du cours de la rivière, portent dans l'ame un mélange d'horreur et d'étonnement qu'il est plus aisé de sentir que de décrire.

J'avois traversé dans des bacs les rivières qu'on trouve à Azamore, à Salé, à Mamora et à Larache. Croira-t-on, après cela, que sur les bords de la Morbeya, qui est à une petite distance de toutes ces villes, le peuple soit assez ignorant pour n'avoir nulle idée d'un bateau ? Voici ce que les riverains de la rivière de Morbeya ont imaginé de mieux pour la passer. Ils remplissent d'air, en les soufflant, huit peaux de moutons qu'ils attachent ensemble pour en former un radeau ; ensuite ils établissent dessus quelques mauvaises planches : c'est sur cette frêle nacelle qu'on embarque les voyageurs et leurs équipages.

Aussi-tôt que le radeau est chargé du poids

qu'il peut porter sans couler, un homme se déshabille, se jette à l'eau et nage d'une main, tandis que de l'autre il tire toute l'embarcation. Dans le même tems, un second nageur la pousse par derrière, et bientôt elle aborde à la rive opposée. Les chevaux et les mulets font quelquefois un peu de difficulté de s'embarquer ; mais les passagers les y déterminent par des cris épouvantables.

En quittant le château de Bulvane, je pris le chemin de Salé, qui en est éloigné de cent dix milles. Je ne vis sur cette route que des terres en friche et des landes à perte de vue.

La fatigue et sur-tout l'ennui que j'avois éprouvés depuis sept jours que je voyageois dans des déserts, me décidèrent à prendre un peu de repos chez le consul de France établi à Salé.

Après avoir repris, dans la maison de ce galant homme, du courage et des forces pour aller à Tanger, je me remis en chemin, et en cinq jours j'atteignis le port après lequel je soupirois depuis si long-tems.

Les chevaux que l'empereur m'avoit donnés étoient trop mauvais pour que je fisse la dépense de les embarquer. Lorsque je m'étois déterminé à les emmener avec moi, en quittant Maroc, j'avois espéré que je pourrois les

4

vendre en chemin; mais étant venu jusqu'à Mamora sans trouver des acheteurs, je m'étois vu dans la nécessité de les laisser dans cette ville, où ils arrivèrent excédés de fatigue. Un Vénitien, qui faisoit le métier de courtier, s'étoit chargé de m'en défaire, et de les remplacer par deux meilleurs, qu'il devoit m'envoyer à Tanger; mais je n'entendis plus parler de cette affaire; ce qui fut d'autant plus fâcheux pour moi, que j'avois la permission de faire embarquer les deux chevaux que j'attendois, et qu'il est très-difficile d'obtenir une pareille grace. L'exportation des chevaux de Maroc ne peut se faire que par l'ordre exprès de l'empereur.

A peine étois-je arrivé à Tanger, que le commandant reçut une lettre du ministre, qui lui ordonnoit, de la part de sa majesté maure, d'acheter pour moi, aux frais de son trésor, deux bœufs, dix chèvres, un cent de volailles, des fruits et des légumes. C'étoit la récompense des soins que j'avois donnés à la sultane Alla-Zara. L'empereur me faisoit dire de ne pas manquer de revenir, ainsi que je l'avois promis. Il me traitoit si bien alors, qu'on me laissa embarquer toute ma pacotille sans me faire payer aucun droit.

Je me vis forcé de rester dix jours à Tanger,

à cause des vents contraires. Enfin, le tems étant devenu favorable, je fis voile pour Gibraltar, où j'arrivai le 27 mars 1790.

Je n'entreprendrai point de peindre la joie que j'éprouvai en revoyant un lieu où j'allois trouver mes compatriotes, des lois sages et les mœurs douces de ma patrie. En vérité, le bonheur dont jouit un malheureux prisonnier, en sortant d'un cachot, n'est pas plus vif que celui que je ressentis à la vue d'une garnison anglaise.

Lorsque je revins à Gibraltar, toute communication étoit interrompue avec la Barbarie. Cette circonstance donna beaucoup plus de prix aux dons de l'empereur; malgré cela, ils ont à peine suffi, avec les libéralités des princes ses fils, pour m'indemniser des frais du voyage. Ainsi, je peux dire que je n'en ai retiré que quelques connoissances des mœurs et des usages d'un pays qui n'a aucune ressemblance avec nos contrées européennes.

CHAPITRE XIV et dernier.

L'Auteur retourne à Tanger : il visite Tétuan. Description de cette ville et de son port. Détails sur la fin du règne de Sidi Mahomet. Sa mort. Son fils Muley Yazid, qu'il avoit persécuté, est proclamé Empereur. Le Prince fait mourir le premier Ministre de son père. Ses préparatifs de guerre contre l'Espagne.

Le desir de joindre au récit de mon voyage quelques particularités de la mort de l'empereur, et des querelles qu'elle a occasionnées entre les princes ses fils, pour le partage de sa succession, m'a fait demander un congé de deux mois pour retourner à Tanger. La permission d'y aller prendre tous les renseignemens que je desirois avoir, m'ayant été accordée, je quittai encore une fois Gibraltar pour rentrer sur cette terre maudite que j'avois juré de ne plus voir. Avant de parler du grand événement qui me ramenoit en Barbarie, je vais dire quelque chose de la ville de Tétuan, que je n'avois pas vue dans mon premier voyage, et que j'ai visitée dans celui-ci.

Tétuan est agréablement située à l'entrée du détroit sur les bords de la Méditerranée. La ville est bâtie sur le penchant de deux collines, dont l'une fait partie du petit Atlas. Elle est a trente milles à l'est de Tanger, et présente un aspect charmant aux vaisseaux qui entrent dans la Méditerranée. La belle vallée qui est au-dessous de Tétuan est remplie de vignobles et de jolis jardins qui sont arrosés par la rivière qui serpente dans la plaine.

La stérilité des hautes montagnes qui dominent la ville, contrastant avec la belle verdure de la plaine; la vue rapprochée de la mer, et la quantité prodigieuse de barques qui remontent jusqu'à Marteen, produisent les scènes les plus pittoresques et les plus variées.

La ville de Tétuan est considérable; ses murailles sont flanquées de quelques tours, sur lesquelles on voit de petites pièces de canon. Cette mauvaise fortification ne peut être bonne que pour mettre les habitans à l'abri d'une invasion subite des Arabes, qui sont toujours prêts à commettre toutes sortes de brigandages; mais elle ne pourroit opposer à l'ennemi qu'une foible résistance. Ce qui défend mieux Tétuan que ses tours et ses remparts, c'est une citadelle placée sur le sommet de la montagne avec vingt-quatre pièces de canon. Quoique cette forteresse ait de grands défauts, elle ne laisse pas d'être respectable à cause de sa bonne position qui la fait dominer sur toute la ville.

Les rues de Tétuan sont sales et étroites. La plupart des maisons ont une saillie si considérable par le haut, qu'il ne s'en faut guères qu'elles ne se touchent d'un côté de la rue à l'autre. J'imagine que le but de cette bâtisse a été de garantir les passans des rayons du soleil, et de conserver de la fraîcheur dans les rues pendant l'été : mais en se procurant ces avantages, on intercepte la circulation de l'air, qui est si nécessaire dans un climat brûlant, pour chasser les miasmes putrides qu'engendre la malpropreté.

Les maisons de Tétuan n'ont aucune apparence extérieure : lorsqu'on y entre, on est surpris de trouver des appartemens bien meublés et assez commodes. Elles diffèrent des maisons de Tanger, en ce que celles-ci sont à deux étages. *L'elcaisseria*, ou place de la foire, est entourée de belles boutiques remplies des marchandises du pays et des manufactures étrangères.

Le port de Fez sert d'entrepôt aux négocians de Tétuan, pour faire venir toutes les marchandises qui se fabriquent à Tunis, Alger et Alexandrie. Ils vont chercher dans les ports d'Espagne et de Gibraltar tout ce qu'ils tirent d'Europe.

On peut regarder la ville de Tétuan comme la plus commerçante de l'empire de Maroc, après Fez. Les négocians y sont riches, honnêtes, et font un meilleur accueil aux étrangers que ceux des autres villes. Comme aucun européen n'y avoit paru depuis long-tems, il n'est pas étonnant que mon arrivée y excitât beaucoup de curiosité. Dès que je sortois, tout le monde se portoit aux portes pour me voir. La foule me suivoit, mais sans me faire la moindre insulte. Le peuple étoit bien éloigné de vouloir m'accabler d'injures, comme faisoit l'horrible canaille de Maroc : il cherchoit au contraire l'occasion de m'être utile, sur-tout lorsqu'il eut appris que j'étois Anglais.

Les Maures ont toujours montré plus d'inclination pour les Anglais que pour les autres nations. Ils savoient fort mauvais gré à Sidi Mahomet d'avoir déclaré la guerre à l'Angleterre. Muley Yazid, son successeur, ayant fait la paix avec cette puissance, a gagné le cœur des habitans de Tétuan par cet acte de sagesse et de justice.

Les mosquées de Tétuan ont un extérieur plus imposant que celles de Maroc. Elles sont beaucoup plus vastes et en plus grand nombre que dans toutes les autres villes de l'empire.

Les juifs possédoient de grands biens à Tétuan avant d'avoir été dépouillés par la vengeance du nouvel empereur. Ils ont un quartier séparé, d'où il ne leur est pas permis de sortir pendant la nuit. Les femmes juives de Tétuan sont très-belles ; elles sont remarquables par la fraîcheur de leur teint et la régularité de leurs traits.

Le port de Tétuan, qu'on nomme *Marteen*, est à deux milles de la mer. La rivière sur laquelle il est assis, est tellement engorgée de sable à son embouchure, qu'il ne peut y remonter que de petits bâtimens, et les galères qui viennent hiverner dans le port de Marteen. L'entrée en est défendue par une tour fort élevée, garnie de douze pièces de canon. Le feu de cette tour pourroit empêcher de petites frégates d'approcher ; mais les vaisseaux de ligne n'en seroient pas long-tems incommodés. La baie, qui sert de rade, est formée par une langue de terre qui s'avance dans la mer à l'ouest de la rivière; elle ne met les bâtimens à couvert que du vent d'ouest : lorsqu'il souffle de l'est avec violence, ils sont obligés de quitter la baie pour se retirer dans un autre port.

Après avoir donné au lecteur une idée de la ville et du port de Tétuan, je vais tâcher de l'instruire des événemens qui se sont passés lorsque le nouvel empereur monta sur le trône.

Muley Yazid, qui règne aujourd'hui, et dont la mère étoit fille d'un renégat anglais, avoit encouru depuis plusieurs années la disgrace de son père, qui, pour l'éloigner de la cour, l'avoit envoyé à la Mecque. Il se flattoit, par ce moyen, de se débarrasser d'un fils qu'il haïssoit au fond du cœur ; mais le bruit s'étant répandu qu'il se rapprochoit des frontières à la tête d'une armée, l'empereur en fut fort alarmé; il ne se rassura que quand il apprit que Muley Yazid, bien loin de penser à vouloir détrôner son père, s'étoit retiré à Tunis.

Au bout de quelque tems, ce prince rentra secrètement dans le pays, et fut se réfugier dans le sanctuaire appelé du nom de Muley Absulem. Il avoit choisi cet asile sans songer à envahir l'autorité de son père; il lui avoit seulement donné la préférence, parce qu'il n'étoit pas fort éloigné de Maroc, dont il étoit bien aise de se tenir près, afin d'y paroître aussi-tôt que l'empereur auroit terminé sa carrière; ce qui ne pouvoit tarder, vu son grand âge et ses infirmités.

Muley Yazid, ne voulant donner aucun ombrage à son père, n'avoit conservé que quatre fidèles serviteurs. Une conduite aussi sage auroit dû tranquilliser le vieux sultan; mais rien ne pouvoit calmer ses inquiétudes. Il employa mille stratagêmes pour tirer son fils du sanctuaire qui mettoit ses jours en sûreté. Il lui faisoit dire que, s'il vouloit revenir auprès de lui, il lui rendroit toute sa tendresse, et acquiesceroit à toutes ses demandes. Dans un autre moment, il tâchoit de le séduire, en lui mandant que, s'il préféroit d'habiter un autre pays, il rendroit son sort assez brillant pour tenir un état de prince à la Mecque ou en Turquie.

Lorsqu'il voyoit que Muley Yazid refusoit toutes ses douces propositions, il faisoit parler l'autorité en le menaçant de l'attaquer dans le sanctuaire, et de l'en arracher de force. A tous ces mouvemens de bonté affectée, et de sévérité, Muley Yazid, conseillé par sa mère, avec qui il entretenoit une correspondance

pondance secrète, faisoit des réponses ambiguës. Il ne manquoit jamais d'assurer son père de la pureté de ses intentions, promettoit d'obéir à ses volontés, et différoit de s'y conformer sous des prétextes vagues et spécieux.

On n'oseroit assurer que l'empereur eût attenté aux jours de son fils, s'il se fût mis entre ses mains; mais il est certain que tout son desir étoit de faire tomber la couronne sur la tête de Muley Absulem; ainsi, il y avoit de la prudence à son frère aîné de ne pas approcher d'une cour où sa vie pouvoit être en danger.

Les courtisans se plaisoient à alarmer l'empereur, en répétant sans cesse à ses oreilles que Muley Yazid cherchoit tous les moyens de le détrôner. Son inquiétude à cet égard augmentoit encore par l'attachement que tous les Maures lui témoignoient. Après trois mois de négociations, qui n'aboutissoient à rien, l'empereur, furieux de la résistance de son fils, prit le parti de faire marcher contre lui une armée de six mille nègres, commandée par Muley Hasem. Cette armée devoit encore être renforcée par toutes les troupes des garnisons voisines du sanctuaire où le prince étoit caché. En outre de toutes les forces militaires que l'empereur employoit contre son fils, il promettoit à ceux qui le lui livreroient une récompense considérable; et si les dévots personnages qui l'avoient reçu dans leur enceinte sacrée ne l'en chassoient à l'instant, les soldats avoient ordre de détruire le sanctuaire, de se saisir du prince coupable, et de passer au fil de l'épée les hommes, les femmes et les enfans de tout le pays.

Les gardiens du sanctuaire eurent assez de courage et de fanatisme religieux pour oser résister à cet arrêt sanguinaire. D'un autre côté, Muley Hasem, qui n'étoit pas très-sûr de ses soldats, eut peur de violer l'asile de son frère dans une circonstance aussi délicate. Ses craintes devinrent même si vives, qu'il n'osoit passer la nuit dans son camp : il alloit coucher au château de Tanger pendant que son armée campoit sous les murs de la ville.

L'empereur, fort en colère de la foiblesse que son fils Muley Hasem montroit dans cette occasion, s'emporta contre lui au point de dire hautement que c'étoit un lâche auquel il avoit eu tort de confier le soin de sa vengeance. Il lui retira le commandement, pour le donner à l'alcade Abbas. Ce nouveau général, chef des noirs, et le meilleur officier que l'empereur eût à son service, vint se mettre à la tête des troupes rassemblées dans les environs de Tanger. Muley Slemma, propre frère de Muley Yazid, lui amena encore des renforts. A voir tous ces préparatifs, on auroit pu croire qu'il s'agissoit de faire la conquête d'une province; cependant il n'étoit question que d'arrêter ou de faire prendre la fuite à un prince malheureux, qui n'avoit ni armes ni soldats à opposer au tyran qui le persécutoit.

L'empereur s'étant déterminé à marcher en personne à cette grande expédition, il envoya des ordres à l'alcade Abbas pour ne rien entreprendre jusqu'à son arrivée; c'est pourquoi ce général se borna à resserrer de fort près le sanctuaire, afin qu'il fût impossible à qui que ce soit d'en sortir.

L'empereur partit de Maroc à cheval le 29 mars 1790, pour se rendre à l'armée. Un accident de fort peu d'importance, et qui n'avoit rien de surnaturel, fit une vive impression sur l'esprit superstitieux de ce méchant vieillard; dès-lors il augura mal de son voyage. Ce funeste pronostic n'étoit autre chose qu'un parasol rompu par le vent, et emporté en l'air à une hauteur prodigieuse. Il est vrai que ce parasol avoit été enlevé de dessus sa tête au moment de son départ. Les craintes que ce malheur lui causèrent, le rendirent inquiet et rêveur : il paroît même que cette aventure, jointe à un peu de fatigue, hâta l'instant de sa mort.

Il voyagea à grandes journées depuis le 29 mars jusqu'au 3 avril ; mais s'étant trouvé hors d'état d'aller toujours le même train, il prit le parti de ralentir sa marche. Il expédia un courrier à l'alcade Abbas, pour lui recommander de maintenir la discipline dans son armée, et pour lui dire de surveiller de si près Muley Yazid, qu'il ne pût lui échapper. Après avoir signé cette dépêche, il se plaignit d'un grand mal de tête et de douleurs dans les entrailles. S'étant reposé deux jours, les premiers symptômes de sa fin prochaine se calmèrent, et il fut en état de se remettre en chemin ; mais il n'eut pas la force de monter à cheval : il s'enferma dans une litière avec son médecin. Cette journée se passa assez bien pour permettre au monarque de recevoir, à son arrivée, dans le village où il devoit coucher, les respects et les hommages d'une multitude de peuple : il voulut même, malgré son extrême foiblesse, assister au souper qu'il donna aux principaux habitans de l'endroit : il goûta de tous les plats, afin de ne pas paroître malade. Cet excès lui occasionna des vomissemens pendant la nuit, qui rendirent sa situation plus critique.

Cependant il n'abandonna point le projet d'aller joindre son armée ; il se fit mettre dans sa litière pour continuer son voyage. Les vomissemens recommencèrent le soir avec tant de violence, que le moribond en fut alarmé. On dit que, voyant approcher sa fin, il fit écrire à Muley Yazid pour lui marquer le desir qu'il avoit de se reconcilier avec lui. Je ne donne pas ce fait pour certain. Quoi qu'il en soit, il avançoit toujours vers le but de son voyage, en faisant de très-petites journées ; mais la providence avoit décidé qu'il ne l'atteindroit pas. Son état empiroit tous les jours : il devint si désespéré, que le despote le plus absolu de la terre se trouva réduit à donner un dernier ordre : ce fut celui de faire déposer son corps à Rabat dans un caveau qu'il avoit fait faire pour sa sépulture.

L'empereur expira le 11 avril, dans sa litière, en entrant dans la ville de Rabat. La nouvelle de sa mort ne fut rendue publique que le lendemain. Il fut inhumé conformément à ses ordres, mais avec tous les honneurs qu'il est d'usage de rendre aux souverains de Maroc lorsqu'ils viennent à mourir.

La mort de l'empereur fut certainement l'événement le plus heureux qui pût arriver pour le peuple de la province qu'il alloit saccager, et particulièrement pour tous ceux qui avoient témoigné de l'intérêt à Muley Yazid. On ne sait en vérité quel terme il eût donné à sa vengeance et à ses cruautés. Muley Yazid, qui n'avoit ni l'envie ni les moyens de résister à son père, comptoit se retirer à son approche au-delà des limites de l'empire : beaucoup de personnes qui lui étoient dévouées eussent facilité son évasion.

Sidi Mahomet est mort dans la 81.ème année de son âge, et la 33.ème de son règne. Son caractère a occupé une si grande partie de cet ouvrage, qu'il seroit superflu d'en parler davantage. Peu de tems avant sa mort, il avoit été joué par la cour d'Espagne, qui avoit su gagner ses ministres en les corrompant par des présens considérables. L'Espagne avoit obtenu, avec un peu d'argent, la libre exportation d'une grande quantité de blé sans payer aucun droit. En évaluant ce que l'impôt sur les grains auroit rapporté à l'empereur, il a été constaté qu'il seroit monté à cinq ou six fois au-dessus de la valeur des présens que l'Espagne avoit faits à ses ministres, et qu'il avoit secrètement partagés avec eux.

La perte que supportoit son trésor de cette mauvaise politique, n'étoit pas le seul inconvénient de la liberté qu'il avoit accordée à l'Espagne; il y en avoit un autre dont il pouvoit résulter les plus grands malheurs. La sécheresse de l'année précédente avoit fait manquer la récolte; ce qui faisoit craindre une disette générale. Si l'empereur n'avoit pas été averti du danger de faire exporter du blé dans un moment où sa rareté faisoit murmurer le peuple, il auroit pu arriver un soulèvement universel dans l'empire. Il le prévint en arrêtant les enlèvemens que l'Espagne faisoit faire dans ses états.

La cour de Madrid, par animosité contre les Anglais, détournoit Sidi Mahomet d'envoyer des provisions à Gibraltar. En accédant sur cela au desir de notre ennemi, il ne faisoit pas attention qu'il portoit un grand préjudice au commerce de Maroc. Enfin, comme il étoit sur le point de marcher contre son fils, on lui avoit ouvert les yeux sur les menées de l'Espagne; et dans le premier moment de sa colère contre cette nation, il avoit mis un impôt si considérable sur le blé et sur toutes les autres denrées que les Espagnols venoient chercher dans ses ports, qu'il y eut beaucoup de vaisseaux en chargement qui s'en retournèrent à vide.

Si l'empereur eût vécu, il est fort douteux qu'il se fût contenté de forcer l'Espagne à payer une grande augmentation d'impôt sur les productions de Maroc ; la honte d'avoir été sa dupe l'auroit porté à lui déclarer la guerre. Quant à ses sujets de mécontentement contre l'Angleterre, ils se seroient arrangés à l'amiable ; du moins on a lieu de le croire, puisqu'il avoit donné des ordres pour une conciliation cinq ou six jours avant sa mort.

La couronne de Maroc, quoique réservée à la famille régnante, n'appartient point aux aînés plus qu'aux cadets de la maison royale. Elle est dévolue au prince qui s'est fait le plus de partisans, et qui a sur-tout le plus d'influence dans l'armée. Ainsi, le gouvernement de Maroc peut être regardé comme héréditaire et électif tout ensemble. L'argent, qui fait souvent pencher la balance du côté de celui qui en a le plus, ne détermine pas toujours le choix du peuple. On le voit dans cette occasion, où il a placé sur le trône le moins opulent des fils de Sidi Mahomet.

Lorsque Muley Slemma et l'alcade Abbas

furent informés de la mort de l'empereur, ils se retirèrent avec leur armée près de Salé, peut-être dans l'espoir d'y former un parti; mais il nè paroît pas qu'ils y aient trouvé aucun soutien.

Muley Hasem et Muley Oussine, les deux autres fils de l'empereur, gouvernoient la ville de Maroc pendant l'absence du monarque, qui, pour les mettre en état de vivre honorablement dans le poste qu'il leur confioit, avoit imposé sur les habitans une taxe de dix mille rixdales pour Muley Hasem, et une de cinq mille pour Muley Oussine. Cette différence de traitement avoit été une pomme de discorde entre les deux frères. Muley Oussine irrité de ce que l'empereur avoit fait le sort de son frère meilleur que le sien, pensa le tuer dans un accès de rage. Muley Hasem, à qui son père avoit déjà reproché sa lâcheté, ne montra pas plus de courage dans cette occasion; il s'enferma tout tremblant dans le palais.

Cependant la nouvelle de la mort de l'empereur lui étant parvenue, il ressentit quelques mouvemens d'ambition. On le vit sortir du palais pour se présenter au peuple comme l'héritier du trône. Quelques Arabes montagnards le reconnurent; mais la majorité des habitans de Maroc se déclara pour Muley Yazid. Toutes les voix le proclamèrent empereur.

Quant à Muley Oussine, il prit le parti d'aller rejoindre Muley Abdrahaman, le plus âgé des fils de Sidi Mahomet, qui vivoit parmi les Arabes dans la partie la plus méridionale de Suz. On a dit qu'il avoit pris la fuite, lorsqu'il avoit vu que Muley Yazid, dont il avoit fait mourir un des enfans, alloit être son souverain.

Muley Abdrahaman avoit amassé autrefois de grandes richesses dont son père le frustra en usant de ruse pour s'en emparer. Voici comme il s'y prit. Il commença par l'attirer à Maroc; et bientôt après qu'il y fut arrivé, il lui donna le gouvernement de Salé. Muley Abdrahaman, ne se méfiant de rien, se disposa à partir: Il emballa son argent et tous les effets précieux qu'il possédoit. Lorsque tout fut prêt pour son départ, il prit congé de son père, qui lui fit les plus tendres adieux. Le nouveau gouverneur ne voyagea pas long-tems tranquillement; car il n'avoit pas fait six milles; qu'il fut arrêté par un gros détachement, qui lui prit tout ce qu'il avoit. L'ordre que l'empereur avoit donné pour cela, fut exécuté si ponctuellement, qu'on ne lui laissa qu'un mauvais pistolet hors d'état de servir. Le malheureux Abdrahaman, furieux contre son père, jura de ne le revoir jamais. Il se retira dans les montagnes de la province de Suz, dont il n'étoit plus sorti depuis bien des années. L'empereur, qui ne le haïssoit pas, fit plusieurs tentatives pour le rappeler auprès de lui ; mais il ne put y réussir, non plus qu'à faire oublier à ce prince la perte de ses trésors. Il disoit, à qui vouloit l'entendre, que son père étoit sans foi et sans honneur.

Lorsque les Arabes de la province de Suz apprirent la mort de l'empereur, il y en eut plus de quarante mille qui firent offre de leurs bras à Muley Abdrahaman pour le placer sur le trône, et en chasser Muley Yazid. Il accepta d'abord les propositions qui lui furent faites. On ne sauroit douter qu'il n'ait eu, au moins pendant quelques momens, le desir de régner. Pour s'en convaincre, il suffit de lire la lettre qu'il écrivit à Muley Yazid. Je vais insérer ici cette lettre, qui, si elle n'est pas une preuve certaine de l'ambition de Muley Abdrahaman, donnera du moins une idée de son style joli et agréable.

« J'ai appris la mort de l'empereur mon
» père ; j'ai su en même tems que vous étiez

» sorti du sanctuaire où vous étiez caché, et
» que vous prétendiez vous asseoir sur le
» trône. Rentrez comme un rat dans votre
» trou, sans quoi je vous ferai bientôt voir
» ce que c'est qu'un empereur de Fez, et le
» peu de cas que j'en fais. »

On imagineroit que le prince qui fait cette menace grossière, va se rendre redoutable à celui qui a osé placer la couronne sur sa tête. Cependant il se tint tranquille; et, au grand étonnement de tout le monde, il écrivit, peu de tems après, au nouvel empereur pour le féliciter sur son avénement au trône, et lui faire offre de ses services. Ainsi, malgré mille difficultés, et tous les concurrens qui avoient un droit égal à la couronne, on a vu Muley Yazid s'en saisir, sans qu'il y ait eu une goutte de sang répandue, et presque aussi tranquillement qu'on le feroit dans les royaumes les mieux policés.

Si l'on fait attention aux troubles qu'occasionne toujours un changement de règne dans cet empire, on ne pourra s'empêcher d'être étonné du peu d'obstacles que Muley Yazid a rencontré. C'est le premier exemple d'un prince qui se soit assis aussi paisiblement sur le trône de Maroc.

Muley Yazid n'eut à soumettre que quelques

partis d'Arabes des provinces du midi, qui, sous le prétexte d'embrasser la cause de Muley Hasem, ont pillé Maroc et forcé les juifs et le chrétiens de se sauver dans le château pour se mettre à l'abri de leur fureur. La ville de Mogodore, qu'ils ont voulu attaquer, n'a pas été exposée aux mêmes malheurs, parce qu'elle est assez bien fortifiée, et qu'elle a été défendue avec courage par les habitans, sous la conduite de leur gouverneur.

Darbeida, quoique gardée par un détachement de cent cinquante nègres, a été à la veille d'éprouver le même sort que la ville de Maroc. Aussi-tôt que les Arabes de la plaine furent informés de la mort de l'empereur, ils vinrent acheter toute la poudre et toutes les balles qui pouvoient être à vendre dans Darbeida, sans parler de l'usage qu'ils en vouloient faire ; de façon que la ville se trouva entièrement dépourvue de munitions. Quand les Arabes la virent sans défense, ils s'avancèrent en grand nombre jusques sous ses murs.

Le gouverneur, alarmé d'un rassemblement aussi considérable, sortit de la place à la tête de cinquante soldats, pour demander aux chefs des mutins ce qu'ils prétendoient faire en se présentant à la porte de la ville les armes à la main. Ils répondirent qu'ils n'avoient aucune mauvaise intention ; que le peuple de la campagne ne s'étoit rassemblé que pour se choisir un souverain, et qu'il n'entreprendroit rien contre les habitans de Darbeida, si on vouloit permettre à ses députés d'entrer dans la ville pour y porter son vœu.

Le gouverneur, qui n'avoit rien à répondre à une demande qui lui paroissoit assez raisonnable, leur dit qu'ils pourroient envoyer les plus notables d'entr'eux, et qu'on les recevroit, si l'attroupement se dissipoit à l'instant. Cette horde de brigands ne fit pas beaucoup de cas des représentations du gouverneur, et insista encore pour que ses députés entrassent dans la ville. Enfin, voyant que celui qui y commandoit ne vouloit point absolument les recevoir avant que la multitude ne fût partie, elle promit de se séparer, à condition qu'on lui donneroit sur-le-champ deux mille rixdales. Si le gouverneur avoit eu la foiblesse d'y consentir, ces Arabes n'en seroient devenus que plus insolens ; mais au lieu de leur accorder la somme qu'ils avoient osé demander, il leur ordonna de se retirer, sans quoi il alloit les foudroyer de dessus les remparts de la ville.

Cette menace ne les intimida point; ils ne s'approchèrent que plus près de Darbeida, en se moquant du pauvre gouverneur, qui étoit devenu leur prisonnier. Pendant cette longue conférence, tout étoit en confusion dans Darbeida. Les habitans, privés de leur commandant, ne savoient où donner de la tête. Ils ne voyoient que le malheur d'être assiégés par des bandits qui parloient déjà de meurtres et de pillage. Le danger paroissoit d'autant plus grand, que la ville étoit dénuée de toute espèce de munitions de guerre. Dans cette extrémité, le peuple eut recours à des Espagnols qui étoient établis à Darbeida, et qui y faisoient un commerce considérable. Ceux-ci conseillèrent de fermer les portes, et de monter sur les remparts un vieux canon sans affût, de douze livres de balles, qui étoit le seul en état de servir. Les Espagnols promirent en même tems trois rixdales à tous ceux qui montreroient du zèle et du courage pour la défense de leurs foyers; mais ils désespérèrent du salut de la patrie, lorsqu'on leur apprit qu'il n'y avoit point de poudre pour charger le canon qu'ils avoient eu tant de peine à mettre en batterie. La clef du magasin où l'on en conservoit quelques livres étoit dans la poche du gouverneur; et comme il étoit impossible de l'avoir, on se détermina à enfoncer la porte.

Aussi-tôt qu'on eut de la poudre, on tira un coup de canon, qui causa une grande terreur aux assiégeans. Cependant ayant vu qu'il n'avoit fait de mal à personne, ils se rassurèrent, et parurent décidés à forcer les portes de la ville : mais les Espagnols, sur qui reposoit tout l'espoir des habitans, tirèrent un second coup de canon à boulet, qui, ayant tué plusieurs Arabes, effraya tellement les autres, qu'ils se dispersèrent dans le plus grand désordre. Le gouverneur profita de ce moment pour rentrer dans la ville avec sa troupe.

Les Arabes, un peu remis de leur première frayeur, voulurent voir si la ruse ne leur réussiroit pas mieux que la force ; en conséquence, ils imaginèrent de se diviser en deux bandes, dont l'une marcha par la droite de la ville, et l'autre par la gauche. La colonne de droite envoya une députation au gouverneur, pour l'assurer de la soumission de tous les individus qui la composoient, et lui offrir leurs services pour l'aider à mettre à la raison les mauvais sujets dont ils venoient de se séparer.

Le gouverneur ne fut point la dupe de ces
offres

offres perfides ; il ne voulut entendre à aucune proposition. Les Arabes, furieux de ne pouvoir en venir à leurs fins, se réunirent pour faire un dernier effort du côté de la mer. Deux vaisseaux qui étoient dans la baie, et qui avoient quelques petits canons, les eurent bientôt renvoyés. Ainsi, cette multitude si audacieuse, lorsqu'il n'y avoit aucune force à lui opposer, prit la fuite dès qu'elle trouva de la résistance. On ne vit plus un seul de ces insurgés devant Darbeida. Pour punir les Arabes d'avoir provoqué cette mutinerie, il leur a été défendu d'entrer dans la ville avec des armes : ils sont obligés de laisser hors des portes leurs sabres et leurs mousquets.

Pendant le peu de tems que dura cette espèce de blocus, les Espagnols dont j'ai parlé eurent les plus grandes attentions pour quelques-unes des femmes de Sidi Mahomet, qui se trouvoient par hasard à Darbeida. Ils distribuèrent aussi du blé de leurs propres magasins aux pauvres. Le nouvel empereur, informé de tous ces faits, les remercia, par une lettre de sa main, de leur dévouement, qui avoit sauvé la ville et empêché que les femmes de feu son père ne fussent insultées. Muley Yazid ne s'en tint point à de stériles remercîmens ; il fit rembourser aux Espagnols toutes les avances qu'ils avoient faites, et leur envoya deux lions en présent.

L'attaque de Darbeida par les Arabes a été la plus grande insurrection qu'ait occasionnée la mort de l'empereur. L'espoir du pillage, qui, dans ces circonstances, porte le peuple à la révolte dans ces contrées barbares, n'a pu durer que jusqu'au couronnement de Muley Yazid. Une fois qu'il a été reconnu empereur, le pays a joui de la plus parfaite tranquillité.

La nouvelle de la mort de Sidi Mahomet arriva à Tanger le 15 avril. On vit aussi-tôt le gouverneur de la ville se rendre à la grande mosquée pour y proclamer empereur Muley Yazid. Le crieur public répéta cette proclamation dans les places et dans toutes les rues, en menaçant des punitions les plus sévères quiconque oseroit s'opposer aux volontés du nouveau monarque.

Lorsque Muley Yazid eut fait part aux consuls étrangers de la mort de son père, et de son droit à lui succéder, ils lui adressèrent des lettres de félicitation. J'observerai ici qu'il n'y a point d'autre cérémonie à Maroc pour apprendre au peuple qu'il a un nouvel empereur, qu'une proclamation publique dans les rues et dans les mosquées.

Les notables et principaux habitans de Tanger furent, dès le lendemain de la proclamation, recommander à Dieu l'ame de Sidi Mahomet, et le prier d'accorder ses bénédictions à son successeur. Le même jour, une quantité de femmes juives furent mandées au château pour pleurer le dernier empereur; ce qu'elles exécutèrent pendant une semaine entière, en faisant des cris et des lamentations horribles.

Il y eut une salve de vingt-un coups de canon en réjouissance du pardon et de l'élargissement accordés à tous les prisonniers. Les shérifs qui apportèrent leur grace, demandèrent des habits neufs aux consuls pour les récompenser de leur peine. Ceux-ci leur donnèrent du drap pour se faire un beau caftan, et vingt rixdales. Les shérifs ne se contentèrent point de ce présent; il fallut y ajouter encore quelques rixdales.

Le 18 avril, les consuls, accompagnés du bacha et des principaux habitans de Tanger, tant maures que juifs, partirent pour aller présenter leurs respects à l'empereur. Comme ils approchoient du sanctuaire où ils le croyoient encore, Reis-Mufti-Gally et deux capitaines de galères vinrent au-devant des consuls pour leur dire de se rendre à Tétuan, où l'empereur avoit fait la veille son entrée publique.

Les consuls ayant pris, d'après cet avis, le chemin de Tétuan, ils y arrivèrent le lendemain au soir. On les arrêta à la porte de la ville, parce que, disoit-on, l'empereur vouloit leur donner audience avant qu'ils descendissent de cheval. Après s'être fait attendre pendant plus d'une heure, il les fit avertir qu'il ne pouvoit les voir ce jour-là ; il leur ordonnoit en même tems de se rendre le lendemain à midi à son camp.

Les consuls ne manquèrent pas de se conformer à cet ordre. Ils trouvèrent l'empereur à cheval, magnifiquement vêtu d'un habit à la turque. Après qu'ils lui eurent été présentés, il leur déclara que son intention étoit de vivre en paix avec Raguse et l'Angleterre, et de faire la guerre à toutes les autres puissances. Il ajouta à cette déclaration qu'il ne donnoit que quatre mois aux consuls des souverains qu'il regardoit comme ses ennemis, pour sortir de ses états.

La colère des despotes barbaresques s'appaise toujours avec de l'or. Les consuls, congédiés avec humeur le 20 avril, obtinrent une seconde audience le 22, où ils offrirent des présens au fier sultan, qui les avoit d'abord si mal reçus. Le moyen étoit excellent pour le rendre plus traitable. Il promit de vivre en paix avec leurs maîtres, et de renouveler les traités que son prédécesseur avoit faits avec eux.

Après avoir donné aux consuls des assurances pacifiques, il les renvoya à Tanger, où, suivant ses promesses, ils devoient recevoir des lettres de sa part qui exprimeroient à leurs cours respectives les mêmes sentimens d'amitié.

Le bacha de Tanger, qui fut chargé par l'empereur de terminer cette affaire, se conduisit de la manière la plus infame. Il demanda deux mille rixdales aux consuls des principales puissances, et quinze cents autres pour l'expédition des lettres promises par son maître. Les consuls, qui vouloient en finir, consentirent à tout. Ce ne fut qu'après avoir été bien rançonnés, que leurs lettres furent expédiées. Ils eurent encore à payer le secrétaire du bacha, qui vint les apporter à leur demeure. En outre de la somme qu'il exigea pour lui, il prétendit être remboursé du droit qui revenoit, disoit-il, au garde du sceau royal pour avoir apposé sur ces lettres le cachet de l'empereur. Ce dernier article ne passa point; les consuls ne voulurent jamais le payer.

L'empereur arriva le 10 mai à Méquines, où il fit peu de séjour à cause du ramadan qui l'appeloit à Fez. La pieuse retraite qu'il fit dans cette dernière ville, donna occasion de répandre qu'il avoit été tué par son frère Muley Hasem, qu'on disoit être venu exprès de Maroc pour l'assassiner.

Depuis que Muley Yazid est sur le trône, il a beaucoup persécuté les juifs, particulièrement ceux de Tétuan. Il a manifesté sa cruauté en faisant mourir l'alcade Abbas et l'effendi, ou premier ministre de son père. On ne sait s'il a quelques talens militaires; tous ses exploits se bornent, jusqu'à présent, aux préparatifs qu'il a ordonnés pour le siége de Ceuta.

Je n'entrerai point dans le détail des atrocités commises par son ordre envers les malheureux juifs; elles feroient frémir d'horreur. En vérité, les nations civilisées ne peuvent se faire qu'une idée très-imparfaite des passions féroces qui gouvernent le cœur de ces barbares.

Lorsque nous sommes révoltés du peu de douceur et d'humanité des monarques de l'Orient, à qui l'on n'apprit jamais qu'à commander à des esclaves, tâchons de nous souvenir que l'ignorance ne fut pas toujours l'excuse des souverains. Les mêmes horreurs ont été reprochées plus d'une fois à des rois qui passoient pour être éclairés.

Nous pourrions justifier en quelque sorte la sévérité de Muley Yazid, en disant qu'il avoit à se venger de plusieurs injures personnelles. Pendant son exil, il avoit eu recours aux juifs de Tétuan pour lui prêter quelques centaines de rixdales, dont il avoit besoin, leur promettant de rendre avec usure les sommes qu'ils lui avanceroient, aussi-tôt qu'un changement de fortune lui en fourniroit les moyens. Les juifs avoient fait la sourde oreille aux pressantes sollicitations d'un prince qu'ils voyoient dans le malheur; ils n'avoient jamais voulu venir à son secours.

A l'égard de l'alcade Abbas, l'empereur avoit deux reproches à lui faire; premièrement, d'avoir accepté le commandement de l'armée que son père avoit envoyée pour se saisir de sa personne; en second lieu, de s'être retiré avec cette même armée dans les provinces du midi, lorsqu'il fut informé de la mort de Sidi Mahomet; ce qui pouvoit faire soupçonner qu'il avoit envie d'appuyer le parti de Muley Slemma.

Malgré les griefs de l'alcade Abbas, l'empereur ne l'auroit pas fait mourir, si les soldats nègres, dont il desiroit gagner l'affection, n'eussent été acharnés à sa perte. Abbas se voyant abandonné des troupes qui étoient sous ses ordres, chercha à se sauver dans un de ces sanctuaires dont l'asile est toujours sacré à Maroc ; mais, par malheur pour lui, le cheval qu'il montoit se laissa tomber ; ce qui donna le tems aux soldats qui le poursuivoient de le joindre et de l'arrêter. On le conduisit devant l'empereur, qui, ayant entendu les crimes dont on l'accusoit, déclara qu'il pouvoit encore mériter son pardon en allant se renfermer dans le sanctuaire où il avoit été obligé lui-même de se cacher longtems.

Abbas, très-satisfait d'en être quitte pour une punition aussi légère, se disposoit à se retirer ; mais les soldats le saisirent de nouveau, et demandèrent sa mort à grands cris. L'empereur ne pouvant plus douter de l'animosité de l'armée contre lui, tira son sabre, et lui fit sauter la tête.

Abbas étoit le meilleur officier que l'empereur eût à son service ; il ne montra aucune crainte de la mort. Au moment où l'arme fatale étoit levée pour lui ôter la vie, il regarda son souverain avec fierté, et mourut avec la tranquillité d'un héros.

L'empereur n'ayant point donné l'ordre d'inhumer son corps, il resta sans sépulture pour la grande incommodité du public. Telle est la coutume barbare de ce pays. Un homme mis à mort par l'empereur, ou par la main du bourreau, ne peut être enterré si son cadavre n'a pas été absous.

L'effendi, dont la fin n'a pas été moins tragique que celle de l'alcade Abbas, étoit accusé d'être un des principaux moteurs de la haine que Sidi Mahomet avoit pour son fils Muley Yazid. On lui reprochoit aussi d'avoir grandement abusé de la confiance de son maître dans les marchés du blé qu'il avoit vendu aux Espagnols, et dont il avoit retiré, disoit-on, des sommes immenses. Ce ministre n'eut pas plutôt appris la mort de Sidi Mahomet, qu'il courut se jeter dans un sanctuaire, pour se mettre à l'abri des poursuites qu'on pourroit faire contre lui. S'il avoit été sage, il ne seroit jamais sorti de ce lieu de sûreté; mais il se laissa séduire par les fausses promesses du nouvel empereur, et revint à la cour, où il ne tarda pas à être puni de son imprudence.

Cependant l'empereur dissimula pendant quelques jours; mais il eut bientôt trouvé un prétexte pour le faire arrêter. Lorsque le malheureux effendi se vit trahi par un maître sévère, qui ne cherchoit que l'occasion de se venger, il lui fit offrir deux cent mille rixdales pour lui sauver la vie. L'empereur répondit qu'il n'avoit pas besoin de son argent, et qu'il n'accepteroit jamais rien des sangsues de l'état. Sa sentence de mort suivit de près son emprisonnement; et comme elle portoit qu'il auroit les deux mains coupées, l'empereur eut la barbarie de faire commencer par-là son supplice, et de le laisser vivre plusieurs jours après cette exécution. Ensuite il fut décapité. Une de ses mains a été attachée contre les murs de Fez; l'autre fut envoyée à Tanger, avec ordre de la clouer à la porte du consul espagnol, afin de lui apprendre comment l'empereur traitoit un sujet qui avoit sacrifié les intérêts de son maître à l'avantage d'une autre nation.

La prédilection du nouvel empereur pour les Anglais a paru très-marquée au commencement de son règne. Il s'en faut bien qu'il ait montré les mêmes égards aux Espagnols. A peine a-t-il été sur le trône, qu'il a désapprouvé toutes les mesures prises à leur égard par son père. Il vouloit, disoit-il, tirer une vengeance éclatante de la cour de Madrid, qui avoit fait signer à son prédécesseur les traités les plus funestes à l'empire de Maroc.

Les Espagnols, qui ont mille raisons de ne pas se brouiller avec les Maures, tant à cause de la proximité de leurs ports respectifs, que pour tout ce qu'ils tirent de la Barbarie, ont employé les moyens les plus efficaces pour prévenir une rupture, c'est-à-dire en faisant à l'empereur et à ses ministres des présens considérables. Mais cette politique, qui ne manquoit jamais de réussir avec Sidi Mahomet, pourroit bien n'avoir qu'un foible succès auprès de son successeur, qui ne paroît point avoir le goût des richesses. On assure qu'il y attachoit si peu de prix avant de régner, qu'il étoit presque toujours sans argent.

Les Espagnols ont conservé l'espoir de la paix tant que l'ancien effendi a vécu ; mais sa main clouée à la porte de leur consul a été une trop grande insulte pour qu'ils n'aient pas senti la nécessité de déclarer la guerre à l'empire de Maroc. Avant de montrer leurs projets hostiles, ils vouloient faire rentrer en Espagne leur consul et les moines qu'ils ont à Maroc pour le rachat des captifs. Dans cette vue, le gouvernement espagnol expédia une frégate à Tanger avec des ordres secrets de ramener le consul et les bons religieux. Lorsque la frégate entra dans le port, l'officier qui la commandoit fit dire au gouverneur qu'il apportoit des présens pour son maître; il le prioit en même tems d'envoyer des personnes sûres pour les recevoir. Le consul et les moines, qui étoient prévenus, profitèrent, pour s'embarquer, du tems qu'on employoit à enlever les présens qui étoient à bord. Aussi-tôt que cette opération fut finie, la frégate mit à la voile, et dès le lendemain elle s'empara de deux galères de Larache, sous les yeux même de l'empereur, qui pour lors se promenoit sur une terrasse d'où il pouvoit être témoin de ce premier acte d'hostilité.

En voyant emmener ses galères par les Espagnols, il entra dans une fureur horrible, sur-tout ayant appris, presque au même instant, que les beaux présens que la frégate lui avoit apportés n'étoient autre chose que des ballots de chiffons.

Une injure aussi mortifiante, quoique ce ne fût qu'une représaille de celle faite à l'Espagne dans la personne de son consul, n'étoit pas propre à entretenir la paix entre les deux nations. En effet, l'empereur a fait sur-le-champ de grands préparatifs pour attaquer Ceuta. Cette place étant très-forte par sa position, et bien fortifiée, il n'est guères vraisemblable que les Maures puissent s'en emparer.

Lorsque Muley Yazid est monté sur le trône, il avoit environ quarante ans. Sa figure étoit imposante et sa taille majestueuse. Il porte ordinairement des habits à la turque d'une grande richesse.

La magnificence de sa cour fait, dit-on, un contraste frappant avec la simplicité qui régnoit dans celle de son père. Il est d'une adresse surprenante pour tous les exercices du corps, et on m'a assuré que sa conversation étoit assez généralement intéressante.

Un homme qui se trouve tout-à-coup revêtu d'une grande puissance, est si différent de ce qu'il étoit dans un rang inférieur, qu'il seroit bien difficile de juger de la conduite future de Muley Yazid, par celle qu'il a tenue pendant sa vie privée. Il faut suspendre son jugement jusqu'à ce que son autorité soit assez bien affermie pour qu'il puisse se livrer sans crainte à toutes ses passions. Ce qu'on a vu de lui jusqu'à présent annonce un peu d'instruction et quelques sentimens de générosité : ainsi, on peut espérer qu'avec de l'esprit et quelques bonnes qualités, il perdra cette férocité qu'une mauvaise éducation et les mœurs d'un peuple barbare impriment nécessairement sur les meilleurs caractères.

Les égards et les attentions qu'il avoit pour sa mère avant d'être empereur ne se sont point démentis; il a continué de la traiter avec beaucoup de respect et de considération. Les femmes de son père ont aussi à se louer de ses procédés; il leur a assuré à toutes une existence honnête.

Quant à ses frères, il leur a pardonné les tentatives qu'ils ont faites pour lui ravir la couronne; il a même reçu avec amitié ceux qui sont revenus à la cour.

On ne sauroit douter que Muley Hasem et ses frères n'aient renoncé à leurs prétentions au trône. Leur conduite annonce qu'ils ne pensent plus à sacrifier le sang et le bonheur d'un peuple aveugle au plaisir de satisfaire leur ambition.

Les insurrections populaires entraînent de si grands maux après elles, qu'il faut des raisons bien fortes, et qui intéressent essentiellement la félicité publique, pour rendre excusables les promoteurs d'une guerre civile. Lorsqu'il ne s'agit que de changer de tyran, et que les hommes ne se battent que pour secouer le joug d'un despote, et prendre celui d'un autre, souvent plus pesant, on ne peut que les plaindre d'une telle extravagance. En vérité, on ne sauroit voir de pareilles folies sans répandre des larmes de sang sur l'aveuglement du genre humain.

« *Quidquid delirant reges, plectuntur achivi.*
» Des sottises des rois les peuples sont punis. »

Pendant le peu de séjour que j'ai fait en Barbarie à mon second voyage, je n'y ai rien vu qui mérite d'être rapporté; ainsi je terminerai ici mes observations sur cet empire. Je me suis embarqué à Tétuan pour revenir à Gibraltar, où, après deux jours de traversée, je suis arrivé le 10 juin 1790.

FIN.

www.ingramcontent.com/pod-product-compliance
Lightning Source LLC
Chambersburg PA
CBHW050438170426
43201CB00008B/723